Freedom is just another word
for nothing left to loose.

Aus dem Lied «Me and Bobby McGee»
von Janis Joplin

Wolfgang Schmidbauer

Einsame Freiheit

Therapiegespräche mit Frauen

Rowohlt

1. Auflage April 1993
Copyright © 1993 by Rowohlt Verlag GmbH,
Reinbek bei Hamburg
Alle Rechte vorbehalten
Umschlaggestaltung Werner Rebhuhn
unter Verwendung der Abbildung
von Edward Hopper «Hotel Room»
mit freundlicher Genehmigung
des Archivs für Kunst und Geschichte
Gesetzt aus der Sabon (Linotronic 500)
Gesamtherstellung Clausen & Bosse, Leck
Printed in Germany
ISBN 3 498 06284 0

Inhalt

Vorwort

Zu Beginn der zweiten Lebenshälfte, an die uns Gratulanten erst zu unserem fünfzigsten Geburtstag zu erinnern pflegen, obwohl sie nach der allgemeinen Lebenserwartung bereits zwischen 35 und 40 Jahren beginnt, verengt sich die Perspektive von Frauen auf eine andere Weise als die von Männern. Die Situation gleicht der in einem Kino, in dem der Vorhang zu brennen beginnt, die Zuschauer panisch nach außen drängen und der Ausgang für das eine Geschlecht dreimal so breit ist wie der für das andere.

«Ich bin mir noch nicht ganz sicher, ob ich mit Miriam zusammenbleibe», sagt der 45jährige Ingenieur Richard in einer Therapiegruppe. «Wenn sich unsere Beziehung weiterhin so gut entwickelt, kann ich mir auch vorstellen, mit ihr Kinder zu haben!»

Das sind Wahlmöglichkeiten, von denen Miriam nicht träumen darf. Sie wird Richard drängen, sich über seine Absichten klarzuwerden. Schließlich ist sie 35 Jahre alt.

Einsame Frauen treten gesellschaftlich wenig in Erscheinung. In Talk-Shows, die sich mit dem Single-Thema beschäftigen, bekennen sich vorwiegend strahlende Erfolgsmenschen zu einer vorübergehenden, von bewußten Entscheidungen getragenen Phase hoher Konzentration auf Beruf und Karriere. Um so intensiver sind die helfenden Berufe mit dieser Gruppe beschäftigt. Vom Schamanenkurs bis zur Naturheilpraxis, von der psychosomatischen Klinik bis zur Selbsterfahrungsgruppe, überall stellen solche Frauen einen großen Anteil der Hilfesuchenden. Wer ihnen

7

zuhört, gewinnt den Eindruck, daß viele von ihnen ihr Leid verstecken müssen, weil ein Single entweder glücklich ist oder nicht allein.

Wer heute als Mann über Frauen schreibt, hat sich über Bedenken hinweggesetzt, die nach so vielen Jahrhunderten der Bevormundung einzig und allein Frauen das Recht zubilligen, mit ihren ureigenen Themen an die Öffentlichkeit zu treten. Als Psychoanalytiker reizte mich die Aufgabe, mir selbst und möglichen Leserinnen oder Lesern etwas faßbarer zu machen, was einen großen Teil meiner Arbeit bestimmt. Denn auch auf der Couch oder im Gruppentherapieraum des Analytikers sind einsame Frauen die größte Klientengruppe. Daß sie bei einem Mann Hilfe suchten, formuliert einen Teil ihrer unbewußten Konflikte und wird zu einer gemeinsamen Realität. Die hier aufgezeichneten Fallgeschichten sollen dem Leser ein Bild der Verwicklungen und komplexen Interaktionen dieser Therapiesituation geben, wobei ich versuche, wissenschaftliche und literarische Aspekte zu verbinden.

Die von Sigmund Freud in den «Studien über Hysterie» ausgedrückte Verwunderung, daß sich seine Krankengeschichten wie Novellen lesen, scheint kein Zufall, sondern ein Ausdruck der therapeutischen Aufgabe, objektivierende Erkenntnis und kreativ gestaltete, persönliche Beziehung zu verbinden. Die Versöhnung beider ist nicht möglich, doch die Ambivalenz, das Risiko und die Chance dieser Situation lassen sich gemeinsam klären.

Vermutlich erfüllt der männliche Therapeut nicht nur im einzelnen Fall, sondern auch historisch die Rolle eines Übergangsobjekts. Vor nicht allzu langer Zeit war die wirtschaftlich autarke Frau eine gesellschaftlich nicht vorgesehene Kategorie. Frauen gehörten in den Haushalt ihres Vaters, ihres Gatten, ihres Bruders, in ein Kloster, in ein Bordell. Sie waren einem Mann unterworfen. Nur Witwen konnten ein Stück Autonomie erobern, eine fast prophetische Situation.

Der Tod des Patriarchen ermöglicht die weibliche Selbstbestimmung und damit ein neues, schöpferisches Verhältnis der Geschlechter. Der männliche Therapeut kann in die Rolle eines solchen Patriarchen geraten, und doch ist er auf einer anderen Ebene der gekaufte Diener oder – weniger pointiert formuliert – der qualifizierte Professionelle, dessen Hilfe eine Frau in Anspruch nimmt. Er wird zum Träger von Idealisierungen als Traumprinz, Märchenvater, Weiser; darin können Unterwerfungsgesten stecken, welche die traditionelle weibliche Selbstunterschätzung und die Überschätzung des Mannes spiegeln. Aber da er ein bezahlter und daher im Unbewußten auch verfügbarer Mann ist, Spielmaterial, verwendbarer Stoff, kann er auch den selbstbewußten Umgang mit einer von Männern beherrschten Welt einleiten. Er entspricht auf dem Feld des Geschlechterverhältnisses jenen Gegenständen aus der Welt des Kindes, die von diesem magisch besetzt und als Beruhigung und Trost erlebt werden. Und während das Kind sich seine Eltern nicht aussuchen kann, hat es doch Macht und Einfluß über das Schmusetier. Dieses ist Zwilling, Stellvertreter und Elternersatz in einem, es läßt allerlei mit sich machen und bietet (begrenzten) Schutz gegen die Qualen der Einsamkeit. Da eine wesentliche Qualität des günstigen Therapieverlaufs die Entwicklung der Möglichkeit ist, daß Analytiker und Analysandin zusammen mit dem unbewußten Material spielen, gewinnt eine solche Analyse auch die Qualität eines Spiels zwischen Mann und Frau. Die im folgenden erzählten Geschichten sind als Fortsetzung eines solchen Spiels zu verstehen. Wie Kinderspiele können auch solche Auseinandersetzungen entgleisen, können zum bedrohlichen Ernst werden – von seiten des Analytikers (der sich auf körperliche Erotik einläßt) ebenso wie von seiten der Analysandin (die nicht mehr mit einer Übertragungsliebe spielen, sondern Ernst machen oder abbrechen will).

Ich könnte nicht Analytiker sein, wenn ich nicht an die grundsätzliche Möglichkeit glauben würde, sich dem herrschaftslosen Sprechen zwischen verschiedenen Menschen anzunähern. Hier endet das Reich der Wissenschaft und beginnt die Domäne der Utopie, auch der Utopie einer neuen Beziehung zwischen Frauen und Männern. Während sich auf Technik und Wissenschaft Hoffnungen richten, die Utopie zu verwirklichen, geht es in der literarischen und bildenden Kunst darum, sie darzustellen. Das ist ein bescheideneres Ziel, das die Vergeblichkeit vieler unserer Bemühungen annimmt und die Wurzel des utopischen Strebens – das Bemühen, den Tod zu überwinden und unsterblich zu werden – spielerisch umgeht.

München, im Januar 1993
W. S.

Teil I

Fallgeschichten

Der Knoten

Während sie bei einer befreundeten Ärztin zu Besuch war, bemerkte Ines einen Knoten in ihrer Brust. Es konnte nicht sein! Immer wieder, zögernd, nach einer Pause, einem Stoßgebet – Laß es nicht wahr sein! – tastete sie nach der Stelle, und immer wieder sank ihre Hand zurück auf den Waschtisch vor dem hell erleuchteten Spiegel. Sie war noch jung, erst fünfunddreißig Jahre alt, sie war erfolgreich, Moderedakteurin, Ressortleiterin in einer Frauenzeitschrift, sie war unglücklich und hatte sich nur durch den Wechsel von Arbeitsplatz und Stadt aus der Bindung an einen verheirateten Mann befreien können. Sie schüttelte den Kopf über sich selbst, wenn sie an diese Zeit dachte, und glaubte, in diesem Schütteln abwechselnd zwei Bilder zu sehen. Eigentlich war sie mit zwei Männern liiert gewesen. Der eine war stark und liebevoll, er gab ihr das Gefühl, begehrenswert zu sein, als Frau zu zählen, nicht nur als Arbeitskraft. Der andere war ein trunkenes Kind, freilich mit den Muskeln eines Erwachsenen, der aus nichtigem Anlaß auf sie einschlug oder sie mit tränenerstickter Stimme anflehte, doch wieder gut zu sein, nie wieder werde er so die Beherrschung verlieren. Dann wußte sie, daß er etwas versprach, was er nicht halten würde, und glaubte ihm dennoch.

Mühsam sammelte Ines ihre Gedanken, zog den Bademantel, plötzlich fröstelnd, über ihre nackten Schultern, sah ihre Brüste noch einmal im Spiegel. Später dachte sie oft an diesen Blick: Es war das letzte Mal gewesen, daß sie die beiden Hügel sah. Es ging alles viel zu schnell. Die Freundin schien jedes Interesse an ihren Gefühlen verloren zu haben, war plötzlich nur noch Medizinerin, eine tastende Hand, eine geschäftsmäßige Stimme, sofort eine Biopsie, abklären, sofort operieren, muß ja kein positiver Befund sein. Ines unterschrieb gedankenlos einen Zettel, den ihr der Arzt vorlegte. Sie erwachte aus der Narkose mit einem brennenden Schmerz und wußte, noch ehe es ihr der Arzt erklärte, was geschehen war.

Warum stellte sie sich nur so an! Warum zerfloß sie in Selbstmitleid! Warum konnte sie nicht zufrieden sein, dankbar, daß sie in einem so frühen Stadium operiert worden war, daß die Wunde glatt heilte, daß sie wieder arbeiten konnte – und wie viele Menschen beneideten sie nicht um ihren beruflichen Erfolg, um die interessanten Reisen, den Beifall der Leserinnen! Wie aus einem undichten Schlauchboot die Luft, schien aller Auftrieb aus ihrem Leben verschwunden. Sie schleppte sich an den Schreibtisch und in ihre Wohnung. «Gut», sagte sie lakonisch, wenn ihre Mutter anrief und sich nach ihrem Zustand erkundigte. Aber bei ihrer besten Freundin erstickten Tränen das einsilbige Wort. Sie kannten sich seit der Schulzeit und hatten sich immer vertraut. «Warum habe ich mich nur operieren lassen?» fragte Ines verzweifelt, als sie aus ihrem Schluchzen auftauchte und endlich (viel zu spät, welche Zumutung, dachte sie) wieder ordentlich sprechen konnte. «Ich kann meine Freundin in Köln nicht mehr sehen. Ich hasse sie, seit sie mir sagte – Ärztin, die sie ist –, wenn sie bei sich selbst einen Knoten in der Brust tasten würde, brächte sie es nicht über sich, in die Klinik zu gehen, sich operieren zu lassen. Warum hat sie mir nicht die Wahl gelassen? Es wäre besser für mich gewesen, an dem Krebs zu sterben. Was hat mein Leben schon für einen Sinn? Ich habe nie Glück gehabt, wo ich es wollte und brauchte, nur dort, wo es mir nichts bedeutete, in der Arbeit, da fiel mir alles in den Schoß. Und jetzt ist es aus mit den Männern. Ich will mich von keinem mehr anfassen lassen. Ich bin entstellt. Ich könnte es keinem sagen, was mit mir ist. Und noch schlimmer wäre es, wenn ich nichts sage und er merkt es. Andere Frauen kriegen Kinder, ich kriege Krebs. So ist es eben.»

Die Freundin machte damals eine Psychoanalyse. Schon früher hatte sie Ines geraten, wegen ihrer qualvollen Beziehung mit dem alkoholkranken, verheirateten Vorgesetzten ihrerseits in Therapie zu gehen. Ines konnte sich damals nicht zu einem solchen Entschluß durchringen. Sie versuchte es mit dem Umzug, mit einer neuen Aufgabe. Vielleicht wäre Ines auch diesmal unentschieden geblieben, aber die Freundin nannte ihr auch einen Analytiker. Sie kannte mich, wir hatten einige Male auf Tagungen zusammengearbeitet und waren uns dabei auch persönlich nähergekommen. Eine solche Vermittlung erleichtert den Beginn einer Behandlung häufig sehr: Der Analytiker tritt nicht als gänzlich Fremder auf; es gibt eine Brücke des Vertrauens. Allerdings ist dadurch auch das nüchterne Urteil beider in Gefahr, von voreiligen, hoffnungsvollen Erwartungen beeinträchtigt zu werden. Die Freundin fragte mich später, ob Ines bei mir angerufen habe. «Sie schwärmt für dich», sagte sie nach einem halben Jahr der Behandlung. Es klang fast neidisch. Ines hingegen redete nie über ihre Freundin und deren Kontakt mit mir.

Die Tatsache, daß ich eine Art Spion im Umfeld von Ines hatte (ebenso wie umgekehrt sie in meinem) störte mich ein wenig, wog aber in unserer Arbeit nicht schwer, so daß ich darauf verzichtete, darüber zu sprechen, solange Ines selbst nicht diese Richtung einschlug. Wahrscheinlich war die gemeinsame Freundin zu Beginn der Therapie eine große Hilfe, um Ines davor zu bewahren, den Versuch wieder aufzugeben. Die Stunden waren für Ines eine Qual. Sie ging sonst nie mit Männern so um, daß sie etwas über ihr

Inneres ausdrückte, sondern sie wartete ab, was diese Männer wollten, und reagierte dann darauf. Anderseits wollte sie nicht ungefällig sein und mich einfach anschweigen, mir gar die Enttäuschung über mein Abwarten, meine Passivität ins Gesicht schreien. So berichtete sie mühsam und stokkend, welche Angst und Trauer der Eingriff zurückgelassen hatte. Sie schilderte ihre Schmerzen in dem Arm, dessen Lymphknoten ausgeräumt worden waren – vorbeugend, wie es hieß. Sie quälte sich mit Selbstvorwürfen, daß sie nicht entspannt und ausgeglichen sein könne, was doch nach den psychosomatischen Erläuterungen ihrer Kolleginnen ein wesentlicher Heilfaktor bei Krebs sei. «Wenn ich hier bin, strengt es mich immer so an, daß ich nachher Kopfschmerzen habe... Meine Krankengymnastin hat mich heute ganz zart massiert. Das war wunderschön. Ich fühlte mich so verstanden.» Auf meinen Versuch, über den Vorwurf zu sprechen, der möglicherweise in diesem Vergleich stecke, antwortete sie erschreckt: «Ich habe doch gar nichts verglichen... Nein, das hat nichts miteinander zu tun. Das ist mir nur so eingefallen. Ich finde es ganz großartig, daß Sie Zeit für mich haben, und es hat mir auch sehr geholfen, mir über mich klarer zu werden. Wenn ich Kopfschmerzen kriege, können Sie nichts dafür. Das ist meine Schuld, wenn ich psychosomatisch reagiere.»

Ich verfolgte diese Spur nicht weiter. «Danke!» sagte Ines immer, wenn sie, bedrückt und von sich (und mir, vermutete ich) enttäuscht von der Couch aufstand und den Raum verließ. Sie bedankte sich dafür, daß ich sie quälte, denn sie hätte lieber geschwiegen. Nur mir zu Gefallen, in einer unklaren Hoffnung, daß hinter dem Gebot der freien Einfälle ein Sinn stecke, den sie noch nicht erkannt habe, kam Ines weiter, erzählte schleppend und traurig, was sie beschäftigte. Ich betrat mit ihr eine düstere Welt, eine lichtlose Höhle, in der es nur Schattierungen der Finsternis gibt und aller Erfolg darin liegt, nicht in die Spalten unterirdischer Gletscher oder reißende Wasserfälle zu stürzen. Ines bewegte sich darin mit dem Mut der Verzweiflung.

Eines der Probleme, die mich als Analytiker immer wieder belasten, ist der Eindruck, im Unsichtbaren zu arbeiten. Wie in einen Teich, dessen Tiefe unergründlich, dessen Wasser undurchsichtig ist, werfe ich Fragen, Deutungsversuche, Bilder, in denen sich der Patient selbst begegnen, an denen er neue Lösungen finden kann, in die Lebensgeschichte hinein, die mir erzählt wird. Oft habe ich erfahren, daß sich irgendwann auf diese Weise ein Fundament ergibt, daß der Analysand und ich erkennen, wo wir Grund gewonnen haben und nun gemeinsam weiterbauen können. Aber über lange Strecken hin ist mir völlig unklar, ob es diesmal so sein wird oder nicht. Ines wehrte sich nie gegen meine Einwürfe. Sie widersprach mir nicht, sie war nicht erleichtert, meine Worte schienen in dem unergründlichen, schmerzlichen Lächeln zu versinken, mit dem sie kam und ging. Ich fühlte mich in einer unwirklichen Situation gefangen, überflüssig, nutzlos.

Der Mut der Verzweiflung, von dem ich vorhin gesprochen habe, drückt nicht nur meine Auffassung von Ines' innerer Welt aus, sondern hatte auch mich im Griff. Sie war klug und hatte viel über sich nachgedacht. Aber ihr Wissen schien von einem lähmenden Gift durchtränkt, das auch meine Versuche erfaßte, ihr mitzuteilen, was ich in ihren Einfällen zu erkennen meinte. Ihre Gedanken, ihre Urteile wandten sich in radikaler Folgerichtigkeit immer wieder gegen sie, gegen ihre Gefühle, ihre Wünsche. Beziehungen zu Männern könne sie in Zukunft glatt vergessen. Kein Mann könnte es ertragen, sie *so* zu sehen. Und wenn er es ertrüge: Sie wolle es sich selbst nicht zumuten. «Das unterstellen Sie mir. Sie wollen mich da hineindrängen», sagte sie sanft, wenn ich meinte, wer wirklich ein Bedürfnis verloren habe, müsse nicht immer wieder Gründe für seinen Verzicht finden. In ihrem Nein stecke ein Ja, in ihrer Beteuerung der Unmöglichkeit eine Hoffnung auf eine Möglichkeit. Ich fühlte mich wie ein Belagerer, der den Gefangenen in den Verliesen der Burg Nahrung über die unbezwingbare Mauer wirft, damit sie nicht verhungern, bevor er sie befreien kann. Ines gelang es immer wieder, mir das Gefühl zu geben (und hier traf die Redensart genau: es war *ihr* Gefühl, das sie mir gab), ich füge zu dem Druck, unter dem sie lebte, nur einen neuen. Statt ihr die Last der Leistungsforderungen zu erleichtern, die sie kaum tragen konnte, bürdete ich ihr noch mehr auf. «Ich weiß ja, ich bin selber schuld», sagte sie. Ich geriet in die Rolle des Schulmeisters, der sie diesen Satz fünfzigmal abschreiben ließ. «Ich weiß ja, ich sollte diese ständigen Schuldgefühle endlich in den Griff kriegen. Aber nicht einmal das schaffe ich!» Meine Versuche, sie zu entlasten, nahm sie mir aus der Hand, verwandelte sie in Bleigewichte, die sie auch noch schleppen mußte. Ich war streckenweise wie gelähmt. «Natürlich machen Sie alles richtig», schien mir Ines zu sagen, «Sie sind ein wertvoller Therapeut, ich bin Ihnen auch sehr dankbar, daß es mir trotz aller meiner Bemühungen, trotz Ihres makellosen Einsatzes immer noch genauso schlecht geht wie früher – ja noch schlechter, denn allmählich muß ich doch einsehen, daß selbst eine so hervorragende Therapie mir minderwertigem Geschöpf nicht helfen kann.»

Jeder Analytiker entwickelt seine eigenen Mittel, um sich in solchen Situationen zu schützen, die Durststrecken, die Wanderung ins Ungewisse zu überstehen. Einige dieser Hilfen stärken seine Durchhaltefähigkeit: die Erfahrung, das Geduld und Ernsthaftigkeit bei seiner Aufgabe in ähnlichen Situationen schließlich doch zu greifbaren Ergebnissen führten. Wie der Schamane von einst die hilfreichen Geister von Tier, Pflanze und persönlicher Vision sammelt er seine

Begriffe um sich: das undifferenzierte Über-Ich, die Depression, das neurotische Strafbedürfnis, den Wiederholungszwang, die projektive Identifizierung, in der ein Gegenzauber der Patientin seine Magie zu brechen, ja in ihr Gegenteil zu verkehren droht. Andere Hilfsmittel helfen ihm, Wut und Enttäuschung loszuwerden, seine Hoffnungslosigkeit zu begründen und sich damit vom Gefühl des persönlichen Versagens wieder zu befreien. Er mag sich einreden, daß es sich hier um eine schwere, chronische Neurose handelt, die durch das bereits manifeste Krebsleiden zusätzlich belastet sei. Das psychiatrische Vokabular, von dem er sich sonst distanziert, schützt ihn jetzt. Wenn man es recht betrachtet, wenn man die Perspektive genügend zurechtrückt, dann ist er vielleicht doch kein Versager, der mit einer Trauerreaktion nicht umgehen, eine depressive Entwicklung nicht analysieren kann, sondern ein mutiger Pionier, der sich auch an hoffnungslose Fälle wagt. Vielleicht hätte Ines ohne meine analytischen Bemühungen längst ein Krebsrezidiv? Wenn ein leckgeschlagenes Schiff unterzugehen droht, ist jede Hand an den Pumpen willkommen. Wenn das Selbstgefühl schrumpft, greift man notgedrungen zum Blasebalg der Grandiosität, der Omnipotenzphantasie. Das versuchte auch ich, aber es ist ein zweischneidiges Schwert, das ebenso viele Schwierigkeiten herstellt wie bewältigt. Muß ich mich nicht schämen, derart kindlich-narzißtische Hilfskonstruktionen aufzubauen? Wieviel war von mir zu halten, wenn ich solche Stützen brauchte? Auch der Honig, den ich daraus zu saugen suchte, daß ich mir immerhin solche Gedankengebäude eingestand, schmeckte bitter. Schließlich hatte ich es nötig, ich konnte nicht anders. «Der depressive Patient will nicht aus seinem Loch heraus, in dem er sitzt», hatte mir einmal ein älterer Kollege in einer Balint-Gruppe gesagt. «Er will, daß der Therapeut sich zu ihm in das finstere Loch setzt.» War es das, was Ines auch von mir erwartete? Wenn ich in ihr trauriges Gesicht blickte, in das sie beim Abschied ein wehmütiges Lächeln zauberte, schien ich mir selbst bösartig, an solche Sätze zu denken. Ines war die Güte selbst.

Oft liegen bei einem depressiven Kranken die Gefühle unter einer dicken, erdrückenden Schicht von Normen: Man soll, man muß. Es scheint nur rationale, zweckmäßige Anpassung zu geben. Eine Pseudovernunft, die sich selbst ihrer ganzheitlichen Möglichkeiten beraubt, indem sie die Emotionen zu ihrem Gegensatz erklärt und sich schließlich in einer entzauberten Welt selbst verzehrt wie eine hungrige Schlange, der die eigene Schwanzspitze zwischen die Zähne gerät. Aber Ines wirkte ganz anders auf mich. Sie konnte unabhängig denken, sich von Normen, von gesellschaftlichen Anpassungsforderungen distanzieren, diese kritisch sehen, gelegentlich mit Ironie reagieren. Sie wirkte gefühlvoll, warm und herzlich, nicht leer, nicht kontrolliert, wie sonst oft Patienten, die ein strenges Über-Ich plagt. Aber immer wieder fragte ich mich: sind diese Gefühle wirklich da? Sind sie nicht ihrerseits Anpassungen, nicht auf rationale, sondern auf früh und tief eingewurzelte emotionale Forderungen? Eine potemkinsche Persönlichkeit, ein «falsches Selbst», wie Winnicott schreibt.*

Gab es das: Gefühle, die aus Gefälligkeit produziert werden, ohne daß die Betroffene wahrnimmt, was sie tut, genauer: was in ihr geschieht? Verwirrt und schuldbewußt, daß ich Ines' offenkundig gute Absichten so in Frage stellen mußte, sammelte ich Einzelheiten ihrer Lebensgeschichte, die mir zu meinen Empfindungen zu passen schienen. Ines war in der Überzeugung aufgewachsen, besonders liebe-

---

* D. W. Winnicott, Zustände von Entrückung und Regression (1954) in: Von der Kinderheilkunde zur Psychoanalyse, München (Kindler) 1976, S. 203 f.

volle Eltern zu haben, die sich gründlicher und sorgfältiger um sie kümmerten, als das in anderen Familien der Fall war. Ihre Mutter schien geradezu übernatürlich zuversichtlich, was für ein braves, kluges, schöpferisch begabtes Mädchen sie da habe. Überall wurde Ines behütet und gefördert. Sie lernte tanzen und Klavier spielen, war der Star im Weihnachtsspiel des Gymnasiums, ihre Zeichnungen wurden ausgestellt, ihre Aufsätze vorgelesen. «Einmal, es war in der Grundschule und wir hatten noch die Schiefertafeln, hatte ich die ganze Schreibhausaufgabe gemacht. Es war alles richtig und sorgfältig ausgeführt. Meine Mutter hat es abgewischt, mir die Tafel gegeben und gesagt: Das machst du jetzt zur Übung noch einmal... Ich durfte immer alles, denn Mutter wußte, ich würde nie etwas tun, was verboten war. Ich hätte länger ausgehen dürfen, später nach Hause kommen als die Klassenkameraden – aber ich bin immer zu früh heimgegangen.»

Ich spürte eine heftige Wut auf diese unglaublich perfekte Mutter, die ihr Kind durch Maßnahmen erzog, in denen ich reinen Sadismus zu sehen glaubte. Aber wieder war ich mir nicht sicher. War es nicht doch, wenn schon nicht gut, wenigstens gut gemeint? «Wissen Sie, wie ich dahinterkam, daß ich ein angenommenes Kind war?» fragte Ines einmal. Ich wußte es natürlich nicht. «Bei meiner ersten Anstellung brauchte ich aus irgendwelchen bürokratischen Gründen eine Staatsbürgerschaftsurkunde. Damals war ich 23 Jahre alt. Ich ging in aller Unschuld zum Standesamt. Und dort habe ich erfahren, daß meine Eltern mich gleich nach der Geburt in ihr Haus genommen und nach einem Jahr adoptiert hatten. Ich war wie vor den Kopf geschlagen. Meine Mutter sagte mir, sie hätte mich als Kind nicht beunruhigen wollen. Sie wollte auch nicht, daß ich nach meiner richtigen Mutter fragte. Ich habe nichts von ihr erfahren, außer daß sie ein leichtes Mädchen gewesen sein soll. Vielleicht hatte deshalb meine Mutter immer soviel Angst, ich könnte eine Hure werden. Ich war schon fast dreißig, als ich zum erstenmal mit einem Mann schlief.»

Anscheinend hatte ich in meinem hartnäckigen Grübeln, meiner Unsicherheit, ob Ines' Gefühlsäußerungen ehrlich waren, und in meinem schlechten Gewissen über diese Zweifelsucht, dieses mangelnde Vertrauen einen Teil von Ines' kindlichen Emotionen wiederbelebt. Sie wußte, das etwas nicht stimmte, und wußte es nicht. Nicht zu zweifeln war unmöglich; zu zweifeln war böse. Die Güte der Mutter war eine Fassade, die Ängste und einen geheimen Haß auf die leibliche Mutter verbergen sollte – aber nur ein schlechtes Kind konnte an soviel Güte innerlich rütteln. Die Adoptivmutter traute sich nicht zu, ohne die von ihr und ihrem Mann geschaffene Illusion das fremde, in seiner Abstammung unheimliche Kind genügend zu lieben. Spiegelbildlich versuchte Ines, ihre tiefe Unsicherheit über ihre eigene Liebesfähigkeit durch eine Mischung aus Überanpassung und Flucht zu bewältigen. Sie war von bezauberndem Charme, wenn sie einen Mann kennenlernte, aber sie konnte die Früchte ihres Werbens nicht ernten. Einmal, im Urlaub, setzte sie alles daran, einen jungen Griechen für sich einzunehmen. Aber als es ihr gelungen war, tauchte sie plötzlich unter, wechselte das Hotel, verschwand aus seinem Leben. «Er liebte mich vielleicht wirklich. Da wäre ich nicht mehr ich selbst geblieben. Ich hatte ihm meine Telefonnummer zu Hause gegeben. Nachher bin ich einen Monat nicht ans Telefon gegangen. Ich hatte Angst, er könnte anrufen.»

«Und wie fühlten Sie sich in dieser Zeitspanne?» fragte ich.

«Sehr einsam», erwiderte Ines.

Allmählich, zuerst unmerklich, überwand Ines den Tiefpunkt, den sie nach ihrer Operation wie eine Festung gegen meine Ermutigungsversuche verteidigt hatte. Sie spürte wieder Lust, auch außerhalb ihrer Arbeit etwas zu unternehmen, andere Menschen zu sehen als die wenigen, vertrauten Freundinnen, die neben mir ihre einzigen Gesprächspartner waren, wenn man von den Kollegen am Arbeitsplatz absieht. Dort wußten nur ganz wenige, daß sie operiert worden war, und diese waren zum Schweigen beschworen. Alle Wünsche, die sich entwickelten, tauchen zuerst in verneinter Form auf. «Ich will nicht mehr in Kneipen gehen!» «Ich will keinen Alkohol mehr trinken!» «Ich lasse mich von keinem Mann mehr ansprechen!» «Nie wieder nehme ich einen Mann mit in meine Wohnung!»

So ging Ines irgendwann nach einem Theaterbesuch doch in ein Lokal. Ein Mann sprach sie an, es war ein interessantes Gespräch, er hatte dasselbe Stück gesehen, verstand etwas davon, sicher nicht soviel wie Ines, aber genug, um ein angenehmer Gesprächspartner zu sein. Sie hatte sich fest vorgenommen, nach dem ersten Glas zu gehen, und zwar allein. Aber sie trank mehrere Gläser und ließ sich begleiten. Vor ihrer Haustür umarmte sie ihr neuer Bekannter, wollte gerne mit ihr kommen. «Ich wäre fast schwach geworden», berichtete sie. «Ich finde das schrecklich von mir. Diese fürchterliche Inkonsequenz. Ich schaffe es einfach nicht, mich an das zu halten, was ich will. Ich lasse mich immer ablenken, obwohl es mir nachher ganz schlecht geht und ich mir im Spiegel nicht mehr selber in die Augen sehen kann. Es war eine wahnsinnig unangenehme Szene. Ich wollte ihn wegschicken und konnte es nicht. Schließlich bin ich in Panik geraten und einfach davongelaufen, habe die Tür zugeschlagen. Dummerweise habe ich ihm meine Telefonnummer gegeben. Hoffentlich ruft er nicht an. Ich will ihn ganz bestimmt nie wiedersehen.»

Damals verglich ich Ines' inneren Widerspruch mit dem Verhalten eines Autofahrers, der immer nur lenken kann, wenn er sein Fahrzeug vorher zum Stillstand gebracht hat.

Es war, als könne Ines die Zukunft nur dann anblicken, wenn sie alle Absichten blockierte, als müßte sie ihre Wunschproduktion gänzlich stilllegen, wenn sie eine Orientierung suchte. Unter ständigen Selbstvorwürfen, sie hätte eigentlich schon längst Schluß machen müssen, unter der Versicherung, die Beziehung sei ohnehin bedeutungslos, kamen sich Ines und Robert allmählich näher. Er war nur selten in der Großstadt, denn er wohnte und arbeitete in einem Marktflecken, etwa eine Autobahnstunde entfernt. Ihre Vorsätze, ihn nie in ihre Wohnung einzulassen, ihn allenfalls freundschaftlich auf ein Glas Wein zu treffen, ihn nie in ihr Schlafzimmer eindringen, ihn nie mit sich schlafen zu lassen, konnte sie alle nicht einhalten. «Ich weiß ja, daß es Sie freut, wenn ich so inkonsequent bin, wenn ich mich an nichts halten kann, was ich mir vornehme», klagte sie. «Das macht es aber eher noch schlimmer. Ich fühle mich beschämt und erniedrigt. Sie können mich ja gar nicht mehr ernst nehmen. Und in Wirklichkeit bin ich gar nicht besonders streng zu mir, wie Sie mir immer weismachen wollen. Ich gönne mir gern etwas, aber es muß eben wirklich gut sein, es muß mich wirklich zufriedenstellen. Soll ich mich mit jedem hergelaufenen Typen zufriedengeben, nur damit ich überhaupt jemand habe? In der Not frißt der Teufel Fliegen. Das ist Ihr Wahlspruch, aber nicht meiner!»

Ines warf mir vor, daß ich mich mit etwas verband, was ihr fremd und unklar war, und sie nicht dort stützte, wo sie klare, freilich lustfeindliche Richtlinien sah. Ich vermute, daß ein Teil ihrer Vorwürfe berechtigt war, daß ich etwas von meiner eigenen Neigung, erotische Beziehungen als Flucht aus einem verwalteten, mechanischen Alltag hochzuschätzen, in die Analyse ihrer Widerstände und Abwehrformen einfließen ließ. Immer wieder stand ich innerlich auf der Seite der Liebschaft mit Robert, während sie über ihre Unfähigkeit klagte, endlich Schluß zu machen. Er war unmöglich, langweilig, er wollte nur mit ihr schlafen, er schnarchte, war aber beleidigt, wenn sie sich aus dem Bett stahl. («Aber ich kann ihm doch nicht sagen, daß mich sein Schnarchen stört!»)

Insgesamt lebte Ines jetzt auf. Sie hatte wieder Lust, in Urlaub zu fahren, machte Wanderungen, bewältigte einen Konflikt mit ihrem Chefredakteur bravourös. Wenn es Außenfeinde gab, gegen die sie kämpfen konnte, und das Recht auf ihrer Seite war, schien die Angriffshemmung verschwunden, trat Ines selbstbewußt auf und setzte sich durch. In der Auseinandersetzung mit mir fand sie zu einer neuen Waffe, mit der ich viel besser umgehen konnte als mit ihren Selbstanklagen. Sie machte sich über mich lustig, nicht oft, nicht bösartig, aber in einer Weise, die mich für eine Weile mattsetzte. Einmal fragte ich sie, was ihr zu der älteren, unheimlichen Frau in ihrem Traum einfiele.

«Wie ich den Laden hier kenne», sagte Ines verschmitzt, «wird es schon meine Mutter sein.»

Eines Tages kam sie deprimiert und entrüstet. «Jetzt können Sie mich nicht mehr aufhalten. Jetzt ist wirklich Schluß. Und Sie haben ihm immer die Stange gehalten, diesem unmöglichen Mann, diesem Schuft. Keine zehn Pferde bringen mich dahin zurück. Der Teufel soll ihn holen.» Robert hatte geheiratet, eine Jugendbekanntschaft in seinem Heimatort. Er wollte aber weiterhin jede zweite Woche für eine oder zwei Nächte zu ihr kommen; er hatte in der Großstadt zu tun, war ein Theaternarr, er wollte sie nicht verlieren. «Können Sie das verstehen? Da heiratet er, und will von Anfang an untreu sein. Da würde ich doch nie und nimmer heiraten, das ist doch unmöglich, das gibt's doch nicht. Können Sie mir so was erklären?»

Mir schien weit erklärungsbedürftiger, aus welchen Gründen sie plötzlich auf eine Rivalin eifersüchtig war, die nahm, was sie seit einem Jahr loswerden wollte. Ließ sich im

Schatten dieses äußeren Geschehens die Dreieckssituation der Kindheit zwischen dem zärtlichen Vater und der besorgten Mutter rekonstruieren, deren Kontrolle so unentrinnbar war? Ines hatte damals praktisch keine «ödipalen» Erinnerungen. Ich vermutete, daß die entsprechenden Phantasien in ihrem Fall besonders heftig abgewehrt wurden. Die Schranke der Blutsverwandtschaft zwischen ihr und ihrem Vater fehlte. Robert hatte auf ihre Vorhaltungen entgegnet, sie solle sich nicht aufregen. Er hätte um sie geworben, sie hätte ihm klar gesagt, eine Partnerschaft komme nicht in Frage. Ob ihn Ines denn heiraten wolle? Nein und nochmals nein, sei ihre Antwort. Das habe er gewußt. Und weil er heiraten wollte, sei ihm nur der Ausweg der Jugendfreundin geblieben. Ehen mit Treueschwur – das sei unehrlich, das tauge nicht mehr als seine eigene Ehe.

«Glauben Sie, daß ein Mann so was kann? Sie sind doch auch ein Mann! Warum sind Männer nur so. Ich verstehe das nicht.» Robert entwarf das Gegenbild zu den Erlebnissen von Ines. Während für sie ein Mann so erhaben und mit idealen Eigenschaften ausgerüstet war, daß Robert sich daneben kümmerlich ausnahm und längst abgetan gehört hätte, vermutete ich in Roberts Frauenbild eine unbewußte Unterschätzung seiner Partnerinnen. Er mochte sich nicht verlieben. Für Ines war schon *ein* Mann, und sei es nur eine Nacht von vierzehn, zuviel, zu bedrängend. Robert glaubte anscheinend, eine feste Beziehung sei zuwenig. Er brauche zwei Frauen, um sicherzugehen, daß er nie Mangel leiden werde.

Durch einen unwahrscheinlichen Kunstgriff des Schicksals war wieder die Situation entstanden, die alle Männerbeziehungen von Ines prägte. Der Mann war nicht frei, er stand zwischen ihr und einer anderen. Er hatte selten für sie Zeit, er dachte nicht so oft und intensiv an sie, wie es umgekehrt der Fall war. Woran lag das? Ines konnte unentschieden bleiben. Sie konnte warten und träumen. Wer den Frosch an die Wand wirft, gewinnt den Prinzen. Stand dahinter ihr wenig entwickeltes erotisches Selbstbewußtsein, das die allzu gute Absicht ihrer Mutter («sie darf auf keinen Fall eine Hure werden wie die Frau, die sie geboren hat») geschwächt und gebrochen hatte? Dann half diese Situation Ines in doppelter Hinsicht, ihre Schwäche auszugleichen: zum einen, indem sie ihr in der Zukunft eine große Lösung, einen Traummann versprach, der alle ihre Mängel und Einschränkungen beseitigen würde. Zum anderen, indem sie hier und jetzt durch den scharfsinnigen Nachweis männlicher Mängel die versteckte Genugtuung spendete, zwar auch als Frau mangelhaft zu sein, jedenfalls aber besser als diese Prachtstücke des starken Geschlechts. Aber gab es nicht noch andere Gründe? Verbarg sich in diesem Wiederholungszwang eine Bindung an den Vater, die durch ein fortwährendes Verbot bekämpft wurde: Du darfst nie einen Mann für dich allein beanspruchen! Du mußt ihn immer teilen und am Ende der Rivalin überlassen! Während eine unbewußte Gier gerade in die andere Richtung ging: Was sind schon Männer wert, die nur mich wollen? Die könnten vielleicht keine andere kriegen! Begehrenswert sind nur die, bei denen auch eine andere sexuelle Beziehung Spannung verspricht.

Ein Bedürfnis nach Ordnung und Logik, von dem Psychoanalytiker ebensowenig frei sind wie andere Intellektuelle (wenngleich sie in ihrer praktischen Arbeit weniger Gelegenheit haben, es zu befriedigen), führte mich immer wieder dazu, nach einem Schwerpunkt, ja nach einem «wirklichen» Motiv zu suchen, das dann auch das einzige sein sollte, das schließlich, aufgedeckt, Ines ein für alle Male von diesem verborgenen Drehbuch befreien würde. Solche Absichten behindern die analytische Arbeit, wenn sie den Blick nicht mehr für die Vielfalt der Motive schärfen, die sich gegenseitig verflechten, sondern dem Teppich ein festes Muster geben, das bleiben soll bis zum Rand. Der Wiederholungszwang ist kein Sparringspartner, sondern ein sehr ernstzunehmender Gegner. Oft muß man sich damit zufriedengeben, ihn abzulenken, ihn ein wenig aus der Bahn zu bringen, seine Folgen zu mildern. Wer sonst mit einem Motorrad ohne Helm gestürzt wäre, überschlägt sich jetzt (nach, sagen wir, vier Jahren Analyse) nur noch angeschnallt im PKW. Den Unfall selbst hat unsere Therapie nicht verhindern können. In jeder Analyse behält der Patient das Steuer in der Hand. Der Analytiker bietet ihm nur einen geschützten Raum. Er wird gefährliche Folgen mildern, soweit er sie vorhersehen und mit dem Analysanden reflektieren kann. Sie zu verhindern gelingt ihm oft nicht, teils, weil seine Einsicht Lücken hat, teils weil die Kräfte, denen er begegnet, jeder Einsicht trotzen. Zu den unangenehmen Seiten seines Berufs gehört, daß der Analytiker nie mit letzter Sicherheit wissen kann, ob seine Hilflosigkeit der ersten oder der zweiten Quelle entspricht. Beide mischen sich dauernd.

Nach Roberts Eheschließung (genauer: nach seiner Mitteilung darüber) glaubte Ines für einige Zeit, jetzt habe sie es wirklich geschafft, sich von ihm zu trennen. Seine Treulosigkeit half ihr, sich ihm zu widersetzen, aber sie mußte auch zu Mitteln greifen, die sie verabscheute. An den Wochentagen, an denen er sonst oft anrief, packte sie das Telefon in Decken und Kissen. Sie versäumte einen anderen, wichtigeren Schritt: sich neu zu orientieren, die frei gewordenen Phantasien an frische Ziele zu binden. Sie saß zu Hause und kämpfte mit dem Deckenbündel, unter dem das Telefon lag – häufte neue Schichten von Schallisolierung darüber oder grub die verschüttete Nabelschnur wieder aus. Am Ende nahm sie den Anruf entgegen, den sie nie hätte annehmen wollen, vereinbarte das Treffen, das hätte unterbleiben müssen, küßte und umarmte Robert, der doch dort sein und bleiben hätte sollen, wo der Pfeffer wächst.

Es war eine Niederlage, aber es ging ihr besser nachher. «Als ich Sie das letzte Mal verließ», berichtete Ines, «sagte ich auf der Straße laut: ‹Ich mag mich nicht, und ich will mich auch nicht mögen!›... Machen Sie sich keine Sorgen. Es war weit weg von hier. Ich will Sie schließlich bei ihren Nachbarn nicht ins Gerede bringen!» Stand hinter dieser ironischen Sorge um meinen guten Ruf der Wunsch, es laut hinauszuschreien? War dieser Trotz nicht positiv zu sehen, ein Aufbegehren gegen die Mutter? Alle sollten wissen, daß sich Ines nicht mehr zwingen ließ, ein Selbst zu lieben, das ihr aufgenötigt worden war! Sie erinnerte sich immer deutlicher an ihr Unbehagen, wenn die Mutter sie lobte, wenn sie Ines mit anderen Kindern verglich, die ihren Eltern Sorgen machten. Dieses Lob und jeder mit ihm verknüpfte Erfolg schienen Ines unentbehrlich und unbefriedigend, sie brauchte beide und konnte doch nie gesättigt sein, als seien sie nicht ihr Eigentum, gehörten nicht wirklich ihr allein, sondern seien zufällig gefunden, könnten jederzeit zurückgefordert werden.

Für Menschen, die sich noch nie mit Psychoanalyse beschäftigt haben, werden solche Szenen merkwürdig aussehen. Wenn sie noch dazu gewohnt sind, vor allem auf äußere Veränderung und handgreifliche Wirkungen zu achten, mag es sie außerordentlich verwundern, aus welchen Kleinigkeiten und Unannehmlichkeiten (legt man ein technisches Verständnis des Expertentums zugrunde) der Analytiker auf Fortschritte seiner Patienten schließen möchte. «Heute hat sie mir zum erstenmal angedeutet, daß sie mit mir unzufrieden ist», erzählt mir eine Kollegin voller Stolz. «Hundertzwanzig Stunden haben wir dazu gebraucht!» Ines' Äußerungen von Wut, Trotz und Gefühllosigkeit könnte ein bösartiger Betrachter unschwer als Beweis für die verderblichen Folgen der Analyse werten. «Ich habe mich immer für gefühlvoll gehalten», sagte sie. «Inzwischen spüre ich, daß ich kalt bin und vor allem um meine Freiheit kämpfe.» Sie verlor ihre Unterwerfung, erkannte deutlicher, welche Angst sie vor mir hatte. Ich sah daran, daß sie allmählich Zugang zu ihrer Schattenseite gewann, zu dem unterdrückten Bereich, der sich nur als Haß oder kalter Drang nach Freiheit bemerkbar machen konnte.

Gedrückte Stimmung hüllt die seelische Landschaft oft in einen Nebel, der die Konturen weich erscheinen läßt. Wenn die Depression zurücktritt, die Lähmung allmählich aufhört, treten die Motive deutlicher hervor, wie Felszacken und dürre Bäume aus dem Dunst eines Morgens im Herbst. Gemessen an der Leere, die vorher herrschte, sind Haß oder Enttäuschung willkommen. Ines begegnete nach ihrer Melancholie* verstärkt ihren Ängsten, bis in psychosomatische Erscheinungen hinein, Verspannungen, die von ihrem Arzt als Rheuma behandelt wurden. Sie erkannte, wie sehr sie sich in ihrem Beruf langweilte, der ihr eine sichere, stark reproduktiv bestimmte Möglichkeit bot, ihre Kreativität auszuleben. Was sie früher bestritten hatte, wurde ihr nun ganz deutlich: daß auch sie den Wunsch hatte, selbst etwas zu gestalten, nicht nur immer zu tun, was andere sagten, zu gehorchen, zu ordnen, zu präsentieren. Aber sie konnte ihren Platz in der Redaktion nicht verlassen, sie wollte sich nicht mehr zur Geltung bringen. Schon früher hatte sie erbittert die Zureden ihrer Freundinnen abgewehrt, die ihr vorschlugen, doch nicht nur als Produzentin von Modeauf-

---

* Ich spreche von Depression, gedrückter Stimmung und Melancholie, wenn ich die gestörten Reaktionen auf einen Verlust bzw. die damit zusammenhängenden neurotischen Erscheinungen meine. Trauer ist demgegenüber eine Reaktion, die der psychischen Verarbeitung von Verzicht und Einschränkung dient.

nahmen, sondern selbst als Modell aufzutreten. Das hätte sie nie ertragen. Dazu fand sie selbst sich nicht schön genug. Die anderen mochten sagen, was sie wollten, sie hatten kein Urteil. Jetzt sah sie noch einen anderen Grund für ihre Zurückhaltung: Sie wollte nicht auf die Bühne treten, denn dann hätte sie allen Haß und Neid fühlen müssen, den sie selbst jeder Person entgegenbrachte, die unkritisch und naiv genug war, dies zu tun.

Wer hat, dem wird gegeben; wer nicht hat, dem wird genommen. Dieser Spruch, der uns warnt, unseren banalen Erwartungen an eine ausgleichende Gerechtigkeit des Schicksals zu trauen, gilt nirgends mehr als im Hinblick auf die Liebe. Wer sie hat, ist auch für andere liebenswert, glaubt daran, daß er geliebt wird, scheut sich nicht, seine Gefühle auszudrücken und so erneut Gegenliebe zu ernten. Wer sie nicht hat, kann sich auch nicht vorstellen, daß ihn ein anderer liebt, er braucht Beweise, übt Kontrolle und nimmt sich dadurch jenen aus Illusion und Realität, Trieb und Traum gemischten Schwung, der das Rad der Verliebtheit über Zweifel und Stockungen hinweg weitertreibt. Da unsere Gefühle wandelbar sind, da sie oft ermüden und wie Schmetterlinge einen Platz brauchen, auf dem sie ausruhen und neue Kräfte sammeln können, brauchen wir den anderen, um diese Lücken zu füllen. Mit seinem Glauben, seiner Ausdauer soll er die Löcher in unserem Glauben, unserer Ausdauer schließen. Wer im Zweifel darüber groß geworden ist, ob ihn die frühen Bezugspersonen wirklich lieben, wer sich nicht geborgen fühlte, sondern stets fürchten mußte, in Spalten zu fallen, die aufbrachen, wenn er nicht angepaßt und artig war, wird auch die Mängel in der Zuwendung seiner Partner oder Partnerinnen aufspüren. Sein Zweifel wird an Rändern der Risse nagen, die sich auftun. Dadurch wird auch der Partner angestachelt, seinerseits zu zweifeln und seine Wachsamkeit für

Lieblosigkeiten seines anspruchsvollen Gegenübers zu schärfen.

Ines' Schicksal, stets an bereits gebundene Männer zu geraten, läßt sich auch als Versuch verstehen, diese gefährlichen Risse von Anfang an zu identifizieren, ihnen einen Namen zu geben. Dann war es gewiß nicht ihre Schuld, wenn sie nicht zusammenkommen konnten. Dieser Vorsehungszauber (auch Roberts Nachfolger war verheiratet) schien mir bei Ines deshalb schwer auflösbar, weil sie selbst lange zögerte, sich einzugestehen, daß sie ihrer Mutter nie getraut und sie hinter einer dicken Schicht liebevoller Ergebenheit auch abgrundtief gehaßt hatte. Frauen, die ihre Mütter offen bekämpfen und anklagen, zeigen seltener eine so tief verwurzelte Bindungsangst. Sie neigen eher dazu, in ihren Partnerschaften diesen Kampf zu wiederholen (oder aber einen Partner zu suchen, der seinerseits so zurückgezogen und depressiv ist, daß sie sich vor den heftigen Gefühlen geschützt glauben, die der Kampf mit ihrer Mutter auslöste). Ines kam gar nicht soweit. Sie hatte sich stets als geliebtes Kind fühlen, ihre Mutter als liebste Mutter feiern *müssen*. Um sich von diesem Zwang zu befreien, war sie immer wieder davon bedroht, sich von sämtlichen Gefühlsbeziehungen zu befreien, wie in der Tierfabel der gefangene Wolf sich die Pfote abbeißt, um nicht in der Falle zu bleiben.

«Ich bin am ganzen Körper von wildem Fleisch bedeckt», träumte Ines, «von Hautlappen, die an mir herumhängen. Das fällt mir besonders an den Schamlippen auf. Ich denke: Das ist zuviel, das kann kein Chirurg mehr wegoperieren. Meine Mutter tritt hinzu. Sie schaut mich verächtlich an und sagt: ‹Hättest du alles richtig gemacht, dann wärst du jetzt nicht so dran!›» Das «wilde Fleisch» scheint ein Knoten, der verschiedene Stränge von Bedeutungen zusammenfaßt: den wuchernden Krebs, der drohend im Hintergrund wartet; die ungezähmten, wilden erotischen Wünsche («besonders an den Schamlippen»); die Sehnsucht, endlich auch in einer nicht mehr angepaßten, körperlich-triebhaften Realität wahrgenommen zu werden, sich zeigen zu dürfen; die Angst, dann häßlich zu wirken, hoffnungslos jeder Chance beraubt zu sein («das kann kein Chirurg wegoperieren»). Ich war beeindruckt von dieser bildschöpferischen Kraft. Ines' Traum schien mir Bedingungen zu spiegeln, die unserem zivilisierten Liebesleben gefährlich werden: die ungefilterten Bedürfnisse des Körpers, störendes, ekelerregendes, wildes Fleisch. Glatt und perfekt soll die Liebe sein. Aber schwindet sie nicht vor diesem Anspruch, zieht sich zurück, wird zur Chiffre auf Bildschirm und Leinwand?

Ines begegnet mir auf der Treppe. Es kostet sie große Überwindung, sich nachher aus einem lähmenden Schweigen zu befreien und über ihre Angst zu sprechen. Sie fühlte sich erstarrt und zitterte, konnte nichts von dem sagen, was man eben so auf der Treppe sagt, über das Wetter oder über die Weltmeisterschaft im Fußball. Sie schämt sich dieser Angst. Was für ein absurdes, überflüssiges Gefühl. Sie weiß doch, daß sie zu mir eine Vertrauensbeziehung haben müßte. Auch vor ihrem Freund hat sie oft Angst, und mit ihm kann sie ebensowenig darüber reden. Schließlich faßt sie sich und erzählt einen Traum. «Ich suche eine Tankstelle, bin aber zu Fuß. Da sehe ich Sie mit meiner Mutter tuscheln. Ich höre nicht hin. Sie blicken mich vorwurfsvoll an. Die Mutter hat sich bei Ihnen beklagt... Sie stecken *doch* mit Mutter unter einer Decke!» Wenn die Männer mit der Mutter unter einer Decke stecken (wie einst der Vater), sind sie ebenso übermächtig wie diese dem kleinen Mädchen gegenüber. Der Junge hat bessere Möglichkeiten, sich gegen eine verinnerlichte Unterdrückung durch Schuldgefühle zu wehren. Er ist *anders* als die Mutter. Seit der Antike ist der Penis ein Abwehrzauber, er schützt vor dem bösen Blick – vor dem nach innen geratenen, nach außen projizierten Bild der strengen, verbietenden, lustfeindlichen Mutter. Der kleine Mann kann, wie der Sizilianer Koralle und Paprika, dieser bösen Seite der Mutter ein Organ entgegenhalten, das ihn unabweisbar von ihr unterscheidet. «Männer sind eben anders», sagt sie sich und läßt ihn gewähren. «Aber Frauen sind so wie ich, und ich weiß genau, was richtig ist, genauer als dieses ungezogene Mädchen!»

Janine Chasseguet-Smirgel und Marie Torok haben diese Hintergründe des weiblichen Schuldgefühls beschrieben, der tiefen Ängste zu mißfallen, wild und ungebärdig zu sein, für die Freud nur das harmlose, dem männlichen Verstand weit leichter faßbare Wort «Penisneid» prägte. Der Neid richtet sich auf kein Organ, sondern auf das, was Frauen ebenso hätten wie Männer, würden sie nicht durch innere Schranken beeinträchtigt: den inneren Kompaß der körperlichen Triebe, die uns helfen, einen Weg zu finden, wenn die Forderungen von außen widersprüchlich und verwirrend sind. Ines war, wenn sie einen Mann kennenlernte, ohne diese Orientierung. Sie fand sich seinen Bedürfnissen ausgeliefert, die nicht die ihren waren, aber ihr die eigenen aus dem Blickfeld schoben. Die Mutter war wenigstens vertraut gewesen in ihren Forderungen. Männer ängstigten sie. Sie blieben fremd. Fremde Körper, mit denen umzugehen ihr die Mutter nicht gezeigt hatte. So fürchtete sie stets, beherrscht und unterworfen zu werden. Sie hatte kein Vertrauen in ihren Körper. Er konnte ihr nichts Gültiges, den männlichen Wünschen Gleichwertiges sagen. Sie mußte Vorsätze fassen, sich wie einen Computer programmieren, ehe sie sich mit einem Freund traf.

«Warum ist es mit den Männern nur immer so anders?» fragte sie mich, verzweifelt und ihre Verzweiflung ironisch brechend. «Ach, wie schade, daß sie unentbehrlich sind. Wenn es auf der Welt nur Frauen gäbe! Mit meinen Freundinnen ist alles ganz einfach, ich kann sagen, was ich will

und was ich nicht will, ich brauche keine Pläne und Manö-
verkarten, bevor ich mich mit ihnen verabrede. Bei den
Männern ist es wie ein Zwang. Ich muß mir alles genau
vorstellen, und dann kommt es doch immer wieder ganz
anders.» So wird das Schicksal durchsichtiger, das dafür
sorgt, daß Ines' Männer immer verheiratet sind. Wären sie
es nicht, dann würden sie das Beziehungsfeld ganz beherrschen, Ines könnte ihnen nicht standhalten, hätte keinen
Platz mehr für sich selbst, keinen Spiel-Raum. Robert
schnarcht. Welche unendliche Mühe kostet es Ines, ihm zuzumuten, doch nicht im selben Bett zu schlafen wie sie! Welche Windungen, Trennungsphantasien, Andeutungen – ob
er nicht lieber bequem im Gästebett liegen wolle? Nein, er
will bei ihr bleiben. Da kann sie doch nicht wagen, ihn weg-
zuschicken! Er müßte doch sehen, wie übermüdet sie am
nächsten Morgen ist. Die Kränkung, daß er immer wieder
von ihr fort zu einer anderen Frau geht, ist schlimm genug.
Aber ganz unerträglich, nicht auszuhalten wäre es, selbst
mit ihm verheiratet zu sein, sich seiner Herrschaft unterwer-
fen zu müssen.

Friede und Harmonie, die das Wochenende von Ines mit
ihrem inzwischen verheirateten Freund Robert beherrschen, werden nur durch große Anstrengungen ermöglicht.
Die aus allen Äußerungen vertriebene Aggression füllt den
Raum wie ein Gemisch aus Gasen, das vom kleinsten Funken zur Explosion gebracht werden kann. Aus eben diesem
Grund darf auch nicht die leiseste Andeutung von Disharmonie entstehen. Ein wenig Reibungshitze, eine deutliche
Grenzziehung («nein, ich schlafe lieber allein!») würde ge-
nügen, die Beziehung in die Luft zu sprengen, den großen
Knall auszulösen. Dahinter steht eine tiefe Unsicherheit, ob
es überhaupt menschliches Wohlwollen gibt, ob der Geliebte auch nur ein einziges positives Gefühl behält, wenn er
der abgespaltenen, unterdrückten Wut begegnet. Ines

durfte ihre Mutter nie enttäuschen. Das heißt auch, sie durfte ihre Enttäuschung über die Mutter nicht ausdrücken. Die Mutter war ein heiliges Bild, erhaben und zerbrechlich. Der kleinste Kratzer hätte genügt, und sie wäre zersprungen. Je deutlicher ein Kind erfährt, daß seine Mutter auch Wut und Enttäuschung ertragen kann, desto sicherer wird es sich der eigenen Liebesfähigkeit: Wo der Haß aufwallen darf, hat die Liebe ihre Feuerprobe bestanden. Wer erkennen und ausdrücken darf, was er an einem geliebten Menschen ablehnt, wovon er sich trennen und distanzieren will, der wird sich gerade dadurch sicher, wie groß seine Liebe ist. Und umgekehrt: wenn die Liebe so groß scheinen muß, daß sie alles zudeckt, bläht sie sich zu einem Luftballon auf, gerät unter Spannungen, die schon einen Nadelstich zur Katastrophe werden lassen.

Aus solchen Überlegungen heraus freute ich mich über Träume wie den von der Tankstelle, an der Ines sich von mir an ihre Mutter verraten fühlte. In einem Bereich, der ihr nicht zugänglich war, mußte ihr Vertrauen gewachsen sein, wenn sie mir ihr Mißtrauen so deutlich zeigen konnte. Zu Beginn der Analyse hatte sie mir *nur* vertraut, das hieß auch: in einer ihr unzugänglichen Weise nur mißtraut. Jetzt konnte sie auch ihr Mißtrauen zeigen.

«Ich habe von einer Freundin geträumt», erzählte sie etwa. «Ihr ging es sehr schlecht. Ich riet ihr, zu einem Therapeuten zu gehen. Aber es ging ihr jedesmal schlechter, wenn sie von diesem zurückkam. Sie weinte nur noch und war ganz verzweifelt. Da beschloß ich, diesen Mann anzuschauen. Ich bin zu ihm gegangen und habe gesehen, daß er wirklich zerstörerische Dinge sagte und zugleich meine Freundin von sich abhängig machte. Er redete ihr ein, daß alles falsch war, was sie tat, im Beruf wie im Privatleben, daß sie ganz schlimm sei und nur er ihr helfen könne. Ich durchschaute das alles, aber es gelang mir nicht, meine

Freundin aus dieser Abhängigkeit zu befreien.» Der Traum deutete sich selbst. Ines ließ ihre Freundin erleben, was sie für sich befürchtete. Sie schaltete sich als Vermittlerin zwischen den Therapeuten und ihre Freundin, sie versuchte, vergeblich, das Gift zu neutralisieren, das einem hilflosen Opfer eingeflößt wurde. «Offensichtlich habe ich mir was vorgemacht. Ich habe gar nicht soviel Vertrauen zu Ihnen, wie ich gerne hätte», sagte Ines schließlich. «Und meine tiefste Angst ist es, ausgeliefert zu sein, nicht mehr über mich bestimmen zu können, wie es dieser Freundin ging.»

Wir sprachen viel über ihre Angst vor mir. Einmal sagte sie: «Wenn ich mich näher mit jemandem einlasse, ziehe ich sicher den kürzeren. Ich kann nicht glauben, daß Sie mich mögen. Ich trau es mich nicht, und doch ist es das, was ich mir am allermeisten wünsche. Neulich, als ich den Termin verlegen mußte, hatte ich wahnsinnige Angst, Sie anzurufen. Mir zitterten die Knie, als ich aus der Fernsprechzelle ging. Dieser kindliche Spruch fällt mir immer ein: ‹Magst mich noch?› Es ist, als wollte ich pausenlos die Bestätigung hören.»

Das zur radikalen Anpassung gezwungene Mädchen haßt die Mutter für diesen Zwang. Da der Haß verboten ist, wird er unermeßlich. Da er im Innersten verschlossen bleiben muß, verzehrt er wie eine ätzende Säure das Bild der guten Mutter. Wenn die Mutter nicht dauernd ihre Zuneigung beteuert, gibt es sie nicht mehr. Die Stelle, wo sie sein müßte, ist leer. Es gibt kein inneres Gegenbild, das die vorübergehende Trennung überbrücken hilft. Wie wenig Schutz Ines in ihrem tiefen Konflikt mit der Adoptivmutter bei ihrem Adoptivvater fand, zeigt ein Traum. Sie fährt mit beiden Eltern in eine ferne Stadt. Der Vater ist ganz anders als in Wirklichkeit. Er ist starrsinnig, unnachgiebig, er will den Wagen unbedingt selbst lenken und läßt sich nicht davon abbringen, obwohl es sehr gefährlich ist. Am Ziel müssen sie auf eine Bühne. Dort soll ihr ein Mann im Auftrag des Vaters mit einer Rasierklinge das Gesicht zerschneiden. Ines war sehr verblüfft über diese Szene. Immer war der Vater weich und sanft gewesen; er ging jedem Streit aus dem Weg, ließ sich von der Mutter kommandieren, die gerne recht behielt. Ines kann ihren Wunsch nach einem starken Papa, einem Gegengewicht zu dieser erbarmungslos perfekten Mutter, nicht anders ausdrücken, als den Vater mit jenen Eigenschaften auszurüsten, die sie an ihrer Mutter kennt.

In diesem Traum deutet sich auch ein Geheimnis an, über das Ines lange Zeit nicht sprach. Sie schämte sich zu sehr. Hinter ihrer Sanftmut und Höflichkeit, hinter dem wohlerzogenen Mädchen, das der Mutter Freude machte, gab es eine andere Welt, in der sich Schrecken, Folter und Lust mischten.

Der Traum, in dem sie der Vater zwingt, sich auf der Bühne eines Theaters mit einer Rasierklinge das Gesicht zerschneiden zu lassen, klingt an Phantasien an, die Ines bei der Selbstbefriedigung hat, um zum Höhepunkt zu kommen. Wie in einem Spukschloß aus dem prächtigen Saal eine Falltür in die Folterkammer führt, ist ihr sexuelles Erleben auf zwei Räume verteilt. In dem einen ist sie immer ganz allein, stellt sie sich vor, gequält und geschlagen zu werden. Sie verschmilzt mit den Opfern der Folter, dem KZ-Häftling, der Kommunistin in den Kellern der argentinischen Geheimpolizei. Gleichgültige, brutale Männer sehen zu, wenn sie nackt ausgezogen, geschlagen, vergewaltigt wird. Diese Erregung hat eine klare Gestalt, einen faßbaren Höhepunkt – und im Abflauen den schlechten Nachgeschmack von Peinlichkeit, Scham und Schuld.

Dringt hingegen ein Mann in sie ein, dann verschwindet diese eindeutig faßbare und abgrenzbare Lust. Sie löst sich auf, die Empfindungen sind unklar, die Grenzen verschwimmen, reizvoll und erregend, jedoch ohne eindeutigen Anstieg, Höhepunkt und Abfall. Die von Ines während der Selbstbefriedigung entworfenen Bilder sind ganz anders als die Szenen, welche sie mit einem Mann erlebt. Nie hat sie daran gedacht, einen Partner in ihre Phantasiewelt einzuweihen. Wie jener unglückliche König, den Zuschauer störten, genießt sie das Schauspiel ganz allein.

Die Folterträume sind wohl ein Versuch, der bösen Seite der Mutter zu trotzen, die lustfeindliche Herrschaft zu brechen, welche sie über den Körper des kleinen Mädchens ausüben will, der ihrem Körper so fatal ähnlich ist. Die Lust spottet der drohenden Strafen. Sie benützt diese, um sich zu steigern. Die vielen verachtungsvollen Blicke der Zuschauer, die Ines in ihrem Privattheater auf sich spürt, reizen sie noch mehr. Erst wenn die Macht der Jagd nach dem Orgasmus gebrochen ist, die Empfindungen sich zerstreuen wie das Publikum nach dem Furioso des letzten Satzes, setzt sich die feindliche Stimme wieder durch: wie erbärmlich, Ines, daß du diese jämmerlichen Krücken brauchst! Masochistin! Bessere dich! Ich versuche, Ines die Unschuld ihres Vergnügens zu vermitteln. Es gibt auch einen anderen Ausweg: nicht aus der Erregung in das Schuldgefühl hinaus, sondern tiefer hinein, zu einem Punkt, an dem die Lust jedes Nachdenken über ihren Ursprung und ihre Begleitumstände auslöscht.

Zu Beginn dieser Stunde hatte Ines gesagt: «Ich weiß nicht, warum ich nicht spielen kann. Andere spielen Karten, und es macht ihnen Freude; sie spielen Roulette, sie verkleiden sich und spielen eine Rolle im Fasching, oder sie spielen Fangdenhut und Menschärgeredichnicht. Ich habe das nie getan. Im Rundfunk war neulich eine Sendung über das Spielen. Da habe ich mich wieder gewundert, warum ich nie spiele.» Die Verbindung beider Welten, der auf Selbstbefriedigung gerichteten Phantasie und der sexuellen Partnerschaft, ist das Spiel. Traum und Wirklichkeit fließen in ihm ineinander, vermischen sich wie das Wasser zweier Ströme. «Ich will mit dir spielen», sagten die polynesischen Frauen, wenn sie mit einem Mann zusammensein wollten. Das erste Spiel der Kinder ist es, sich anzuschauen und zu betasten. Aber davon war wohl in der Rundfunksendung nicht die Rede?

«Nein, gewiß nicht», sagte Ines und lächelte.

Später träumt sie, daß sie einen kleinen Teppich aus meinem Zimmer stiehlt. Nach einer Woche bringt sie ihn wieder zurück. Ich spreche von einem Zeichen, daß sie jetzt mehr von mir mitnehmen kann, sich aber immer noch unsicher ist, ob sie es denn auch behalten dürfe. «Bei Ihnen lernt man aber seltsame Dinge», sagt sie. «Sie wären imstande, es mir auch noch als Fortschritt auszulegen, wenn ich anfange zu stehlen!» Ich frage, ob sie schon jemals etwas gestohlen habe – und seien es nur die Kirschen des Nachbarn? «Nein, niemals. Mir fällt noch ein Traum ein. Ich treibe ein kleines Schweinchen irgendwohin. Es stolpert, ist schon ganz müde, hat keine Lust mehr zu laufen, verletzt sich am Fuß. Dennoch muß ich es immer weitertreiben. Ich denke: Es muß zum Schlachthof.»

«Darunter könnte man als Bildunterschrift setzen: ‹Der Weg zum Erfolg›», sage ich.

Die Zeit, von der ich jetzt geschrieben habe, liegt im dritten der insgesamt fünf Jahre, die Ines mit mir arbeitete. Sie war aus ihrem melancholischen Rückzug aufgetaucht, arbeitete erfolgreich, konnte trotz ihrer inneren Konflikte (die nur sehr selten zu offenem Streit mit Robert führten) die Beziehung zu ihm aufrechterhalten. Das Gespenst eines Krebs-Rezidivs war nicht gebannt, aber es hatte sich auch noch nicht bemerkbar gemacht. Immer wieder beklagte sie sich, wie unbefriedigend die Beziehung mit Robert sei – er wohne in einer anderen Stadt, komme nur selten, wolle dann vor allem mit ihr schlafen, nicht daß sie etwas dagegen hätte, aber *nur das* sei zu wenig. «Sie reden wie ein Gärtner, der sich jedes Jahr aufs neue darüber beklagt, daß sein Birnbaum keine Äpfel trägt!» sagte ich einmal. Gar nichts zu sagen wäre wahrscheinlich gescheiter gewesen, mir erst einmal über den Druck klarzuwerden, den ich von Ines spürte, und ihr nicht in der Metapher mitzuteilen, was sie ohnehin wußte: daß schließlich sie selbst sich Robert ausgesucht hatte, daß sie selbst es war, die nichts tat, um einen anderen Mann kennenzulernen.

«Sie meinen, ich sollte einen Apfelbaum pflanzen», fragte Ines dagegen. «Ach, wenn ihr Analytiker einem auch verraten würdet, wo die Baumschule ist!» Dann lernte sie tatsächlich einen anderen Mann kennen. Er war etwas jünger, ungebunden, lebte in derselben Stadt, wollte sie nach kurzer Bekanntschaft fast jeden Abend treffen, schwärmte von einer erfahrenen Frau, von der er lernen könne – auch im Bett. In Ines' Schilderung verwandelte er sich zusehends aus einem anziehenden Prinzen in einen breitmäuligen, übelriechenden, gierigen Frosch, den sie endlich mit einem Gefühl der Befreiung in den Sumpf zurückschmiß, aus dem er gekrochen war. «Ich habe ihn einfach nicht geliebt», erklärte sie mir. «Am Anfang mochte ich ihn, dann tat er mir leid, und am Ende konnte ich ihn nicht mehr riechen – buchstäblich und im übertragenen Sinn. Er stank mir. Aber mir ist etwas passiert, was ich nie für möglich gehalten hätte. Ich habe mich wirklich verliebt. Lachen Sie mich nicht aus. Es ist wunderschön. Wir sehen uns fast jeden Tag. Er ist ein Kollege von mir. Und bevor ich's vergesse: er ist natürlich auch wieder verheiratet.»

Analytiker und Patient haben mit dem Frosch, der in den Milchtopf fiel, die Mühe gemeinsam, durch das Schwimmen im ungewissen endlich so viel festen Grund zu gewinnen, daß ein Sprung möglich ist. Jeder von beiden hofft dann, der Sprung werde in die Freiheit führen. Aber oft genug landen sie in einem neuen Milchtopf und müssen wieder versuchen, durch unermüdliches Paddeln einen tragfähigen Klumpen Butter zu schaffen. Ich hatte gehofft, durch die Arbeit an der Übertragung, an Ines' Mutter- und Vaterbeziehung so viel verändert zu haben, daß sie nicht wieder einen verheirateten Mann wählen würde. Aber diese Hoffnung trog. So richtete ich mich mit der neuen Situation ein. Vielleicht hatte sie Merkmale, an denen ich ablesen konnte, weshalb wir gerade hier gelandet waren.

Manchmal beneide ich die analytischen Großväter um ihre kurzen, intensiven Analysen mit einer Dauer von einem Jahr und einer Frequenz von fünf Stunden pro Woche. Da ist es noch möglich, weitgehend in der Abstinenz zu arbeiten, wie sie Freud *auch* verstanden hat: als den Verzicht auf neue sexuelle Beziehungen während der Analyse, nicht nur als den Verzicht auf den Austausch körperlicher Befriedigung in der Analyse. Wenn der Analytiker die Phantasiewelt seines Analysanden beherrscht, kann er einen viel besseren Überblick gewinnen. In unseren heutigen, mehrere Jahre dauernden Analysen ist die Forderung, während der Kur keine neuen Beziehungen einzugehen, kaum aufrechtzuerhalten. Dadurch entsteht immer wieder Verwirrung. Jede nahe Beziehung belebt neue, bisher unbekannte Seiten in einem Menschen. Die meiste Macht, solche schlummernden Kräfte zu wecken, hat die Verliebtheit. Der Analytiker findet sich dann oft in der Rolle eines Radfahrers, der ein Flugzeug einholen möchte: er kann nur warten, bis sein verliebter Patient wieder auf dem Boden der Wirklichkeit landet. Erst dann greifen seine Verständnis- und Verständigungsversuche. Oft dauert es geraume Zeit, bis er auch nur den Landeplatz ausfindig macht.

Gewiß hat auch das heutige Vorgehen seinen Nutzen. Mit unseren drei bis vier Wochenstunden (Ines hatte, berufsbedingt, oft nur eine oder zwei) über viele Jahre hin können wir zwar kein so engmaschiges Netz ausspannen, aber Entwicklungen verfolgen und immer wieder Einflüsse der Wirklichkeit verarbeiten, die in einer vom Übergewicht der Übertragung bestimmten Analyse nicht sichtbar werden. Aber diese Wirklichkeit gewinnt eine Dynamik eigener Art, ungreifbar und verwirrend, wenn sie sich zu schnell verändert. Wer auf die Hilfe von außen wartet, auf einen liebevollen und selbstbewußten Partner, der die unsichere weibliche Identität seiner Patientin festigt, sieht sich leicht enttäuscht. Fast unfehlbar wird seine Analysandin an genau das Gegenteil geraten – einen empfindlichen, anspruchsvollen, unsicheren Mann, der sie wie eine Mutter aussaugen und gleichzeitig wie ein Kind in Abhängigkeit halten will. Ines' Vorliebe für verheiratete Männer hat auch einen Aspekt des Selbstschutzes. Wer in einer festen Bindung lebt, hat möglicherweise schon eher gelernt, Versagungen zu ertragen, Idealansprüche zu verarbeiten, Konflikte offen anzugehen und sie nicht durch Rückzug unlösbar werden zu lassen. Viele Einzelgänger sind es nicht aus freier Absicht, sondern wegen einer Anspruchshaltung, die sie wie einen allzu wuchtig geworfenen Ball immer wieder zurückprallen läßt. Eine potentielle Partnerin wird sehr schnell entmutigt, wenn ihr ein vierzigjähriger Ingenieur beim zweiten Glas Bier am ersten gemeinsamen Abend den Vorschlag macht, doch zusammenzubleiben und zu heiraten.

Die Angst des Analytikers vor dem Wiederholungszwang bestätigte sich in Ines' Fall nicht. Ihr neuer Freund – nennen wir ihn Berthold – war verheiratet, aber packte die Beziehung ganz anders an, als sie es bei solchen Männern gewohnt war. Er genoß nicht gnädig Ines' Verliebtheit, ordnete sie nicht planmäßig alle 14 Tage am Wochenende als Nebenfrau in seinen erotischen Kostplan ein, sondern erwiderte ihre Gefühle mit einer unerwarteten Leidenschaft, die ihr Selbstvertrauen sehr stärkte. Wie meist in solchen Situationen wartete ich auf die Explosion, war aber zusammen mit Ines erleichtert, daß es diesmal nicht sie war, die einen glücklichen Zustand nicht ertragen hatte. Berthold mußte einfach alles seiner Frau erzählen. Er konnte nicht anders. Sie würde ihn sicher verstehen und ihn freigeben. Sie war doch sonst, wenn schon nicht sexuell anziehend, so doch immer freundlich und liebevoll gewesen, an seinem Wohlergehen interessiert. Sie würde auch diesmal begreifen, welche Himmelsmacht Ines für ihn bedeutete (beide Frauen kannten sich flüchtig). Das war doch nichts *gegen sie*, das war nur etwas *für ihn*.

«Mir war nicht wohl bei der Sache», erzählte Ines. «Aber Berthold hat mich überzeugt. Er ist so begeisterungsfähig, er kann sich und anderen etwas vormachen. Aber bei seiner Frau hat er auf Granit gebissen.» Wie viele Partner, deren treues Funktionieren in einem langen Zusammenleben gewissermaßen in Fleisch und Blut übergegangen ist, war auch Bertholds Frau für ihn wie die Atemluft, deren lebensnotwendige Bedeutung man erst in dem Augenblick erkennt, in dem das Erstickungsgefühl einsetzt. Berthold, der sich aus seinem sicheren Nest heraus verliebt hatte, der dieses etwas grau gewordene, verwohnte Nest mit seiner Begeisterung für Ines vergolden wollte, fand sich plötzlich flügellahm, herausgeworfen, auf dem harten Boden einer grimmigen Wirklichkeit. Die liebevolle Hausfrau verwandelte sich von einem Tag auf den nächsten in einen Drachen, der Anstalten machte, sich auf Haus und Geld zu setzen, für Berthold und Ines aber nur feurigen Atem übrig hatte. Nun klopfte ein zerrupfter und versengter Berthold bei Ines an. Ob sie ihm ein Ersatz-Nest, möglichst gleichwertig, wenn nicht besser, in ihrer Zweizimmerwohnung bieten könne? Kurze Zeit später trippelte dieser Vogel zurück in das angestammte Nest und versuchte, den Drachen durch gutes Zureden und die Versicherung zu versöhnen, an derartige Ausflüge nie wieder zu denken. Freilich, dachte Berthold: ein Drache, der einem solche Zugeständnisse abpreßt, verdient nicht die Rücksichten, welche seiner lieben Frau von einst galten. Er wollte sich heimlich wieder mit Ines treffen. Doch ist solche Heimlichkeit natürlich einfacher, wenn einem eine liebe Frau vertraut, schwieriger, wenn man von einem argwöhnischen Drachen verfolgt wird. Es gab gesellschaftliche Anlässe, in denen die verheirateten Redakteure mit ihren Partnern erschienen. Ines, die in der offenen Feldschlacht Mut und Zuversicht bewiesen hatte (nicht nur Berthold gegenüber, sondern auch dessen eifersüchtiger Frau, die sie am Telefon beschimpfte und ihr zornige Briefe schrieb), geriet jetzt ins Hintertreffen. Einen strahlenden Berthold, der auszog, um seine Frau für diese neue Liebe zu gewinnen, hatte sie bewundert. Der vom Drachen verfolgte, in die Flucht geschlagene Berthold erregte ihr Mitleid. Aber ein Berthold, der ein doppeltes Spiel zum Dauerzustand machen wollte? Der sie seiner Frau (nein, nur sich selbst) zuliebe wieder in eine heimliche Geliebte zurückverwandeln wollte? Ihn konnte sie nicht mehr achten, nicht mehr lieben. Aber konnte sie auch auf seine Liebe verzichten? Wieder gab es gute Vorsätze, die Berthold, wenn er sich einmal für einige Stunden davonstehlen konnte, bei seinen überraschenden Besuchen über den Haufen warf. «Ich kann ihn doch nicht einfach hinauswerfen», klagte Ines, als sei ich es, der solches von ihr erwarte. Allmählich wurde mir deutlich, weshalb Ines immer wieder in solche Situationen geriet. Es fiel ihr sehr schwer, sich ein klares und beständiges Bild von Berthold zu machen. Immer wieder vermischte sich das, was sie von ihm wußte, mit dem, was sie sich an ihm wünschte, was er aber nicht besaß. Es gibt Menschen, die auf schwer durchschaubare Weise die seelischen Grenzen durchdringen, die es uns sonst ermöglichen, zwischen der eigenen Person und ihren Merkmalen einerseits, fremden Personen und deren Merkmalen andrerseits zu unterscheiden.

Ines kam in eine Stunde und war ganz unglücklich darüber, daß Berthold sie auf einem Redaktionsfest überhaupt nicht angeschaut hatte. Er sei zu feige dazu, wenn seine Frau anwesend ist. Diese Feigheit entwürdigt sie, wirft einen Schatten auf alles, was sie mit Berthold verbindet – ist sie nicht selbst wertlos und zu nichts nütze, wenn sie es nicht schafft, einem solchen Feigling endgültig die Beziehung aufzukündigen? Ines verhielt sich wie jemand, der alle Besucher in sein Wohnzimmer bittet und sie erst dort fragt, was sie wünschen: Jetzt ist es weit schwieriger geworden, sie loszuwerden, kein Wunder, daß sie schließlich wochenlang überhaupt niemandem mehr die Türe öffnet, das Telefon nicht abnimmt, um Ruhe zu haben. Aber was veranlaßt Ines, sich über die kleinen Signale Bertholds den Kopf zu zerbrechen? Warum will sie immer noch «verstehen», weshalb er sie nicht ansah – aus Feigheit? Aus Angst? Aus Gleichgültigkeit? Die rastlose Suche nach Gründen, diese verzweifelte Aussage: «Ich verstehe es einfach nicht!» verwirrten mich immer wieder. Ich «verstand» Berthold – weshalb den Biß des Drachens riskieren, wenn ohnehin bei dieser öffentlichen Angelegenheit keine Möglichkeit bestand, sich Ines zu nähern? Sein Verhalten schien mir zweckmäßiger als ihres. Aber schließlich mußte ich nicht ihn verstehen, sondern meine Patientin. Warum konnte sie ihren fruchtlosen Zorn auf Berthold nicht vergessen und sich erfreulicheren Gegenständen zuwenden? Warum verwandelte sich ihre Wut in Niedergeschlagenheit und Lähmung? Sie hätte doch die Zeit, die ihr durch Bertholds Verpflichtungen seiner Ehefrau gegenüber blieb, für sich verwenden können – warum nicht gar dazu, endlich einen Mann zu finden, der sie nicht nach diesem Muster enttäuschte! Woher kam diese

Erstarrung, die sie hinderte, den Ort zu verlassen, an dem sie der Versagung ausgesetzt war?

Nach dem Ersten Weltkrieg mit seinen zermürbenden Grabenkämpfen litten viele Soldaten an traumatischen Neurosen. Sie konnten nicht vergessen, was mit ihnen geschehen war – ständige Lebensgefahr, das Trommelfeuer, den Tod so vieler Kameraden. Immer wieder sahen sie die quälenden Bilder vor sich, als verdienten sie den Frieden und die Sicherheit nicht, in der sie jetzt lebten. Sie erwachten schweißgebadet, mit einem qualvollen Schrei, aus Träumen, in denen sie zum hundertsten Mal nacherlebten, wie die Detonation einer Granate sie in einem Regen aus Erde und Stahl begrub. Merkwürdigerweise wurden jene Soldaten besser mit den psychischen Folgelasten der Stahlgewitter fertig, die tatsächlich schmerzhafte Verletzungen erlitten hatten.* Ines scheint ein ähnliches Trauma zu erschüttern, wenn ein Mann, den sie liebt, sich anders verhält, als sie sich an seiner Stelle verhalten würde. Wenn er mich wirklich liebt, scheint sie sich zu sagen, dann darf er doch nicht so grausam verschieden von mir sein! Berthold empfindet die Verheimlichung seiner Gefühle als sinnvolle Taktik. Es ist doch nur vernünftig, schlafende Hunde nicht zu wecken, noch viel weniger schlafende Drachen. Er tut es doch schließlich auch für Ines. Wenn seine Frau Ruhe hält, hat er mehr Zeit für die Geliebte. Ines aber fühlt sich verraten und gebrandmarkt. Sie ist nichts wert, denn sonst könnte Berthold doch gar nicht so kalt bleiben. Eine mögliche Erklärung liegt darin, daß Bertholds Mutter nicht aus seinem Er-

---

* Das mag damit zusammenhängen, daß diese körperlichen Wunden ein Strafbedürfnis befriedigen, das die Unverletzten als Schuld gegenüber den Toten zu tragen haben, oder auch damit, daß die Empfindung eines körperlichen «Fortschritts» im Heilungsprozeß das Selbstgefühl stärkt.

leben verschwand, wenn er einmal ihre Forderungen nicht erfüllte, daß er nicht auf jede ihrer Mienen angewiesen war, ständig von jener völligen Einsamkeit bedroht, die der Verlust des guten Objekts * mit sich bringt. Ines bräuchte einen Partner, der ihr wie eine stillende Mutter dem Kind jedesmal, wenn sie unter Spannungen gerät, schützend und hilfreich zur Seite steht. Gleichzeitig ist sie aber überzeugt, einen solchen Partner nicht zu verdienen, ihn auch nicht ertragen zu können, denn ihr Gerechtigkeitsempfinden würde ihr abverlangen, dann stets in derselben Weise verfügbar zu sein – eine unerträgliche Preisgabe ihrer Freiheit. Solche Überlegungen helfen, die Rätsel zu beantworten, welche mir Ines' Reaktionen auf Berthold aufgaben. Sie konnte ihren Zorn nicht vergessen, denn sie büßte mit jeder Unstimmigkeit etwas ein, das sie dringend brauchte: das Gefühl, Berthold sei für sie da, stehe ihr zur Seite, halte sie fest, wenn sie ihn zu verlieren drohe. Dieser Verlust war für sie nicht vorübergehend und rational erklärbar. Sie erlebte ihn als dauernd, als Katastrophe, wie sie für ein verlassenes Kind das Ausbleiben der Mutter oder des Vaters bedeuten. Ines konnte sich ebensowenig erfreulicheren Gegenständen zuwenden oder sich gar einen zuverlässigeren Mann suchen, wie ein verlassenes Kind, das der Mutter bitterlich nachweint, sich mit einem Stück Schokolade tröstet oder unberührt zu einer Nachbarin läuft. (Kinder, die sich der Konstanz des guten Objekts sicher sind, können sich mit Schokolade trösten oder zur Nachbarin gehen. Vielleicht haben auch sie schon Schwierigkeiten, ihre Kameraden zu verstehen, denen das nicht möglich ist.) Die Wut, die dem

---

* Das «gute Objekt» ist eine präzisere Beschreibung des «Urvertrauens». Wer es in sich trägt und nach außen projiziert, kann von anderen Menschen etwas nehmen. Wem es fehlt, der muß immer etwas geben, um es aufzubauen. Er fühlt sich, wie Ines, rasch ausgebeutet.

Partner galt, der sie im Stich läßt, richtet sich schließlich gegen Ines selbst, lähmt sie und treibt sie zu Selbstanklagen. Sie *weiß* schließlich, ebensogut wie ich, daß ihr Anspruch überzogen ist. Natürlich kann sie den Grund sehen, den Berthold hat, sich so zu verhalten, wie man auch einen Türpfosten sieht, an dem man sich sonst eine Beule holen würde. Ihre Klugheit und ihr Einfühlungsvermögen sind in dieser Situation nicht Wohltat, sondern Plage. Es ist alles nur ihre Schuld. Sie müßte ganz anders sein, als sie ist; dann würde sie nicht so leiden.

Zu den unausweichlichen Verletzungen, die das Leben jedem zufügt, erlebt Ines es immer wieder als Fluch, überhaupt verletzlich zu sein. Das ist für sie die tiefste Kränkung. Sie will eine reine Welt ohne Trauer und Haß, in der sie endlich ganz ohne das nagende Gefühl leben kann, durch ihre Unvollkommenheit schuldig zu sein, wertlos, verächtlich. Wenn Berthold mit seinen Wünschen, mit seiner Art, den Zweck die Mittel heiligen zu lassen, in diese imaginäre Welt einbricht, zerfällt sie in Trümmer. Durch die Bruchstücke dringen die Vampire. Will Berthold sie auffressen, oder sie ihn? Wäre nicht jeder drohende Verlust für immer beseitigt, wenn sie den geliebten Mann zerstückelt, die blutigen Fetzen verschlingt, wie die Mänaden der dionysischen Kulte? Wenn die Mutter weit weg ist, wenn sie dem Kind nicht das Gefühl vermitteln kann, trotz aller großen und kleinen Reibungen verläßlich für es zu sorgen, kann sich auch die Grenze zwischen ihr und dem Kind nicht angemessen entwickeln. Sie bleibt durchlässig. Da die intensivsten Beziehungen des Erwachsenenlebens meist aus dieser frühen Quelle schöpfen, erben die Sexualpartner (wenn der Kontakt zu ihnen nicht flüchtig gehalten wird) fast immer Teile dieser frühen Störungen. Furcht und Hoffnung wechseln rasch. Wird Berthold genauso sein wie die böse Mutter, die Ines keine Freude gönnt? Oder ist er, sie wagt es kaum zu hoffen, endlich die gute, einfühlende Mutter, die sie, von ihren wirklichen Eltern enttäuscht, in der Phantasie erschuf? (Das Schicksal des Adoptionskindes verschärft solche Phantasien: Ist die leibliche Mutter eine Hexe oder eine Fee?) Wenn Berthold die gute Mutter ist, muß sie ihn unbedingt festhalten. Wendet er sich einmal ab, verhält er sich einmal anders, als es ihre hochgespannten Erwartungen vorgeben, flammt Panik auf. Es ist alles Lüge. Er ist auch nicht anders als die anderen. Aber eine erwachsene Frau hat mehr Möglichkeiten als ein Kind. Ines kann versuchen, sich Bertholds Inneres anzueignen, wie es ihre Mutter mit ihr tat. So grübelt sie stunden- und tagelang, sucht nach immer neuen Wegen, das Puzzle Mann zusammenzusetzen, will mich verpflichten, ihr zu helfen: Schließlich bin ich auch ein Mann, möglicherweise ein genauso rätselhafter, unzuverlässiger wie Berthold.

Die Analyse erleichtert es mir und ihr aber, daß wir einander nicht kennenlernen, um uns zu kontrollieren und zu beherrschen. Die Szenen aus Ines' Kindheit können von allen Seiten betrachtet werden. Wir müssen sie nicht wiederholen, gerade weil Ines offen und mutig genug ist, über ihre Träume und Versuchungen in dieser Richtung zu sprechen. Immer wieder identifiziere ich mich mit Robert oder Berthold, fühle mich von ihr kontrolliert, mißtrauisch gedeutet, eindringlich überwacht, wie sie sich von ihrer Mutter überwacht fühlte – nicht offen aggressiv, aber mit (scheinbar) liebevoll unerbittlichem Vorwurf. Doch es gelingt uns auch immer wieder, aus diesen Schlingen herauszufinden. Ines erlebt, daß ich mich für die Seiten ihrer Person, die sie ablehnt, nicht weniger interessiere als für ihre Brillanz und ihre künstlerische Begabung. So kann sie ganz allmählich versuchen, bei sich selbst zu bleiben, wenn sich ein Mann ihr nähert, und auch auf das von Anbeginn zum Scheitern verurteilte Unterfangen verzichten, in ihn einzudringen und ihn umzubauen, bis er ihre Wünsche errät und sie nicht mehr sagen muß, was sie will und braucht. Sie kann damit experimentieren, von den Menschen um sie herum mehr zu bekommen, probeweise erst einmal daran zu glauben, daß sie nicht böse und geizig sind, sondern durchaus bereit, ihr etwas zu geben.

Ein Hinweis auf diese Entwicklung liegt darin, daß Ines trotz der heftigen Liebschaft mit Berthold Robert nicht aufgegeben hat. «Was muß er von Berthold wissen? Ich kümmere mich auch nicht um seine Frau! Da sehen Sie, was Sie aus mir gemacht haben: Jetzt habe ich immer noch keinen richtigen Mann, aber dafür gleich zwei falsche. Am liebsten wäre mir eine stinknormale Ehe und ein Kind. Aber wie soll ich mit vierzig noch dazu kommen?» Während der Kämpfe Bertholds mit seiner Frau, in die Ines hineingezogen wurde, erkrankte sie an einem Hexenschuß. Wir glaubten beide zu wissen, welche Hexe da gezielt und getroffen hatte. Die Schmerzen waren heftig, Ines ging zu einem Orthopäden. «Wissen Sie, was er mir gesagt hat, nachdem er mich untersucht hatte? Er meinte, solche Rückenschmerzen hätten öfters psychosomatische Ursachen. Er wollte mir gleich einen Termin geben. Ich habe gesagt, ich muß es mir noch überlegen. Ob ich schon einmal daran gedacht hätte, in Psychotherapie zu gehen, hat er gefragt. Und da renne ich seit vier Jahren zu Ihnen und bekomme immer noch einen Hexenschuß! Ich wollte es ihm nicht sagen, damit er weiter so an die Psychotherapie glaubt, wie er es jetzt tut!»

Wir faßten ins Auge, gegen Ende des fünften Jahres mit der Analyse aufzuhören. Ines' liebevoller Spott, mit dem sie ihren eigenen Anspruch an mich übertrieb und zurücknahm, ermutigte mich dazu, auf diesen Vorschlag einzugehen. Sie konnte sich abgrenzen, sie konnte sich wehren, sie konnte sich mehr nehmen als bisher. Einen «richtigen Mann» hatte sie immer noch nicht gefunden; von den zwei falschen blieb Berthold auf der Strecke. Nach den Sommerferien kam Ines zurück, braungebrannt und guter Dinge. «Ich habe eine Neuigkeit für Sie», sagte sie gelassen. «Vielleicht sollten wir im Dezember doch noch nicht aufhören. Ich bin nämlich schwanger!»

«Ach du liebe Güte», entfuhr es mir.

«Sind Sie nicht begeistert? Ich hätte mir erwartet, daß Sie sich mehr freuen. Ohne Sie hätte ich mich das nicht getraut.»

«Wer ist denn der Vater?»

«Robert. Er weiß noch nichts von seinem Glück. Aber ich muß es ihm bald sagen. Es ist ein großer Zufall. Ich habe es drauf ankommen lassen. Er hat mich nie nach der Verhütung gefragt. Aber er kam schließlich nur alle zwei oder drei Wochen für eine Nacht.»

Sie hatte sich ein Kind gewünscht, es aber immer als etwas betrachtet, was ihr ohnehin nicht zustand – ganz gewiß nicht, ehe sie nicht in der Lage sei, den richtigen Mann zu finden. Nach der Krebsoperation schien der Wunsch verschwunden. Ich erlebte in den nächsten Monaten mit, wie einfühlend Ärzte mit Menschen wie Ines umgehen. Ihr die Risikoschwangerschaft wie eine Untat auf den Kopf zuzusagen, war noch vergleichsweise harmlos. Ein Gynäkologe forderte sie dringend zu einer Abtreibung auf. Eine Schwangerschaft sei für eine Frau, die einmal Brustkrebs gehabt habe, unbedingt lebensgefährlich. Die erhöhte Östrogenausschüttung wirke auf die Krebszellen wie Kunstdünger auf Unkraut. Außerdem müsse sie, wenn schon keine Abtreibung, unbedingt eine Amniozentese machen. Sie sei schon über vierzig, da sei die Gefahr einer Chromosomenaberration, eines mongoloiden Kindes, sehr hoch.

Ich versuchte, die Dinge zurechtzurücken. Kein Mensch, und sei er auch noch so gelehrt, könne voraussagen, ob der Brustkrebs wieder auftreten würde. Die Fruchtwasseruntersuchung sei nur sinnvoll, wenn sie das Kind notfalls auch abtreiben lassen wolle. Ines war dazu nicht bereit und vertrat ihren Standpunkt beim nächsten Arztbesuch so energisch, daß der Experte plötzlich umschwenkte, zugestand, so genau wisse auch er das vom Brustkrebs nicht, er habe sie nur warnen wollen, das sei schließlich seine Pflicht.

Ines beendete die Analyse kurz vor der Entbindung. Sie rief später noch einmal an. Alles sei gutgegangen, ein Knoten in der erhaltenen Brust, der sie sehr erschreckt habe, hätte sich als harmlose Schwellung einer Milchdrüse erwiesen – schließlich eine gänzlich normale Angelegenheit. Ein gesundes Mädchen. Robert habe es erstaunlich gut aufgenommen, er besuche sie immer noch, wolle aber seiner Frau noch nicht Bescheid geben. Ihre Mutter, inzwischen fast achtzig, kümmere sich rührend um das Baby. In drei Jahren, zur Kindergartenzeit, werde sie wieder anfangen, halbtags zu arbeiten.

Die Vergewaltigung

Sie hatte die Jahre nie gezählt, sie in ihrem Verstreichen nicht sonderlich ernst genommen, sie war beliebt, fleißig und fröhlich, kämpfte mit ihrem Übergewicht, wie die Kolleginnen auch, machte Urlaub in italienischen Städten, zwei Kunstführer im Gepäck. Jetzt wurde sie 38. Sie würde den Geburtstag mit ihrem Bruder feiern. Er würde ihr wieder das komplette Menü aufdrängen, mit Vorspeise und Nachtisch, und zwischendurch auf ihre Taille anspielen, als ob sie nicht oft genug daran dächte! Es war gut so, sie selbst hätte sich zu nichts aufgerafft. Seit ihre frühere Firma die Filiale in dieser Stadt geschlossen hatte, war Carmen müde. Damals, im alten Büro, machte immer jemand einen Scherz, brachte Blumen mit, einen Kuchen, eine Flasche Sekt. Wie eine große Familie. Damals fehlte ihr nichts. Im Gegenteil. «Du bist immer so ausgeglichen und gut gelaunt», hatte ihre Chefin gesagt. Ach was, Chefin! Sie war wie eine Freundin gewesen.

Sie mußte etwas unternehmen. In dem neuen Büro gab es einen griesgrämigen Chef. Es war ungemütlich. Wenn sie jemand treffen wollte, mußte sie ihn anrufen. Das gab eine Wichtigkeit, die sie gar nicht einlösen konnte. Sie mochte doch nicht jammern! Das taten immer andere, die sich mit ihr über ihre Probleme aussprachen, über diese schweigsamen, auf ihr Vergnügen erpichten Männer, über Kinder, die nachts weinten, solange sie klein waren, und schlechte Noten aus der Schule brachten, wenn sie größer wurden. Manchmal schrie es in ihr, lautlos, aber so heftig, daß sie fürchtete zu zerspringen: Da redet ihr von Schwierigkeiten mit euren Ehemännern, mit euren Kindern und wißt gar nicht, wie ich euch um diese Möglichkeit zu klagen beneide. Ihr habt wenigstens etwas – und ich? Was habe ich? Nicht einmal das Essen schmeckt mir noch, und trotzdem werde ich immer dicker.

In dieser Situation suchte Carmen zum erstenmal selbst Hilfe. Gewohnt, nach Feierabend noch in ihre Lieblingsbuchhandlung zu gehen und herumzuschmökern, war ihr ein Text untergekommen, der ihr gefiel. Der Autor hatte eine Praxis in München. War es nicht besser, ihn um Rat zu fragen, als einen ganz fremden Psychologen, von dem sie überhaupt nichts wußte? Carmen hatte eine hohe Meinung von Büchern und von den Menschen, die sie schrieben. Da war eine höhere, vollkommener gestaltete Welt, in der sich Gedanken und Wunschträume ungestört bis zu ihrem Ende verfolgen ließen. Sie konnte es nicht leiden, unterbrochen zu werden. Da sagte sie lieber nichts. Ich verstand bei dieser ersten Begegnung nicht viel von Carmens Situation, während sie mich mit einem ungeheuren Vorschuß an Gelehrsamkeit und Einsicht ausrüstete. Es war ihr sehr wichtig, mir zu beweisen, daß sie nicht dumm und ungebildet war.

So erzählte sie mir mit freundlichem Lächeln, flüssig und in wohlgesetzten Worten, von der schwierigen Umstellung auf den neuen Arbeitsplatz, streute Bemerkungen ein, wie ausgezeichnet sie mein Buch gefunden habe, warb um besondere Aufmerksamkeit, denn es sei doch klar, daß man beim Gang zum Therapeuten auch in gänzlich falsche Hände geraten könne – zu mir jedoch habe sie viel Vertrauen, ich sei sicherlich der richtige. Als ich sagte, ich könne ihr keine Einzeltherapie anbieten, nur einen Platz in einer Gruppe, ließ sie sich die Enttäuschung nicht anmerken. Wenn ich das sagte, mußte es schon richtig sein. Als Carmen gar nicht aufhören wollte, von dem Verlust des alten, liebevollen Büros zu reden, unterbrach ich sie und fragte direkt, ob sie schon einmal mit einem Mann zusammengelebt habe.

«Nein, nie!» erwiderte sie. «Aber meinen Sie, daß das wichtig ist?»

«Wann hatten Sie Ihren ersten Freund?»

«Ich hatte noch nie einen. Deshalb glaube ich nicht, daß das etwas mit meinen Depressionen zu tun hat. Früher ging es mir doch auch gut ohne einen Mann. Besser als anderen, schien es mir. Ich habe immer für mich selbst gesorgt und bin zurechtgekommen.»

«Sie hatten also noch nie eine sexuelle Beziehung?» fragte ich direkt und fühlte mich plump, grobschlächtig, aber erleichtert, als hätte ich einen Schleier zerrissen.

«Nein, es ist irgendwie nicht dazu gekommen», sagte Carmen. «Aber ich habe darin nie ein Problem gesehen. Finden Sie, daß das ein Problem ist? Daß es mit meinen Depressionen zusammenhängen könnte?»

«Ich denke schon», meinte ich, setzte aber vorsichtig hinzu: «Ob es sich wirklich so verhält, werden wir ja noch herausbekommen. Geben Sie mir Ihre Adresse. Wenn in einer Therapiegruppe ein Platz frei wird, rufe ich Sie an. Wir machen dann kurz vorher noch eine Einzelsitzung.»

Es vergingen nahezu zwei Jahre, bis ich Carmen wiedersah. Einmal hatte ich angerufen, sie aber nicht erreicht, als ich die Nummern auf der Warteliste durchwählte, um einen frei gewordenen Gruppenplatz zu besetzen. Im zweiten Vorgespräch hatte sich ihre Lebenssituation dramatisch verändert. Carmen war nicht mehr ohne Erfahrungen mit Männern. Auf dem Griechenlandurlaub, der unserem letzten Gespräch folgte, hatte sie ein Verhältnis mit Georg begonnen, dem Besitzer eines kleinen Hotels an der peloponnesischen Küste. Es war sehr schön gewesen, obwohl sie sich die Zeit stehlen mußten. Georg führte das Haus zusammen mit seiner Frau, die an der Rezeption saß und mißtrauisch blickte, wenn ihr Mann mit den Touristinnen flirtete. Wunderschöne Dinge hatte ihr Georg gesagt. Manchmal rief er an, viel zu selten. Sie besuchte einen Volkshochschulkurs, um besser Griechisch zu lernen.

«Ich weiß gar nicht, ob ich noch eine Therapie brauche», sagte sie. «Aber ich habe es Ihnen schließlich zugesagt. Ich werde in die Gruppe kommen. Natürlich ist das mit Georg nichts Richtiges. Komisch, daß ich nach Griechenland fahren mußte, um überhaupt einmal mit einem Mann zu schlafen. Jetzt ist das Eis gebrochen.»

Hatte die Beziehung mit Georg etwas mit dem Vorgespräch und dem Beginn der Therapie zu tun? Der Analytiker ist mißtrauisch gegenüber solchen blitzschnellen «Heilungen», die gelegentlich als großer Erfolg gefeiert werden. Ist er zu mißtrauisch? Läßt er sich nicht in spontaner Begeisterung von den Wachstumspotentialen seiner Klienten mitreißen? Ist er nur dann befriedigt, wenn er – sich und andere quälend – Widerstände durchgearbeitet, Übertragungen analysiert hat? Ich weiß es nicht, finde es aber wichtig, solche Fragen zu stellen und die Antwort offenzulassen. Der Analytiker darf seiner eigenen Methode gegenüber ambivalent sein, solange er diese Haßliebe nicht verdrängt. Der analytische Umgang mit Ambivalenz sieht so aus, daß nicht eine gute einer bösen Seite gegenübergestellt und Partei bezogen wird, sondern so, daß beide Seiten vertieft und differenziert werden. Ich bin in die analytische Methode nicht verliebt (vielleicht war ich es einmal, zu Beginn meiner Arbeit mit Selbsterfahrungsgruppen), das heißt: ich idealisiere sie nicht, ich muß nicht ihre Schattenseiten verdrängen, um sie gut zu finden. Aber ich liebe sie, und diese Liebe ist im Lauf der Zeit gewachsen, obwohl es eine narzißtische, eine weniger kostbare Liebe ist als die, welche einem Menschen gilt.

Carmen begann ihre Gruppentherapie mit einem festen Ritual. Sie war immer sehr pünktlich, trat immer als eine der ersten in den Gruppenraum, suchte sich immer einen Stuhl gleich neben der Türe aus, auf dem sie mit freundlichem Lächeln und in sprungbereiter Körperhaltung ausharrte, bis die Sitzung zu Ende war. Sie sprach nur ganz selten, mit einer hohen Stimmlage, die durch ihre flache Atmung piepsig klang, sagte etwa, die Situation erinnere sie schrecklich an die Schule, sie müsse alles richtig machen und sie wisse ja, daß das ganz falsch sei, denn der Therapeut habe ihr doch geraten, auszusprechen, was ihr spontan in den Sinn komme. Ihr jedoch falle gar nichts ein.

Therapiegruppen sind lebendige Organismen, die sich nach ihren eigenen Gesetzen entwickeln. Der Leiter erkennt viele Einzelheiten dieses Prozesses nicht. Er muß stets auf Überraschungen gefaßt sein, weit mehr als in der Einzelanalyse, wo er in einer (relativ, relativ, gewiß!) überschaubaren Zweipersonensituation arbeitet. Es gibt Analytiker, die ihren Gruppen verbieten, sich außerhalb der Sitzungen zu treffen. Auf einer Tagung traf ich einmal einen Kollegen aus Ungarn, der den Gruppenmitgliedern untersagte, sich bei einer zufälligen Begegnung auf der Straße zu unterhalten. Mir schienen solche Einschränkungen immer schwierig zu begründen. Ein System von Verboten steht dem analytischen Grundgebot der freien Einfälle eher im Weg, als es zu fördern. Aber für diese laxe Auffassung bin ich auch kritisiert worden. Nicht alle Kritiker führten sich selbst so ad absurdum wie ein Freund, der mir seine strenge Gruppenanalyse ganz ohne «Nachsitzungen» so lange selbstgefällig vorhielt, bis ich eines Abends diese abstinente Gruppe in seinem Wohnzimmer vorfand, agierend mit Rotwein und Gebäck. Der Leiter durfte davon nichts wissen.

Die Therapiegruppe sollte ihr eigenes Gesetz finden. Mir genügt es, wenn in den Sitzungen mit mir zusammen bearbeitet werden kann, was nach dem Gruppentreffen in einer Kneipe geschieht, wenn ich nicht dabei bin. Carmen schien dort aufzublühen. Sie war immer dabei, sie war gesprächig; nicht genug damit, sie organisierte eine Art Telefondienst für Gruppenmitglieder, die verhindert waren, an einer Sitzung teilzunehmen. Immer öfter kam es vor, daß sie zu Beginn einer Sitzung ein wenig anklagend sagte: «Die Helga hat sich bei mir entschuldigt. Sie kann heute nicht kommen. Sie (mit einem Blick zu mir) hat Sie leider nicht erreicht!» Ich bildete mir ein, zwei Vorwürfe zu hören – gegen die abwesende Helga, die es sich herausnahm, nicht zu kommen – angeblich hatte sie zuviel Arbeit, aber wer hat nicht zuviel Arbeit? – und gegen mich, der ich nicht erreichbar war und nicht richtig auf die Gruppenmitglieder aufpaßte.

Carmens Verhalten in der Gruppe schien mir ein Mittel, ihre Gefühle um jeden Preis zu kontrollieren. Zwanghafte Wiederholungen haben oft diese Bedeutung. Meist geht es dabei darum, Aggressionen zu bändigen, die als tödliche Bedrohung erlebt werden. Diesen Charakter gewinnt unsere Wut vor allem dann, wenn sie sich nicht am Tageslicht, in offenen Kämpfen, entwickeln durfte, sondern immer im Untergrund bleiben mußte. Sie wird in diesen düsteren Kerkern zu einem reißenden Ungeheuer, das keine Gnade kennt. Wer diesen Tiger in sich trägt, fürchtet sich auch, bei der geringsten Äußerung, welche die Anwesenheit des gefräßigen Gefangenen verraten würde, in den Menschen, die ihn umgeben, genau dieselbe Aggression vorzufinden. Innere Kampfbereitschaft erfüllt die Welt mit Feinden, je weniger sie sichtbar werden darf, desto mehr. Wer freundlich lächelnd artig stillsitzt, wie Carmen in der Gruppe, birgt in seinem Inneren möglicherweise die Phantasie, bei der geringsten Bewegung würden sich alle Menschen um ihn herum in zähnefletschende Bestien verwandeln und ihn zerreißen. Er sieht nicht dieses Bild, aber er spürt eine heftige

59

Angst, die unerklärlich bleibt, sagt doch die Vernunft, man könne davon ausgehen, daß die anderen Gruppenmitglieder genauso eingeschüchtert und liebebedürftig seien wie man selber.

Die gleichmäßige, unerschütterlich freundliche Miene Carmens vermittelte mir ein Gefühl großer Spannung. Sie glich einer jener früher von italienischen Glasbläsern hergestellten, im Physikunterricht zu Demonstrationen benützten Flaschen. Sie sind nach außen so widerstandsfähig, daß man einen Nagel in ein Brett schlagen kann, andererseits durch ihre innere Spannung so verwundbar, daß derselbe Nagel, sobald er durch den Hals ins Flascheninnere fällt, sie in tausend Scherben zersprengt. Zunächst hoffte ich auf die Zeit. Die ersten Wochen und Monate in der Therapiegruppe sind immer auch die schwierigsten. Wenn ein Mitglied nicht mit der neuen Situation zurechtkommt, wenn es der Gruppe nichts abgewinnen kann, bin ich immer froh, wenn diese Unzufriedenheit möglichst bald besprochen wird. Ausgesprochen kontaktfreudige Menschen nehmen selten an Gruppen teil. Wozu sollten sie? Es gibt verschiedene Formen des Schweigens. Da ist eines, das wachsende Teilnahme ausdrückt. Noch zu scheu, schon mitzureden, erwärmt sich der Betreffende von Sitzung zu Sitzung mehr für die anderen Gruppenmitglieder und die Prozesse in der Gruppe. Ein anderes Schweigen wird sozusagen immer weniger, ein Suppenkaspar-Schweigen, in dem sich die emotionale Präsenz verdünnt, bis das Mitglied im unangenehmsten Fall kommentarlos wegbleibt. Carmens Schweigen hatte weder die eine noch die andere Qualität. Es war trotzig. Die Gruppe schien einen Mechanismus in Gang zu setzen, der mir in den Vorgesprächen nicht aufgefallen war. Es paßte dazu, daß Carmen später von einem quälenden Impuls berichtete, die Mitglieder zu zählen, immer wieder von vorne. Sie zähle und wolle sich zugleich zwingen, damit aufzuhören, könne jedoch kein Ende finden, gerate immer tiefer in Selbstvorwurf, Scham und Anklage. So dumm wie sie sei doch niemand sonst, prüfend immer wieder von vorne bis sieben, acht oder neun zu zählen!

Ich versuchte sie zu trösten, indem ich sie daran erinnerte, daß solche Zwangshandlungen den Sinn hätten, bedrohliche Gefühle zu bannen. Wenn sie mehr Vertrauen schöpfe, wenn sie einmal diese Gefühle unmittelbarer ausdrücken könne, würde es vielleicht nicht mehr notwendig sein, zu zählen und zu lächeln. Um diesen Gesichtspunkt zu veranschaulichen, berichtete ich von einer Szene, die einer meiner Analysanden von seiner Jugendliebe geschildert hatte. Sie war ein anziehendes Mädchen und wie er in einer feindseligen Einstellung zur Sexualität erzogen. Wenn sie sich näherkamen und die Erregung einen gewissen Punkt erreichte, fing dieses Mädchen plötzlich an, statt der bisher gehauchten Koseworte das kleine Einmaleins aufzusagen. Sie war sich dessen bewußt, konnte aber den Impuls nicht beherrschen. Sie schämte sich seiner so, daß ihr und ihrem Liebhaber jegliche Lust abhanden kam. Das Zwangssymptom ist ein gutes Beispiel dafür, wie sich das Unbewußte eines Bruchstücks sonst ganz vom Ich gesteuerter Handlungen bemächtigen kann, um seine Absichten durchzusetzen. Diese Absichten sind weder Triebwunsch noch Über-Ich-Verbot *, sondern ein Filz aus beiden, vergleichbar dem Ge-

* «Sein Unbewußtes umschloß die frühzeitig unterdrückten, als leidenschaftlich und böse zu bezeichnenden Regungen; in seinem Normalzustande war er gut, lebensfroh, überlegen, klug und aufgeklärt, aber in einer dritten psychischen Organisation huldigte er dem Aberglauben und der Askese, so daß er zwei Überzeugungen haben und zweierlei Weltanschauungen vertreten konnte. Diese vorbewußte Person enthielt vorwiegend die Reaktionsbildungen auf seine verdrängten Wünsche, und es war leicht vorherzusehen, daß sie bei weiterem Bestande der Krankheit die normale Person aufgezehrt hätte.» So

flecht durcheinander wuchernder Wurzeln, das über einem Sumpf eine trügerische Decke bildet. Verbarg sich in Carmens Zählzwang eine geheime Sehnsucht, die Zahl der Gruppenmitglieder zu vermindern, sie gewissermaßen beiseite zu schaffen wie unerwünschte Konkurrenten? Sie fand keinen Zugang zu solchen Deutungen, begegnete ihnen mit einem «ich weiß nicht», einem «vielleicht», einer Steigerung ihres Lächelns – und ihres Zählens.

So kamen wir nicht weiter. Als Carmen schließlich fragte, ob sie neben den wöchentlichen Gruppensitzungen auch Einzelstunden haben könne, war ich einverstanden. Solche «kombinierten Therapien» halte ich für sinnvoll, wenn die Arbeit in der Gruppe auf anscheinend unüberwindliche Hindernisse stößt und ergebnislos abgebrochen werden müßte. Sie sind aber nicht unproblematisch. Der Patient gerät in eine bevorzugte Position, wie ein Geschwisterkind, das mehr Aufmerksamkeit erhält als die übrigen. Freilich wäre es auch in der Auseinandersetzung mit solchen geschwisterlichen Rivalitäten eine Illusion, den Kampf durch schematische Gleichbehandlung vermeiden zu können. Es geht eher darum, die Einsicht zu entwickeln und zu stärken, daß jeder nach seinen Bedürfnissen behandelt wird, daß die Liebe wichtiger ist als das Gesetz. Einsicht freilich läßt sich nicht erzwingen. Sie kann nur unter günstigen Umständen wachsen. Ich vermutete, daß die Gruppe für Carmen weniger günstige Umstände bot, als ich es mir zunächst vorgestellt hatte. Vielleicht gelang es mit den Einzelstunden? Um nicht zuviel Kraft von der Gruppe abzuziehen und meinen eigenen Zeitplan einzuhalten, bot ich Carmen eine Einzelsitzung alle zwei Wochen an. Sie kam immer pünktlich, war

beschreibt Freud in seiner anschaulichen und optimistischen Krankengeschichte vom «Rattenmann» diese Situation bei einer Zwangsneurose. (zit. n. Ges. W. Bd. VII, S. 463) längst nicht so steif wie in der Gruppe und überwand ihre anfänglichen Schwierigkeiten rasch. Das meiste, was ich über Carmens Schicksal erfuhr, stammt aus diesen Stunden.

Sie kam aus einem kleinen Ort in Mittelfranken, der durch eine berühmte Klosterbibliothek dem Kunstinteressierten bekannt ist. Sie erinnerte sich überhaupt nicht an Einzelheiten ihrer Kindheit. Ihr Gedächtnis setzte erst zu einem Zeitpunkt ein, als ihre Mutter schwer krank wurde und vier Jahre später starb. Damals war Carmen dreizehn Jahre alt, aber der Schatten, der diese Zeit verdüsterte, entstand viel früher. Carmens Vater konnte in dieser Situation keine Zuflucht bieten. Er hatte sich nie besonders für die Kinder interessiert. Das war Sache seiner Frau. Erst als sie immer hinfälliger wurde, suchte er Trost bei seiner Ältesten und versuchte, sie zu unterstützen, so gut es eben ging. Carmen fand in dieser verzweifelten Lage Halt an ihrem jüngeren Bruder. Genauer gesagt: sie gab ihm diesen Halt, sie suchte ihm die Mutter zu ersetzen, sie kochte und sorgte für ihn, stopfte seine zerrissenen Strümpfe, flickte seine Hosen, wusch seine Wäsche, überwachte seine Schularbeiten. Und daran, daß sie ihm die Mutter ersetzte, hielt sie sich fest, mit einer Entschlossenheit und Radikalität, die so weit ging, daß ihre eigenen Erinnerungen an ihre Kinderzeit verlorengingen und auch verloren blieben. Die üblichen Wege, eine solche Amnesie aufzuheben, führten zu nichts. Carmen erinnerte sich an keine Träume, sie hatte keine Bilder von ihren frühen Spielplätzen. Was schwerer wog: sie schien sich überhaupt nicht dafür zu interessieren, daß ein so großes Stück ihrer Geschichte unsichtbar war, wie die vom Zensor eingeschwärzte Seite in einem Text.

So war ich allein es, der – von Carmens ungläubigem Lächeln mehr verfolgt als unterstützt – Vermutungen anstellte. Hatte sie sich aus ihrer Vergangenheit selbst herauskatapultiert, weil in ihr etwas Unerträgliches geschehen war? Wäre sie sich, wenn sie ein Bruchstück der Kindheit, eine atemlose Zärtlichkeit, ein Stück traulichen Spiels, die Wärme eines Sommernachmittags oder die Geborgenheit in den Armen der Mutter erinnert hätte, doppelt beraubt vorgekommen? Milderte sie durch ihre eigene Erbarmungslosigkeit, ihre Vernichtung der Kindheitserinnerungen die Gnadenlosigkeit eines Schicksals, das ihr so früh beide Eltern geraubt hatte? Denn der Vater und ein Großvater, der auch im Haushalt lebte, starben bald der Mutter nach. Das Geschwisterpaar kam zu Verwandten. Carmen setzte durch, daß sie, kaum achtzehn Jahre alt geworden, allein die Verpflichtung übernahm, für ihren drei Jahre jüngeren Bruder zu sorgen.

Diese Zeit schien die glücklichste ihres Lebens. Sie war nicht sonderlich traurig über den Tod der Eltern. Ein wenig enttäuscht vielleicht, daß alle beide so unzuverlässig gewesen waren, so schwächlich. Damit beschäftigt, den Bruder zu trösten, der bei den Trauerreden am Grab der Mutter und des Vaters bitterlich weinte, hatte sie gar keine eigenen Gefühle wahrgenommen. Es gab Pflichten zu erledigen. Sie mußte arbeiten. Er sollte studieren.

Das Schuldgefühl der Lebenden gegenüber den Toten gehört zu den düsteren Phantasien, die wir gerne in eine Schattenwelt verbannen wollen. Wer vom Verlust eines nahestehenden Menschen betroffen ist, kann oft nicht umhin, diesem Ereignis einen Sinn zu verleihen, der die Unbarmherzigkeit des Schicksals nicht mindert und verklärt, sondern verhärtet, sie schärfer und schneidender macht. Je weniger Gerechtigkeit sich in dem Ereignis finden läßt, je mehr es unserer Sehnsucht nach einem gnädigen und gütigen Lenker des irdischen Geschehens zu spotten scheint, desto begieriger sucht das Opfer nach Zusammenhängen, nach Erklärungen, nach eigener Beteiligung und Schuld: das Kind, dem sadistische Eltern sinnlose Quälerei zufügten, die vergewaltigte Frau, der in ein Vernichtungslager transportierte Jude. Es mildert vielleicht die Angst vor einer Welt, die ohne solche Rechtfertigungen rettungslos schlecht und böse erscheinen müßte, wenn das gefolterte Kind sich fragt, ob es nicht doch durch irgendwelche Missetaten den Sadismus der Eltern ausgelöst habe, wenn die vergewaltigte Frau wider besseres Wissen darüber nachgrübelt, welches provozierende Verhalten den Vergewaltiger herausgefordert habe. Oft schließen die Gejagten so einen geheimen Pakt mit den Verfolgern. Sadistische Eltern legen gewiß Wert darauf, ihre Schinderei als gerechte Strafe zu rechtfertigen, nicht anders als Vergewaltiger (und oft genug deren Anwälte vor Gericht) dazu neigen, ihre eigene Gier in das Verhalten des Opfers zu projizieren.

Carmens radikale Übernahme einer mütterlich-versorgenden Rolle war durch ein unbewußtes Schuldgefühl motiviert. Aber wo die Ursprünge dieser Verwandlung eines heranwachsenden Mädchens in ein geschlechtsloses Arbeitstier lagen, blieb zunächst dunkel. Ich hatte kaum Möglichkeiten, die Carmen vor diesem Ereignis in den Erinnerungen der Carmen aufzufinden, mit der ich sprach. Diese verhielt sich so, als hätte es vor ihr nichts gegeben. Wie die Erinnerungen des Durchschnittsmenschen nicht hinter seine Geburt zurückreichen, so schien meine Patientin im Augenblick des Todes der Mutter geboren. Ihre frühere Welt zu rekonstruieren wurde zu einer Arbeit mit ähnlich unsicheren, schwankenden Ergebnissen wie der in östlichen Religionen und westlicher Esoterik unternommene Versuch, Zugang zu früheren Inkarnationen zu gewinnen. Im Bienenstaat sind es Geruchsstoffe und Nahrungsmittel, welche dazu führen, daß die sexuellen Anlagen sich nur bei einigen Insekten entwickeln. Woran lag es in der Ursprungsfamilie von Carmen? Reichte es aus, an den abwesenden Vater, an die lange Leidenszeiten ertragende Mutter zu denken?

Es blieb ein Rätsel, bis Carmen einmal ganz nebenbei die Bemerkung fallenließ, ihre Mutter habe einer Sekte angehört. «Welche Sekte?» fragte ich sofort. Carmen wußte es nicht genau. Ich fragte hartnäckig weiter und fand heraus, daß Carmens Mutter eine überzeugte Anhängerin der Christlichen Wissenschaft war. Ich wußte nicht viel von dieser Lehre. Carmen enttäuschte meine Hoffnung, aus konkreten Erinnerungen an ihre Mutter herauszufinden, was es mit der Christian Science auf sich hatte. Dann erinnerte ich mich an die schwärmerische Schilderung von Stefan Zweig in «Die Heilung durch den Geist». Mary Baker Eddy wurde darin als begnadete Frau dargestellt. «Gesundbeterin» sagten andere, verächtlich.

So versuchte ich anhand äußerer Daten zu ermitteln, was eine Mutter, die sich mit den Lehren der Christlichen Wissenschaft identifiziert, für Carmens Kindheit bedeuten haben mochte. Mary Baker, 1821 in Bow bei Concord (New Hampshire) geboren, dreimal verheiratet (einmal geschieden, zweimal verwitwet), begann nach 1866 als Heilerin aufzutreten. Sie verband christlich-theosophische und therapeutisch-suggestive Inhalte. Demnach ist die «eigentliche» Natur des Menschen geistig, nicht fleischlich. Da der Geist göttlich und gut ist, widersprechen moralische und körperliche Übel diesem Prinzip, zeigen die Abwesenheit des wahren Geistes Jesu Christi. Es gibt nur einen Geist, einen Gott, einen Christus, und nur der Geist ist real; Materie und Krankheit sind Irrtümer, Trugbilder, die von der geistigen Erleuchtung aufgelöst werden wie Nebel von der Sonne. Medikamente und Operationen sind bedeutungslos. Allein die geistliche Behandlung kann heilen, was letztlich auf einem geistigen Irren beruht. So heilte Jesus, auf natürliche, keineswegs auf wunderbare Weise. Jeder, der sich den Lehren der Christian Science anschließt, kann dasselbe erreichen wie er.*

Krankheit, vor allem eine unheilbare Krankheit, darf es in dieser Welt nicht geben. Körperliche Lust und körperlicher Schmerz sind Schein, sie existieren im Grunde gar nicht. Wie hat Carmens Mutter den Widerspruch verarbeitet, daß sie jahrelang durch ihr eigenes, tödliches Krebsleiden dem Glauben widersprach, der ihr soviel bedeutete? Hielt sie ihre Krankheit für moralisches Versagen, für eine Schwäche in der Hingabe an den heilenden Geist? Ich konnte keinen Hinweis finden, der dafür sprach. Carmen erinnerte sich nicht. Aber ich glaubte, jetzt besser zu verstehen, weshalb sie Schmerz und Trauer so heftig verdrängt hatte, daß sie bis heute nicht nur nicht um die Mutter, sondern überhaupt nicht mehr weinen konnte. Wenn es richtig war, daß die Mutter ihre Krankheit nicht als Schicksalsschlag, sondern als Teufelswerk und unzulässige Übermacht der Materie über den Geist gedeutet hatte, dann war es auch für das Kind nicht möglich, sich mit diesem Leiden auseinanderzusetzen. Es gab damals niemanden, mit dem Carmen ihre Gefühle teilen konnte. Was sie empfand, störte, war gefährlich, belastete. So spürte sie nichts mehr, mauerte ihre Gefühle ein wie giftigen Abfall, ausgenommen das Lächeln, die Hilfsbereitschaft, die Angst und den Vorwurf gegen alle Menschen, die nicht so freundlich, nicht so hilfsbereit waren.

Die Schuld der Lebenden gegen die Toten wiegt besonders schwer, wenn nicht zwei ganze, Liebe und Haß fühlende Menschen verbunden waren, sondern die Beziehung eingepreßt war in das Korsett einer Norm. Kindesliebe, Mutterliebe sind hohe Ideale. Wie alle solche Forderungen können sie unbarmherzig werden, sich nicht in Schwankungen,

* The Encyclopaedia Britannica, Vol. VI, S. 292, Cambridge (Univ. Press) 1910.

Höhen und Tiefen immer wieder behaupten. Sie verlieren ihr Leben und ihr Wachstum. Ein großer Teil der eingesetzten Kraft muß dazu dienen, Abweichungen auszumerzen, Unpassendes zu beseitigen. Am Ende bleibt in solchen normbestimmten Beziehungen oft nur noch ein Name, ein Wort wie «Liebe», schwächlich und sachlich, denn alles Gefühl, welches die leere Hülse mit Inhalt füllen könnte, ist dem Bestreben zum Opfer gefallen, ihre Form rein zu erhalten. Wie Lava in einem von Eis bedeckten Gipfel sammelt sich die Wut über eine derart erzwungene Reinheit drohend im Untergrund. Je höher der Druck, desto empfindlicher für Abweichungen wird das Wachsystem.

Metaphern über innerseelische Vorgänge kranken daran, daß sie unmöglich alles Wesentliche treffen können. Andererseits sind sie vielleicht die beste Methode, sich ihm anzunähern. Ein statistisches Gesetz erfaßt es nicht genauer und gültiger, sondern gibt sich von vornherein mit jenen trügerischen Objektivierungen zufrieden, die alles ausklammern, was das Subjekt bewegt. Die Metapher des Vulkans für den im Abwehrzwang gefangenen Menschen trifft dessen Lebensgefühl, die Empfindung, bedroht zu sein von einem Ausbruch, der alles zerstören könnte. Aber dieser Vergleich kann uns nicht weiterhelfen, wenn es darum geht, die Entwicklungsmöglichkeiten solcher Personen zu begreifen. Während sie selbst häufig auf einen großen, erlösenden Durchbruch warten, sind die real möglichen Schritte aus dieser inneren Situation klein, kaum wahrnehmbar. Oft verhält es sich sogar so, daß die Hoffnung auf die explosive Veränderung dazu führt, solche kleinen Lösungen und Lokkerungen zu entwerten, sie gar nicht zu erproben.

Kaum je ist es einem Kind ohne heftigen Konflikt möglich, sich Haßgefühle gegen die Mutter einzugestehen. Wie darf man ohne Lebensgefahr gegen etwas wüten, von dem man abhängig ist, dessen Wohlwollen man zu brauchen

68

glaubt? Für Carmen muß sich dieser Konflikt bis zu einem schier unerträglichen Ausmaß zugespitzt haben. Ihre Mutter war überzeugt, solche Gefühle seien nicht nur unerwünscht, nicht nur böse, sondern überhaupt nicht möglich, seien nicht nur gelegentlich, sondern grundsätzlich und überall Ausdruck einer Illusion, einer mangelnden geistigen Durchdringung der Welt. Krankheit und Tod der Mutter ließen Carmen zwar an den Glaubensinhalten der Sekte zweifeln, doch mit den von der Mutter gelebten Formen, mit ihrer Körperlosigkeit, dem Nichtwahrhabenwollen von Sexualität und Aggression identifizierte sie sich, vermutlich gerade um Wut und Enttäuschung über die tote Mutter nicht zu spüren. Wenn es Teil des Volksglaubens in vielen Ländern Europas und Afrikas ist, daß Tote zu Vampiren werden, welche die Lebenden mit blutsaugendem Biß verfolgen, dann enthält dieses Bild auch viel vom Haß und der hoffnungslosen Gier der verlassenen Lebenden, die in ihren Erwartungen enttäuscht sind, von den Toten noch entschädigt zu werden für alles, was sie ihnen gegeben haben. Carmen hatte die Unbefangenheit ihrer Wünsche, die Spontaneität ihrer Gefühle der Mutter geopfert. Nun ließ die Mutter sie im Stich, ließ sie mitsamt ihren Opfern sitzen. Nie würde es eine Entschädigung geben. Wie abscheulich von der Mutter! Aber über die Toten darf man nur Gutes sagen und denken. Welchen Sinn hätte diese Vorschrift, müßte sie nicht einer mächtigen Neigung entgegenwirken, den Toten all das Schlechte nachzuschreien, das man ihnen zuliebe unterdrückt hat, in Hoffnung auf einen gerechten Liebeslohn?

Mit solchen Überlegungen suchte ich mir Carmens erzwungene Freundlichkeit, ihren erschütternden Mangel an Zugang zu ihrer Kindheit und zu kindlichen Fähigkeiten (wie spontaner Äußerung von Wünschen) verständlich zu machen. Ich brauchte dieses Verständnis, denn Carmen vermittelte mir in fast jeder Einzelsitzung das Gefühl, überflüssig und nutzlos zu sein. Wir rangen miteinander, wer nun wen in seine Welt entführen könne. Meist ging der Kampf unentschieden aus. Ich versuchte immer wieder, Carmen dazu zu bringen, doch frei über sich zu sprechen, ihre Einfälle unzensiert zu äußern, Phantasien und Wünschen nachzuträumen, um Zugang zu Erlebnisbereichen zu gewinnen, die tief unter dem glatten Panzer steckten. Carmen hingegen schien von mir nur wissen zu wollen, ob das, was sie machte, richtig war, und wenn nicht, warum? Was sie besser machen könne? Was sie beispielsweise tun könne, um nicht soviel zu essen? Nicht so vorwurfsvoll zu sein? Nicht so mißtrauisch? Sie las jede Zeile, die ich je veröffentlicht hatte, und verwickelte mich geschickt in Widersprüche. Manchmal, wenn es mir gelang, die Wut aufzudecken, die hinter ihren sanften Vorwürfen steckte, lachte sie befreit. Aber das nächste Mal schien alles vergessen; wie ein Dickhäuter, dessen Hornhaut schneller wächst, als der Pygmäen-Jäger seine Lanze neu schleifen kann, schienen meine Versuche, ihre Abwehr zu deuten, diese nur zu verstärken. Dabei war sie ungeheuer empfindlich und leicht gekränkt, was ich wohl spürte. Wenn ich versuchte, ihr zu erklären, wie ohnmächtig, nicht von ihr gebraucht und gefragt ich mich fühlte, war sie schockiert und deutete es flugs in mangelndes Interesse an ihrer Person um. Sie habe ja schon immer gewußt, daß sie langweilig sei. Es gebe gewiß viel interessantere Patienten als sie. Ob ich sie für nicht therapierbar halte? Gewiß sei ein Mann, ein Akademiker, beispielsweise ein Nervenarzt viel fesselnder für mich.

Wenn ich mir nachher zusammenreimte, was während dieser Gespräche geschah, sah ich in ihnen eine Zusammenfassung von Carmens Ängsten vor einer intimen Beziehung, die sie verführen könnte, sich gehenzulassen. Während es die meisten Menschen genießen, endlich die Maske ablegen zu können, sah sie sich von dieser Möglichkeit bedroht wie von einer tödlichen Gefahr. Einander nah zu sein, gerade auch körperlich, sexuell, das setzt voraus, daß sich ein einigermaßen stabiles Gleichgewicht zwischen Liebe und Haß finden läßt. Jeder Mensch, der sehr nahe kommt, weckt beide Grundmotive, Eros und Thanatos, Libido und Aggression (auch dieses sind Metaphern, keine Organe). Nur der Verliebte, von illusionärem Gleichklang getragen, hört für eine Weile die Dissonanzen nicht. Der Liebende hat gelernt, sie zu erkennen und eine Entscheidung für die Liebe zu treffen, die dem Haß gegenüber nicht mehr blind ist. Er kann den Haß hindern, die Liebe zu vergiften oder zu zerreißen. Diesen Vorgang, in dem der Wutschlange gewissermaßen die Giftzähne gezogen werden, haben die Analytiker Neutralisierung und Legierung genannt. Die Aggression wird unschädlich gemacht, indem sie, wie beim Verschmelzen zweier Metalle, eine feste Verbindung mit der Liebe eingeht. Mit den Mitteln der Umgangssprache läßt sich dieser Vorgang so zusammenfassen: «Ich weiß (und behalte im Auge), daß er/sie unvollkommen ist. Dennoch habe ich mich, über alle Schwankungen hinweg, dafür entschieden, liebevoll mit ihm/ihr umzugehen.» Nicht alle Legierungen sind dauerhaft. «Bis daß der Tod uns scheidet» ist ein großes, immer seltener eingelöstes Versprechen. Die Verliebtheit kann die Mängel des Partners durch erträumte Vollkommenheit ausgleichen. Das Erwachen ist oft bitter. Je klarer beide Seiten der Ambivalenz sind und bleiben dürfen, desto fester kann die Bindung werden. Die Beziehung gleicht dann wahrhaftig einem Schmelztiegel, in dem etwas Neues entsteht. Immer wieder können die Partner erleben, daß ihre Liebe stark genug ist, Wut und Enttäuschung zu besiegen, zu überbrücken. Daher sammelt sich die Aggression auch nie zu einem unterirdischen Speicher, einem explosiven Gemisch, das um keinen Preis an die Oberfläche geraten darf.

Carmen war außerstande, sich ihre Haßliebe zu mir einzugestehen. Sie bewundere mich, nicht als Mann, aber als Therapeuten. Sie wisse, daß eine wirkliche Beziehung zwischen Therapeut und Patientin nicht in Frage komme. Dieser Therapeut verhinderte nicht, daß es ihr immer schlechter ging. Sie hatte mehr Ängste als je zuvor. In seiner Therapiegruppe litt sie an einem Zählzwang, den sie früher nicht kannte. Sie wog zehn Kilo mehr als früher, während sie vor der Behandlung durch diesen hervorragenden Therapeuten immer wieder ihr Gewicht unter Kontrolle gebracht hatte. Die Idealisierung, in der sie mich zum Wundertäter stilisierte, stand unverbunden neben der Enttäuschung, in der ich ein kläglicher Versager war, der ihre schrankenlose Hingabe damit belohnte, daß er seine Einzelstunden lieber an gutsituierte, interessante Akademiker verkaufte und eine bedürftige kleine Angestellte im Regen stehenließ.

Zunächst wurde diese Situation dadurch entschärft, daß Carmen mutig und voller Initiative versuchte, nachzuholen, was sie vierzig Jahre versäumt hatte. Sie erkannte widerwillig, daß der griechische Hotelbesitzer sie gerne als Gast und heimliche Geliebte in seinem Haus hatte, aber nicht daran interessiert war, Briefe zu beantworten oder lange Telefongespräche zu führen. Sie fand das außerordentlich ungerecht – sie war doch engagiert, sie wollte doch den Kontakt aufrechterhalten! Er mußte böse und gleichgültig sein, wenn er nicht genauso empfand wie sie! Sollte sie ihm nicht einmal die Meinung sagen, ihm erklären, was für ein widerwärtiger Egoist er sei? Aber er war doch auch zärtlich gewesen, hatte ihr Worte ins Ohr geflüstert, die sie nicht übersetzen konnte und doch verstand. Warum war er dann nicht immer so? Vielleicht war sie nicht attraktiv genug, oder hatte ihn gekränkt, wenn er so wenig von sich hören ließ? War es Berechnung, wenn seine Frau so oft das Telefon abnahm? Hatte er sie angewiesen, um sich Carmen vom Leib zu halten, sie auf seine Ehe zu stoßen, wie man dem unsauberen Kätzchen die Nase in seinen Kot steckt?

Die unlösbaren Gefühlsschwankungen Carmens führten mich immer wieder zu der Frage, ob es nicht besser gewesen wäre, sie hätte es sich endgültig in ihrer einsamen Welt zwischen dem Büro und der gemütlichen kleinen Wohnung mit den Büchern und dem geblümten Porzellan eingerichtet. Natürlich gab es keine Antwort auf diese Grübelei. Ich konnte Carmen nicht in zwei Hälften teilen, von denen sich eine mit Segen und Fluch der Therapie einließ, während sich die andere davon fernhielt. Wäre es gerecht, selbst wenn es richtig wäre, einer Frau wie Carmen, die sich mit 38 Jahren zum erstenmal auf eine sexuelle Beziehung einläßt, von diesem Schritt abzuraten? Hätte ich den Zusammenhang zwischen ihren Gefühlen, nicht ausgefüllt und einsam zu sein, und dieser Vermeidung der Sexualität eher vertuschen als betonen sollen? Wenn sich Carmen so lange einer solchen Situation nicht ausgesetzt hatte, mußten die unbewußten Gefahren eines solchen Schrittes sehr groß sein. Andere Male wich ich in historische Überlegungen aus, die mir freilich ebensowenig halfen, meine Selbstzweifel in der Arbeit mit Carmen zu beschwichtigen. Früher hatte es für eine Frau zahlreiche Möglichkeiten gegeben, ein ausgefülltes, gesellschaftlich anerkanntes Leben ohne sexuelle Beziehungen zu führen, in Klöstern oder im Dienst des «ganzen Hauses», in dem unverheiratete Geschwister einen wichtigen Platz einnahmen. Ehelosigkeit bedeutete sicherlich nicht Einsamkeit, sondern andere Formen familiärer Bindung. Carmens Bruder war mit seiner Frau und seiner Arbeit beschäftigt genug. Er fand seine Schwester eher lästig, vermutete ich. Ihre Unzufriedenheit, ihr stiller Vorwurf, er habe nicht genug Zeit und Aufmerksamkeit für sie, führten dazu, daß er nur widerwillig Geschenk und Gratulation zu Geburtstagen und Weihnachten ablieferte. Hätte er Kinder gehabt, wären vielleicht mehr Aufgaben für Carmen abgefallen. Aber was konnte verhindern, daß sie sich, wie bei jedem Werbespot im Fernsehen, als abnorm, als Außenseiterin fühlen mußte? Unsere moderne Öffentlichkeit leitet uns an, zu konsumieren und zu expandieren. Wie man verzichtet, wie man Krankheit und Alter erträgt, das muß jeder für sich herausfinden. Nein, es war keine untypische Situation für einen Psychotherapeuten. Carmen zeigte radikal, was sonst eher verborgen bleibt oder als ein Motiv neben anderen einen Menschen in die Therapie führt. Das Leben hat eine Schuld abzutragen. Es schuldet uns alles, was glücklich macht. «Denn es muß im Leben / Mehr als alles geben!» Unsere Epoche rüstet uns besser für das Begehren als für die Einschränkung. Die naive Rezeption der Psychoanalyse hängt damit zusammen. Versprach sie nicht, in der Kindheit erworbene (und was konnte nicht alles in dieser unbewußt gewordenen Vergangenheit geschehen sein!) Hemmungen wieder aufzuheben? Freud hat dem widersprochen. Wenn er in den Vereinigten Staaten als Menschheitsbeglücker gepriesen wurde, war ihm das verdächtig. Aber kein Psychoanalytiker kann sich dieser Situation entziehen. Immer wieder soll er helfen, einen ungestillten Anspruch an das Schicksal zu erfüllen. Was er tatsächlich leistet, was ihm oft mehr schlecht als recht gelingt, ist die Hilfe beim endgültigen Verzicht auf einmal hochgeschätzte Ziele, ist der Abschied von Wunschträumen, die sich ursprünglich in der Analyse verwirklichen sollten.

Carmen schien ich weder in der einen noch in der anderen Richtung zu helfen. Sie hatte zwar die Grenze überschritten, die sie bisher von sexuellen Beziehungen abgehalten hatte. Aber sie wurde in diesem Land so wenig glücklich wie ein Missionar unter Kannibalen. Sie war nicht zufrieden über das, was sie erreicht und gewonnen hatte, sondern nur enttäuscht, daß es so wenig, so unwürdig war. Konnte ich guten Gewissens den angeblich objektiven Gründen, daß sich kein annehmbarer Mann für sie interessierte, meine Hinweise auf ihre subjektiven Einschätzungen entgegensetzen? Sie sei zu alt, zu dick, zu ungebildet, sagte Carmen, wenn sie nicht gerade feststellte, die Männer seien uninteressiert, nur auf Sexualität versessen oder primitiv («er wollte, daß ich mit ihm langlaufen gehe, und trug einen komischen Hut»). Ihr Selbstgefühl als Frau war in den Jahren verkümmert wie ein ungeübter Muskel. Um so höher waren die Forderungen, die sie an ihre möglichen Partner stellte; unbarmherzig legte sie Schwachstellen bloß. Was sie sich am meisten wünschte – endlich einmal einen Mann kennenzulernen, der wirklich frei war – geriet ihr zum Anlaß für fast unbezwingliches Mißtrauen. Hatte nicht ein solcher Partner ebenso verächtliche Schwierigkeiten wie sie? «Ich gehe doch in keinen Verein, der *mich* aufnimmt», zitierte ich den jüdischen Witz, und wir lachten, für eine Weile.

Dem griechischen Hotelier folgte ein geschiedener Mann, der offensichtlich nur mit großer Vorsicht und vielen Sicherheitsmaßnahmen wieder Kontakt mit Frauen suchte. Carmen hatte ihn durch eine Annonce kennengelernt: «Suche Partner für einen Tanzkurs», auf die sich auch der Bayer mit dem unmöglichen Hut und ein Student gemeldet hatten, der angeblich gerne mit älteren Frauen zusammen war, Grund genug für Carmen, ihn für schwer gestört zu halten und ihn nie wiederzusehen. Das alles geschah im ersten Jahr der Therapie. Damals hatte ich noch den Eindruck, daß Carmen zwar in vielen Bereichen unzugänglich blieb, aber dennoch ihre Kontaktschwierigkeiten energisch anpackte. Sobald sie den fernen Griechen durch den nahen Geschiedenen ersetzt hatte, wollte sie auch in der Gruppe darüber sprechen. Im Rückblick erkenne ich, daß Carmen nur dann Hilfe von der Gruppe beanspruchen konnte, wenn sie diese am wenigsten brauchte, in den kurzen Perioden, in denen sie versuchte, ihre Isolation zu durchbrechen. Es war, als könne sie über kein anderes Thema in der Gruppe reden als über einen Mann. Hatte sie einen, gab es Konflikte, dann rang sie sich auch, schwer genug, zu einem Gespräch mit den übrigen Mitgliedern durch. Hatte sie, wie es die meiste Zeit der Fall war, keinen Partner, dann hatte sie auch kein für sie faßbares Problem – «meine Angstzustände und Depressionen, die kennt ja jeder hier schon, das ist nichts Neues, damit will ich euch nicht langweilen!»

Der Geschiedene hatte einen Sohn. Es dauerte nur einen Monat, und Carmen geriet in eine erbitterte Rivalität zu dem Kind, die sie geraume Zeit mit ihrer freundlichen Miene tarnte. Der Mann wollte nie mit ihr über ein Wochenende verreisen. Mit dem Sohn tat er es. Er wollte nicht mit ihr in die Ferien fahren; mit dem Sohn fuhr er. Sie hätte seinen Jungen gern kennengelernt; er verweigerte es ihr. Er wollte mit ihr essen gehen, mit ihr tanzen, mit ihr schlafen, immer nur eine Nacht. Das war doch zuwenig für eine richtige Beziehung – nicht wahr?

Jeder neue Mensch, den die Patientin des Analytikers kennenlernt, ist wie die verschlossene Schatulle im «Kaufmann von Venedig». Was mag darinnen sein? Eine Niete, ein Gewinn? Siegt der Wiederholungszwang, macht sich ein Erfolg der Analyse bemerkbar? Gerade weil der Analytiker geübt ist, sein Erleben in der Behandlung zum Modell dessen zu machen, was sein Patient früher erlitten hat und nun andere erleiden läßt oder auch sich selbst immer wieder zufügt, gewinnt er zu den Partnern seiner Patienten ein intimes und doch distanziertes Verhältnis. Er sieht sie in der Regel niemals von Angesicht zu Angesicht, kennt aber die peinlichsten Einzelheiten ihres Lebens. Sie sind seine Verbündeten und seine Widersacher; sie können zerstören, was er aufbauen wollte, oder aber auch befestigen, mit Realität erfüllen, was er mit seinen subtilen Instrumenten in der Imagination seines Analysanden verändern wollte. Wenn ich mit Carmen über die Männer sprach, zu denen sie Kontakt aufnahm und ihn immer wieder abbrach, war ich oft verwirrt. Waren sie wirklich so verdreht, sonderlingshaft, egoistisch, wie Carmen sie darstellte? Ich fand zu keinem klaren Bild und erkannte schließlich, daß meine Unsicherheit Carmens Zerrissenheit spiegelte, ihre Schwierigkeiten, liebens- und hassenswerte Eigenschaften ihrer Partner gleichzeitig wahrzunehmen. Sie waren Vexierbilder, Kippfiguren, die bald das eine, bald ein anderes Gesicht zeigten, so daß Carmen nie wußte, ob sie nun gehen oder bleiben, sich trennen oder binden sollte. So lebte sie in ständiger Unsicherheit und vollzog fast jeden Tag eine qualvolle Trennung, probehalber, um nicht aus der Übung zu kommen, nicht wieder überrascht zu werden, an ihrer verwundbarsten Stelle getroffen, wie damals, als ihre Mutter erkrankte und starb.

Es gibt zwei mythologische Modelle, wie der Therapeut mit dem Partner seines Patienten umgeht. Das eine ist der Kampf mit dem Drachen, um die Jungfrau zu befreien und den Schatz zu gewinnen. Das andere ist die Rolle Siegfrieds zwischen Brunhilde und Gunther im Nibelungenlied: Der König ist zu schwach, die Walküre zu bändigen. Siegfried tut es für ihn, besiegt sie im Wettkampf, durchdringt die Waberlohe, bezwingt sie in der zweiten Hochzeitsnacht, durch seine Tarnkappe unsichtbar, nachdem Brunhilde in der ersten Gunther zu einem wehrlosen Bündel geschnürt und an einen Kleiderhaken gehängt hat. Beide Mythen drücken Gefahren aus. Mit dem Drachen tötet der Ritter auch eine Seite der Jungfrau; wenn er sich aber selbst anbietet, den schwachen Mann an Brunhildes Seite zu schützen, muß er die Rache des enttäuschten Weibes auf sich ziehen (der Siegfried schließlich zum Opfer gefallen ist). Der dem Drachentöter-Motiv zuneigende Therapeut wird mithelfen, die unbefriedigenden Partnerschaften seiner Patienten zu beenden, selten durch direkte Ratschläge (obwohl auch das öfter vorkommt, als es den Erwartungen an die analytische Abstinenz entspricht), eher indem er sich auf die Seite der Trennungswünsche stellt und die Entwertung des Partners unanalysiert läßt. Ein Drache ist ein Drache ist ein Drache.

Der dem zweiten Motiv verpflichtete Therapeut wird versuchen, sich schützend vor das geschmähte Objekt zu stellen und Wege zu finden, die Beziehung zu ihm befriedigender zu gestalten. In der Arbeit mit Carmen fand ich mich meist in dieser Position. Ich versuchte, die von ihr unbarmherzig kritisierten Partner pfleglicher zu behandeln, ich machte mich zum Dolmetscher stummer Rückzüge («vielleicht würde Ihr Freund auch einmal zum Wochenende mit Ihnen verreisen, wenn Sie nicht soviel Druck machen!») und zog mir damit Carmens verschlüsselte Wut zu («Neulich habe ich gedacht, die Männer sind alle gleich, die halten alle zusammen. Aber das gilt natürlich nicht für Sie!»). Ich fühlte mich dabei nicht wohl, wäre gerne neutraler geblieben, hätte mich gerne auf Deutungen beschränkt, die weniger Handlungsanweisung enthielten (wie «keinen Druck zu machen» – was sollte Carmen damit anfangen?).

Vielleicht hat Siegfried nicht aus reiner Loyalität zu seinem Lehnsherrn Brunhilde kleingekriegt, sondern auch, weil er einen eigenen Kampf gegen die weibliche Übermacht zu kämpfen hatte, wie ihn jeder Sohn mit der Mutter ausfechten muß? Mischten sich in meine therapeutischen Absichten andere Motive und trübten mein Mitleid, das Carmen Enttäuschungen ersparen, ihre Fähigkeiten stärken wollte, Befriedigung auch aus unvollkommenen Männerbeziehungen zu gewinnen? Ich geriet in eine Situation, die Carmens frühere, verschollene Empfindungen gegen ihre übermächtige, kontrollierende Mutter spiegelte. Immer wieder vertrat ich die banalen Rechte körperlicher Bedürfnisse, nach Lust und Laune zu essen und zu lieben, gegen einen abstrakten Perfektionsanspruch. Ich scheiterte. War Carmen ebenso gescheitert, als sie versuchte, die Rechte ihres Körpers gegen eine Mutter durchzusetzen, die diesen Körper und seine leibhaftigen Bedürfnisse für bloße Illusionen erklärte? Wenn ich in meinem Kampf ironisch und bissig wurde – steckte darin eine unbewußte Abrechnung mit meiner eigenen Mutter, die ihre Macht dem Kind gegenüber gelegentlich ausgenützt hatte, wenn sie mich schlug oder beschämte? Das alles war in meiner eigenen Analyse bearbeitet, gewiß, und die liebevolle Beziehung hatte überwogen. Noch ein anderes Motiv spielte mit, wenn ich Carmens «Bekannte» (zu einem Wort wie «Freund» oder «Partner» fand sie sich nicht bereit) vor ihr in Schutz zu nehmen suchte. Ich wollte mich selbst schützen, ich fürchtete mich, am Ende als einziger männlicher «Bekannter» übrigzubleiben, ihre Wünsche an mich zu enttäuschen, die Wut einer verschmähten Liebe auf mich zu ziehen.

In dieser Situation, als für mein Empfinden die Therapie unentschieden schwankte und nicht klar war, ob meine Versuche, Carmen zu verändern, oder ihre Versuche, mich zu verändern, den Sieg davontragen würden, geschah etwas sehr Einschneidendes. Carmen war in Urlaub gefahren, wieder nach Griechenland, aber an dem Badeort vorbei, wo ihr Hotelier auf sie gewartet hätte. Sie machte einen Ausflug auf eine Insel. Dort, während sie auf die Fähre zurück zum Festland wartete, kam sie in einer Hafenbar mit einem Mann ins Gespräch. Er bemühte sich um sie, lud sie zu einem Gläschen ein. Sie sah durch die Fensterscheiben, wie die Fähre einlief, Passagiere und Autos an Bord nahm, wieder abfuhr. Das nächste Schiff ging erst spät in der Nacht. Der freundliche Mann, ein Taxifahrer, lud sie ein, doch zum anderen Hafen zu fahren. Carmen kam gerne mit. Sie wunderte sich, als das Taxi an einer einsamen, finsteren Stelle in einem Wäldchen anhielt.

Der Fahrer forderte Carmen auf auszusteigen. Er drohte, sie hier auszusetzen, wenn sie nicht mit ihm schlafe. Carmen weinte und bettelte und hatte Todesangst. Verdrossen lenkte der Mann sein Taxi zurück. Anders als die Darstellerinnen in den Pornofilmen, die er mit seinen Kollegen an Winterabenden besuchte, schien die Fremde sein Draufgängertum nicht genossen zu haben. Verstehe einer diese Ausländerinnen! Sie hatte ihm doch eindeutig gezeigt, daß sie etwas von ihm wollte! Er ließ sie am Kai aussteigen und fuhr mit Vollgas davon. Sie sollte sein Nummernschild nicht sehen. Mist, wenn sie zur Polizei ging. Aber er würde genau erzählen, wie sie ihn aufgefordert und angemacht hätte. Jeder Polizist, jeder Richter mußte ihn verstehen. Er hatte sie nicht geschlagen. Er hatte sie nicht bedroht, mit einem Messer oder einem Revolver, wie der brutale Typ mit der Lederjacke im Kino. Auf den flogen die Frauen. Der konnte mit ihnen machen, was er wollte.

Zitternd, brennend vor Scham, saß Carmen auf einer Bank am Hafen, ein Häufchen Elend. Fieberhaft dachte sie nach, ob sie den Mann anzeigen sollte. Sie hatte sich keinen Namen gemerkt, kein Autokennzeichen. Es war ein gelbes Taxi gewesen, wie alle hier. Es stank nach abgestandenem Rauch. Was konnte sie tun? Nur weg von hier. In die Polizeistation gehen, mit anderen Männern reden, in demselben, stockenden Englisch, mit dem sie sich mit dem Vergewaltiger verständigt hatte? Unmöglich, ausgeschlossen. Der Urlaub war zerstört, und nicht nur er. Carmen konnte nichts mehr mit Griechenland anfangen, das sie einst so geliebt hatte. Der Hotelier, den sie vielleicht noch besuchen wollte – natürlich hätte sie lieber einen anderen Mann kennengelernt als diesen von der grimmig blickenden Gattin am Rezeptionstisch bewachten Casanova –, war mit einem

Schlag kaum mehr von dem Taxifahrer zu unterscheiden. Sie konnte nicht mehr klar denken. Sie fürchtete sich nur noch.

Atemlos kam sie in die erste Sitzung ihrer Therapiegruppe nach den Ferien. Jetzt hatte sie wirklich etwas, jetzt brauchte sie Hilfe. Wie diese aussehen sollte, war nicht deutlich; im Lauf des Gesprächs stellte sich aber bald heraus, daß Carmen weder mit dem Mitgefühl, noch mit dem Zorn der Gruppenmitglieder etwas anfangen konnte. Sie schien nur Vorwürfe zu hören. Warum sie nicht zur Polizei gegangen sei? Welche Zumutung, so etwas in ihrem Zustand zu fordern! Die Situation wurde immer verwikkelter. Ich meinte zu begreifen, daß Carmens Wünsche an die Gruppe dahin gingen, das Geschehene ungeschehen zu machen, sie wie aus einem bösen Traum aufzuwecken und ihr zu versichern, das alles sei gar nicht wirklich gewesen. Fragen nach den Gründen ihrer Zutraulichkeit, nach dem plötzlichen, ihr selbst unverständlichen Entschluß, doch nicht mit der ersten Fähre zurückzufahren, empfand sie als unangemessen, als wolle ihr die Gruppe jetzt die Schuld an dem Geschehenen anlasten. Es war, als wiederhole sich die Vergewaltigung in der Gegenwart. Alles, was sie hörte, schien für Carmen ein Beweis für die Unfähigkeit der Gruppe, sie zu verstehen, sie zu unterstützen, ihre Angst und Verzweiflung zu lindern. Als dann ein Gruppenmitglied wütend wurde, war das der Beweis für eine Ahnung, die sie schon von Anfang an gewarnt hatte: Die Gruppe würde alles nur noch schlimmer machen. Zerschlagen und ratlos saßen wir schließlich im Kreis. Meine Deutung, daß sich hier möglicherweise ein Teil der Ohnmacht und Hilflosigkeit wiederhole, die Carmen während der Vergewaltigung durchleben mußte, leuchtete manchen Gruppenmitgliedern ein, anderen nicht, und am wenigstens Carmen, die darin einen neuen Vorwurf fand: Ich hätte ihr unterstellt, auch nicht besser als der Vergewaltiger zu sein.

Ich vermute heute, daß ich damals in der Tat die Bedeutung dieser Vergewaltigung unterschätzte, vielleicht, weil ich ein Mann bin und mich daher nicht so gut in solche Verletzungen einfühlen kann, möglicherweise auch deshalb, weil die psychoanalytische Theorie den Therapeuten mehr darauf vorbereitet, belastende Einflüsse während der Kindheit ernst zu nehmen und die Traumen des späteren Lebens zu unterschätzen. Allerdings hätte ich es auch besser wissen können. Ich hatte schon einmal eine junge Frau behandelt, die seit einer Vergewaltigung fast kontaktunfähig geworden war, hatte erlebt, wie dieses Ereignis über viele Jahre hin die Beziehungen zu allen Menschen – nicht nur zu Männern – beeinträchtigte. Es scheint für die Verarbeitung sehr wesentlich, ob das Opfer in einer liebevollen sexuellen Beziehung lebt oder nicht. Im ersten Fall hat es gewissermaßen eine Basis, um zu erkennen, daß der Vergewaltiger nicht der Mann schlechthin ist. Im zweiten trifft das brutale Geschehen eine unsichere, wenig gefestigte weibliche Identität; der Frau ist noch gar nicht klar geworden, welche Erwartungen sie an einen männlichen Sexualpartner richten darf und welche nicht. Der Mann scheint ihr ein unberechenbares, explosives Wesen; immer wieder quält sie die Frage, ob sie nicht durch Fehler in ihrem eigenen Verhalten die Lunte zu diesem Pulverfaß entzündet habe und an der Detonation schuldig geworden sei. Diese Unsicherheit verstärkt die in jedem Menschen schlummernde Neigung, eine eigene Beteiligung an jenen Katastrophen zu konstruieren, die seine Fähigkeiten zur Reizverarbeitung überfordern. Unglücklicherweise schärft die von Polizisten, Anwälten und Richtern in Vergewaltigungsprozessen angewandte Strategie häufig solche Ängste, schuldig geworden zu sein, mitgespielt zu haben. In Träumen und Phantasien, die meine oben erwähnte Patientin nach der Vergewaltigung und dem nachfolgenden Prozeß immer wieder verfolgten, spielten der Gerichtssaal, die drohend auf Widersprüche in ihren Aussagen hinweisenden Juristen, das verständnislose Publikum eine ebenso wichtige Rolle wie die ursprüngliche sexuelle Überwältigung. «Ich hätte den Richter ermorden können, mehr noch als diesen Typen, der mich vergewaltigt hat. Noch heute kann ich nicht in die Gegend fahren, wo es passiert ist, ohne Angst zu kriegen; dabei ist es acht Jahre her.»

Carmen war vierzig, aber meine Hoffnung, das Trauma würde weniger einschneidende Folgen haben als bei diesem Mädchen, das mit achtzehn Jahren vergewaltigt worden war, erfüllte sich nicht. Sie litt lange unter einer Angst, die jeden Abend kam, sobald es dunkel wurde. Sie versuchte, äußerlich weiter zu funktionieren. In ihr zerbrachen alle Hoffnungen, die verlorene Zeit zurückzugewinnen, in der Gegenwart für alles entschädigt zu werden, worauf sie in der Vergangenheit verzichtet hatte. Wie häufig in solchen Erlebniskatastrophen klammerte sie sich in ihrer Verzweiflung an alte Bindungen, die sie auf ihrer Suche nach einer neuen Welt schon in Frage gestellt und teilweise gelockert hatte. Sie boten ihr keinen Halt, zerbröckelten unter ihrem gierigen Zugriff vollends, wie ein stürzender Bergsteiger den Felszacken abreißt, der ihm eben noch, während des bedächtigen Anstiegs, Sicherheit gab. Vor allem ihr Bruder «verstand» sie nicht. Sie hatte ihm von der Vergewaltigung erzählt und meinte gehört zu haben: «Geschieht dir recht, weshalb paßt du nicht besser auf und fährst mit zweifelhaften Ausländern durch die Gegend!» Carmen antwortete darauf ihrem Bruder nichts, wurde aber nicht müde, diese Grausamkeit jedem anderen zu berichten. Carmens Bedürfnis, verstanden zu werden, schien mir tyrannisch und schwer erträglich, als dürfe neben ihrer keine andere Meinung bestehen. Es gab nur Übereinstimmung oder Feindschaft. Daß sie den Kontakt mit ihrem Bruder nicht völlig abbrach, sondern die Wut, welche sie dazu aufforderte, in Gesprächen mit Dritten wie durch ein Überdruckventil ableitete, war ein Rettungsversuch, den ich anfänglich nicht erkannte. Nur so konnte sich Carmen vor einer vollständigen Isolation bewahren. Ihr nie besonders stabiles «gutes inneres Objekt», die seelische Voraussetzung, daß die Personen der Außenwelt als potentiell wohlwollend erlebt und verwertet werden können, war durch die Vergewaltigung in Stücke zerfallen. Völlige Übereinstimmung, die sie als einzig zuträgliche Form von «Verstehen» akzeptieren konnte, war wohl der Versuch, diese Bruchstücke wieder zu verbinden.

Meine eigene Rolle in dieser Situation wurde mir immer unklarer. Behandelte mich Carmen ähnlich wie ihren Bruder? War ich längst, ohne davon aus ihren unmittelbaren Äußerungen zu wissen, Gegenstand heftiger Wut und Enttäuschung, weil auch mein Verstehen Mängel aufwies, weil ich meinen eigenen Ärger über ihr Taktieren, ihre Unoffenheit nicht verbergen konnte, auch wenn ich mir Mühe gab, ihn Carmen nicht merken zu lassen?*

Langsam ging es dennoch wieder aufwärts, Carmens akute Angstzustände milderten sich. Sie wies alle Vermutungen, sie könne ihre Enttäuschung über mich ähnlich gespalten und indirekt erleben wie die gegenüber ihrem Bruder, mit verstärkten Idealisierungen zurück. Das sei doch bei mir ganz anders als bei ihm. Wenn ich kritisch nachge-

---

* Ich spüre hier einen anderen Ärger: den über die in den Therapieszenen so leichthin ausgesprochene Forderung, der Psychologe müsse stets «echt» sein. Nichts scheint mir mehr hohle Fassaden zu fördern als die moralisierende Norm der «Echtheit» ohne Rücksicht auf Bedeutungszusammenhänge und auf die Verantwortung des Therapeuten für seinen Patienten.

fragt hätte, wie die merkwürdige Gleichgültigkeit zustande gekommen sei, durch die sie in ihre Vergewaltigung hineingeschlittert sei, dann hätte ich sicherlich wichtige therapeutische Gründe, würde ihr nicht einfach die Schuld zuschieben wollen, wie andere Leute, es sei einzig und allein ihr Problem, daß sie das vielleicht einmal so ähnlich erlebt habe. In den Therapiesitzungen fühlte ich mich wie ein Wanderer in einem Moor, der manchmal, von Grasbüschel zu Grasbüschel springend, festen Grund unter den Füßen hat, bei einem Fehltritt aber ins Bodenlose versinkt. Ich hatte immer wieder, wie in einem Aufblitzen, Kontakt zu Carmen, wir konnten gemeinsam ihre Situation betrachten. Dann versank sie in undurchdringliches Schweigen oder wiederholte ihre Vorwürfe gegen sich selbst und gegen ihren Bruder, die Therapiegruppe, den Vorgesetzten im Büro.

«Ich habe wieder eine Annonce aufgegeben», sagte Carmen eines Tages. «Weil ich so lange nicht wußte, was ich sagen sollte, habe ich sie mir von einem Mann aufsetzen lassen, der in der Zeitung annonciert, er würde Kontaktanzeigen formulieren, er garantiere für mindestens vierzig Zuschriften. Ich habe tatsächlich fünfundvierzig Briefe bekommen. Aber jetzt habe ich überhaupt keinen Mut mehr, einen von diesen Männern zu treffen.» Wenn sie sich ein gemeinsames Abendessen oder gar die peinlichen Minuten ausmalte, in denen entschieden wird, es auch einmal im Bett miteinander zu probieren, fing Carmen an zu zittern und verlor jede Initiative. Schlimmer noch: Der findige Anzeigen-Formulierer wollte seine eigene Kunst in einem Illustrierten-Artikel anpreisen, Carmen sollte dort beschrieben werden – sie fühlte sich bloßgestellt und fragte mich um Rat. Was könne sie tun, um das zu verhindern? Ich überlegte kurz und gab ihr dann die Adresse einer Anwältin, die ich kannte. Sie schrieb einen Brief, der Reporter zog sich zurück, Carmen hatte nichts von ihrer Anzeige als die Rechnungen der Zeitung, des Texters und der Juristin. Sie unternahm noch einen halbherzigen Versuch, Monate nach der so reich mit Anworten belohnten Annonce, antwortete einigen Männern, die ihr am wenigsten Angst machten. Aber das Eis brach nicht. Sie fand an jedem etwas auszusetzen; ich fühlte mich verwirrt – wollte Carmen, wollte sie nicht? *Was* wollte sie? Sie beharrte darauf, daß es objektive, nur einem böswilligen Betrachter nicht einsichtige Gründe seien, die sie in der Einsamkeit festhielten, die jeden möglichen Befreier ungeeignet scheinen ließen. Ein Mann, mit dem sie vor der Vergewaltigung geschlafen hatte, litt an einem ekelhaften Körpergeruch, als sie ihn jetzt wiedersah.

Eine Therapie kann auf ganz ähnliche Weise entgleisen wie eine andere nahe zwischenmenschliche Beziehung – eine Ehe oder das Verhältnis zwischen Eltern und Kind. Im guten Fall (dürfen wir ihn den «Normalfall» nennen?) vermittelt das Kind der Mutter, daß sie eine gute Mutter ist, die Mutter dem Kind, daß es ein gutes Kind ist. So stützen sich beide, fördern sich beide: Derart ermutigt, kann die Mutter mehr auf das Kind eingehen, das Kind der Mutter mehr Bestätigung geben. Öfter, als man sich wünschen möchte, kippt jedoch diese positive Spirale um. Die eng verbundenen Partner vermitteln sich nun keine positive Bestätigung mehr, sondern nagen einander, jeder Prometheus und Adler zugleich, am Selbstgefühl. Sie geraten in eine Architektur wie Dantes Inferno: eine abwärts gerichtete Spirale, die enger und kälter wird. Während die geglückte Beziehung immer weitere Ausblicke ermöglicht, den Kontakt nach außen erleichtert und den Beteiligten hilft, die eigenen Vorräte an gegenseitiger seelischer Ernährung laufend von außen zu ergänzen («Ach, Mutter, es war so ein wunderschönes Fest! Alle fanden das Kleid großartig, das du mir genäht hast!»), bedroht das Scheitern oft auch den Kontakt nach außen

(«Mit den fürchterlichen Klamotten, die du mir kaufst, kann ich mich ja nirgends blicken lassen!»).

In einer gelingenden Therapie vermittelt der Patient dem Analytiker, daß er sich mit seiner Unterstützung entwickeln kann. So ermutigt, wird der Analytiker auch produktivere Einfälle und Deutungen haben, die wiederum die Entwicklung des Patienten fördern. Dabei scheint mir weniger die Größe der einzelnen Schritte oder ihre Überzeugungskraft für Dritte eine wesentliche Rolle zu spielen als der gemeinsame Glaube, daß eine solche Entwicklung trotz aller Hemmnisse, Rückschritte und Zweifel geschieht. Parallel dazu verbessern sich in der Regel die Kontakte des Patienten außerhalb der Analyse, er wird sowohl unabhängiger vom Therapeuten, wie er sich mehr darauf einlassen kann, daß er diesen braucht. Ganz anders in einer Therapie, die mißlingt. Hier kann zwar anfangs durchaus eine vom Patienten als sehr positiv erlebte Veränderung auftreten, aber die Entwicklung bleibt aus. Patient und Therapeut haben nicht das Gefühl, schrittweise immer wertvoller füreinander zu werden, sich durch alle täglichen Schwankungen hindurch eindeutiger zu ermutigen. Eine mißlingende Therapie erstarrt, bis es gelingt, den Versuch abzubrechen. Das Bild einer wirkungsvollen, erfolgreichen, vielversprechenden Behandlung wird festgehalten und wortreich ausgeschmückt, obwohl keine Veränderungen stattfinden. Analytiker und Analysand wandern auf einem Grat, der immer schmäler wird, hindern sich aber daran umzukehren, sich ihr Scheitern einzugestehen. Der Therapeut kämpft mit dem Schuldgefühl, ein Versager zu sein, der Patient rechnet insgeheim damit, er sei nicht analysierbar, keiner könne ihm helfen. Während die gelingende Therapie von Skepsis und der kritischen Distanz zum Analytiker zu einer wachsenden Nähe und Wertschätzung führt, die das Arbeitsbündnis und die berufliche Grundlage der Beziehung akzeptiert, geht die mißlingende oft von einer Idealisierung aus. Der Therapeut wird in den Himmel gehoben. Wenn er aber keine göttlichen Wunderkräfte entfaltet, soll er sich wenigstens seine Engelfedern ausrupfen lassen. Der unzufriedene, enttäuschte Patient versucht oft, mehr aus dem Therapeuten herauszuholen, als es die berufliche Natur der Beziehung erlaubt. Und nie ist der Analytiker stärker in Gefahr, seinerseits diese Grundlage zu verlassen, beispielsweise ein sexuelles Verhältnis mit einer Patientin anzufangen, als in dieser Situation der enttäuschten Bewunderung, des drohenden, uneingestandenen Scheiterns.

Ich würde diese Prozesse hier nicht beschreiben, hätte ich nicht den Verdacht, daß sie etwas über die Spannungen und das für beide Seiten unbefriedigende Ende der Therapie Carmens aussagen. Aber der Einzelfall ist immer komplizierter als das Gesetz. Gewiß hat mich Carmen auf eine starre Weise idealisiert, gewiß lag der «Erfolg» eher vor der Therapie als in ihr. Sie brach nach einem kleinen Anstoß, fast ganz aus eigener Kraft, das jahrzehntelang gültige Tabu auf sexuelle Beziehungen. Doch war die Behandlung selbst nicht ohne Entwicklungsschritte und eine behutsame Annäherung. Carmen fühlte sich in der Therapiegruppe zu Hause, versäumte kaum eine Sitzung; über größere Zeiträume traten Depressionen und Angstzustände in den Hintergrund, sie führte ein gemessen an ihren vorangehenden Entwicklungsdefiziten reiches Leben. Das alles änderte sich durch die Vergewaltigung. Die keimende Sexualität wurde wie durch einen Frost im Frühling zerstört, das Vertrauen in die Therapie zerbrach, die alten Idealisierungen wirkten unglaubwürdig, neue ließen sich nicht finden. Ich fühlte mich zurückgeworfen und entmutigt, als Carmen so gar nicht über ihr Trauma hinwegkommen konnte. Ich erinnerte mich an die biblische Erzählung von der Teufelsaustreibung. Die alten Übel waren in das gereinigte Haus zahlreicher und mächtiger zurückgekehrt. Noch ein Verdacht machte mir immer mehr zu schaffen. Wenn Carmen alle vierzehn Tage in die Einzelstunde kam, verwandelten sich ihre nervöse Freundlichkeit und ihr munteres Geplauder während des kurzen Wegs durch den Gang in das Therapiezimmer. Dort angekommen, schwieg sie, schien kein eigenes Thema zu finden, versuchte eher, mich aus der Reserve zu locken, indem sie mich nach Mitgliedern der Therapiegruppe fragte – ob ich wisse, weshalb Hertha jüngst nicht gekommen sei, ob Naomi ihre Prüfung bestanden habe? Allmählich klärte sich das Bild, das diese Sitzungen in mir zurückließen. Carmen verhielt sich, als sei sie in mich verliebt. Im Umgang mit dieser Situation gibt es eine nützliche Regel: derlei positive Übertragung wird erst gedeutet, wenn sie zum Widerstand wird. Zu gut wissen die Analytiker, daß eine liebevolle Beziehung die Grundlage des Arbeitsbündnisses ist. Nur wo sie, überhitzt, nach direkter Befriedigung hascht oder die Wut über ihre Versagung unerträglich wird, muß der Therapeut rechtzeitig versuchen, das Gespräch auf solche Fragen zu lenken. Aber Carmen wehrte sich zäh dagegen. Sie wisse, daß ein Analytiker erwarte, daß sich seine Patientinnen in ihn verlieben; das sei bei ihr nun keineswegs der Fall. Sie hielte mich für einen guten Therapeuten, vielleicht den einzig guten, den sie kenne, das zeigten ja auch meine Bücher, aber sie wisse auch ganz genau, daß es hier um eine Therapie gehe, sonst um gar nichts. Und nichts anderes wolle sie, und es läge nur daran, daß ihr so wenig einfalle, wenn sie so schweigsam sei. Dürfe sie etwa nicht eine unschuldige Frage nach einem Gruppenmitglied stellen? Als ich gar vermutete, die Gespräche mit mir dienten ihr als Ersatz für eine Partnerbeziehung zu einem Mann, lachte sie gequält, blickte mich wie weidwund geschossen an und meinte, ich machte mich wohl über ihre Schwierigkeiten lustig, einen Partner zu finden.

Ich blieb hartnäckig. Die Einzelsitzungen schienen mir so unproduktiv, daß ich beschloß, von Carmen zu verlangen, entweder eine neue Behandlung bei einem anderen Analytiker zu beginnen oder ausschließlich in der Gruppe weiterzumachen. Ich wollte mit ihr nicht mehr einzeln arbeiten. Es sei doch in den letzten Monaten überaus deutlich geworden, daß sie in der Gruppe kaum mehr spreche; vielleicht würde es ihr dieser Schritt erlauben, dort wieder aktiver zu werden. Für eine von ihr gewünschte intensive Einzelbehandlung mit zwei Stunden pro Woche fehle mir die Zeit. Ich hielte sie auch, gemessen an dem, was für mein Empfinden in den Einzelstunden bisher geschehen sei, bei mir nicht für fruchtbar. Vielleicht sollte sie eine Probe mit einer Analytikerin machen?

Ich finde in meinen Therapien einen Bereich, in dem ich die Wirkungen meiner Vorschläge einigermaßen abschätzen kann, aber auch einen viel größeren, in dem es sich um Experimente, um einen Weg ins Ungewisse handelt.* Mit meinem Vorschlag an Carmen, die nach meinem Eindruck unergiebige Einzeltherapie zu beenden, die Auseinandersetzung in der Gruppe durch den Entzug dieses Nebenweges zu fördern, suchte ich mein Konzept durchzusetzen; ihres kannte ich nicht. Jetzt sollte ich es kennenlernen, verzögert, aber nachdrücklich. Während sie oberflächlich nachgab, sogar meinte, den Sinn meines Plans einzusehen, selbst zu-

---

* In einer unnachahmlichen Mischung aus Ironie und Drastik schreibt Freud: «Unsere Diagnosen erfolgen sehr oft erst nachträglich, sie sind von der Art wie die Hexenprobe des Schottenkönigs, von der ich bei Victor Hugo gelesen habe. Dieser König behauptete, im Besitz einer unfehlbaren Methode zu sein, um eine Hexe zu erkennen. Er ließ sie in einem Kessel kochenden Wassers abbrühen und kostete dann die Suppe. Danach konnte er sagen: das war eine Hexe, oder: nein, das war keine.» S. Freud, Neue Folge der Vorlesungen zur Einführung in die Psychoanalyse, Ges. W. XV, S. 167

gestand, Zeit und Geld, die jetzt frei zu ihrer Verfügung stünden, gut gebrauchen zu können, wuchsen in ihr Enttäuschung und Wut. Die tiefe Spaltung in ihrem Bild meiner Person wurde immer deutlicher. Einerseits blieb ich der Therapeut, der wußte, was er tat, und es gut meinte. Anderseits fühlte sie sich, vor allem wenn sie allein zu Hause saß, wenn in den Sommernächten draußen im Gartenhof des Mietshauses die Kinder lärmten, Grillfeuer flackerten, Pärchen eng umschlungen im Schatten saßen, von mir wie von allen Männern verraten, verlassen, verschmäht. Dann hatte ich sie nicht mehr aus einem wohlerwogenen Entschluß überzeugt, die Einzeltherapie zu beenden, sondern hatte sie verstoßen, um interessantere Patienten an mich zu ziehen. Diese bekamen dann die wirkliche Therapie. Was sie bekommen hatte, war ein minderwertiger Ersatz, immer durch diese verwünschte Gruppe verdünnt. Wenn Carmen ihr Schweigen brach und über diese Gefühle redete, setzte sie zu jeder Aggression ein Gegenbild – die Gruppe bedeute ihr unendlich viel, vielleicht hätte ich ganz recht getan, ihr sei ohnehin nicht zu helfen. Es schien ihr schlechterdings nicht zu gelingen, die beiden Analytiker, den guten und den bösen, gleichzeitig ins Auge zu fassen und sie zu einem Ganzen zu verbinden. Wenn ich ihr diesen Widerspruch zeigte, lächelte sie: ja, ja, sie sehe ein, das sei nicht logisch. Aber fünf Minuten später war sie wieder im selben Fahrwasser. Dabei blieb Carmen in der Gruppe gehemmt. Ihr Zählzwang zu Beginn der Sitzungen quälte sie wieder stärker. Dann verstummte sie ganz. Ihr brütendes Schweigen war mir unheimlich. Sie wurde sich schon melden, wenn sie bereit sei, einen Schritt aus ihrem Trotz heraus zu tun, dachte ich.

Dieser Schritt kam schließlich auch, freilich auf eine ganze andere Art, als ich erwartet hatte. Eines Abends im Sommer setzte sich Carmen nicht auf ihren Stuhl – immer denselben – dicht beim Eingang, meinem Platz gegenüber. Sie blieb am Fenster stehen. Die Gruppenmitglieder kamen, setzten sich. Carmen bewegte sich jetzt auch auf ihren Platz zu, hielt plötzlich inne, öffnete das Fenster, nahm einen Blumentopf und warf ihn weit hinaus. Um die Grünlilie war es nicht schade, aber mich schmerzte, daß der weiße Übertopf, den ich vor vielen Jahren aus Este in Italien mitgenommen hatte, bei dieser Aktion zu Bruch ging. Ehe ich meinen Groll ausdrücken oder unterdrücken konnte, packte mich Carmen am Hals. «Ich habe eine solche Wut auf dich, ich will dich schütteln», sagte sie etwas förmlich. Ich stand auf, griff nach ihren Handgelenken und befreite mich. Sie zitterte vor Wut. «Wie bringe ich sie auf den Stuhl?» überlegte ich, sah eine Schlägerei vor mir. Das ging zu weit. Ich schob sie durch den Raum auf einen freien Platz, drückte sie hinein. Das Herz schlug mir bis zum Hals, die Szene kam mir unwirklich vor. Ich suchte Ordnung zu schaffen, fand Zuflucht beim Verbalisierungsgebot der Analyse. «Bitte sprechen Sie über Ihre Wut», sagte ich. «Sie können darüber sprechen. Aber wenn Sie den Raum demolieren oder mich angreifen, das geht nicht. Da kann ich nicht arbeiten, das macht mir zuviel Angst.»

«Ich kann einfach nicht vergessen, daß Sie mich aus der Einzeltherapie hinausgeworfen haben», entgegnete Carmen. «Außerdem sagen Sie doch immer, wir sollten hier auch unsere negativen Gefühle, unsere Aggressionen ausdrücken. Und jetzt, wenn ich mich endlich dazu durchgerungen habe, es war gewiß nicht einfach, ist es auch wieder nicht recht. Jetzt strafen Sie mich mit Vorwürfen.» Die Gruppe nahm sich der Situation an. Ich war dankbar dafür, beruhigte mich allmählich. Carmen geriet immer mehr in die Defensive. «Ich hätte auch manchmal Lust, den Typen hier zu erschießen», sagte ein Student. Er meinte mich. «Aber wo kommen wir denn hin, wenn wir nicht mehr über solche Phantasien reden, sondern anfangen, es zu machen? Was hast du dir denn nur dabei gedacht?» Carmen schwieg. «Ich habe nicht mehr gewußt, wo ich hinschauen soll», sagte eine andere. «Ich wüßte gerne, ob Sie Carmen eine Rechnung für den zerbrochenen Topf schicken?» «Hast du eigentlich daran gedacht, Carmen, daß du jemand hättest verletzen können? Wenn der Blumentopf jemand auf der Straße getroffen hätte? Wir sind hier im dritten Stock!» «Ursprünglich wollte ich ihn durch die Scheiben werfen», sagte Carmen. «Aber ich habe es mir anders überlegt. Ich habe nachgesehen, ob jemand drunten steht, als ich das Fenster aufmachte. Aber ich wollte dem Wolfgang etwas kaputtmachen. Er hat mich auch kaputtgemacht. Soll er mir ruhig eine Rechnung schicken!»

Ein schätzenswerter Vorzug der Gruppenanalyse ist, daß der Therapeut sich zurückhalten kann, wenn er zu betroffen ist, um noch mit der von ihm geforderten «gleichschwebenden Aufmerksamkeit» zu arbeiten. Die Mitglieder übernehmen einen Teil seiner Aufgabe und ziehen Nutzen daraus, wie heranwachsende Kinder die Haushaltsführung übernehmen, wenn die Mutter mit Grippe im Bett liegt. Aber das Ereignis hatte mich so erschüttert, daß ich zwei Tage später, in der Supervision mit meinen Praxiskollegen, Carmen vorstellte. Wir fanden heraus, daß mein Fehler wahrscheinlich eher darin lag, daß ich widerwillig und auf ihr Drängen hin Carmen die Einzelstunden gewährt hatte. Damit fing ich an, eine Szene zu wiederholen, die Carmens Beziehungen immer bestimmt hatte: ihr Empfinden, daß sie nicht aus freien Stücken Zuwendung bekam, sondern sie durch eigene Anstrengung erkaufen mußte. Meine Grenzen wurden für Carmen undeutlich. Wenn es schon gelungen war, mich von meinem ursprünglichen Therapieplan abzubringen – was konnte noch alles gelingen, wenn sie sich Mühe gab? War nicht eine Behandlung mehr wert, die sie sich ertrotzt hatte, als eine klare Trennung und die Suche nach einem Analytiker, der ihr soviel Einzelstunden gewährte, wie sie brauchte? Von Carmens Idealisierung geschmeichelt, hatte ich ihr und mir diese klare Trennung erspart. Aber selbst nach diesem problematischen Schritt hätte die Behandlung gut enden können, wäre nicht die Vergewaltigung dazwischengekommen. Wenn Carmen mich am Hals packte, dann wollte sie mich zu dem Opfer machen, das sie damals gewesen war. Ich sollte endlich fühlen, wie es ist, verletzt und erschüttert zu werden! Wie Carmen dem Taxifahrer, hatte doch auch ich ein verborgenes Versprechen gegeben und dann nicht einlösen wollen. Sie war vergewaltigt worden, und jetzt sollte ich es nicht besser haben. Sie war doch im Recht, aus mir herauszuschütteln, was ich ihr verheißen hatte!

Ich fragte, ob es sinnvoll sei, Carmen vorzuschlagen, die Einzelstunden wieder aufzunehmen. Mir war unbehaglich bei diesem Gedanken. Die Kollegen wunderten sich. Woher diese Schuldgefühle? Anders sei ein solcher Einfall gar nicht zu verstehen! «Ist es nicht wie mit dem zerbrochenen Topf?» fragte Stella. «Wenn man ihn klebt, ist er doch nicht mehr wie früher. Selbst wenn du alle Scherben finden und zusammensetzen kannst. Carmen braucht einen neuen, unbelasteten Anfang.» «Mich beschäftigt noch, woher deine Schuldgefühle gegenüber Carmen kommen», fragte Hanno. «Fällt dir etwas ein?»

Ich dachte nach. Warum beschäftigten mich Frauen wie Carmen so sehr? Konnte es mit meiner eigenen Lebensgeschichte zusammenhängen? «Ich weiß nicht», sagte ich zögernd. «Aber vielleicht hat es damit etwas zu tun, daß auch ich meinen Vater sehr früh verloren habe. Der Tod eines Elternteils in der Kindheit. Ihr sind beide Eltern gestorben. Da hat sie es noch schlechter gehabt. Und dann – natürlich! Frauen ohne Männer. Das ist doch das Thema meiner Mutter. Sie war dreißig, als mein Vater fiel. Sechs Jahre Ehe, der Mann Soldat. Nachher hat sie nie wieder eine Beziehung zu einem Partner aufgenommen. Mir fällt noch etwas ein. Ich war in der Grundschule, in der zweiten Klasse, denke ich. Da besprachen wir im Religionsunterricht das Fest am achten Dezember, Mariä Empfängnis. Darunter konnte ich mir nichts vorstellen. Ich war nicht aufgeklärt. So deutete ich das Wort einfach um. Ich machte ‹Maria im Gefängnis› daraus. Ich meldete mich, als die Lehrerin fragte, wer wisse, was dieses Fest bedeutet. Ich erzählte eine rührende Geschichte von Maria, die ungerecht ins Gefängnis gesperrt worden sei, von bösen Pharisäern. Die Klasse hat mich damals ausgelacht. Aber vermutlich ist diese Maria im Gefängnis meine eigene Mutter gewesen. Die hatte sich nach dem Tod des Vaters selbst eingesperrt. Mir und meinem Bruder hat das nichts ausgemacht, dachten wir. Im Gegenteil, wir waren froh darüber, daß uns ein zweiter Vater erspart blieb. Dachten wir. Aber ob das so ganz stimmte? Vermutlich haben wir uns da viel vorgemacht.»

«Der Schmerz wäre sonst auch unerträglich geworden», sagte Monika. «Ich habe meinen Vater sehr vermißt. Aber das lag wohl daran, daß meine Mutter von dem Augenblick an, wo er starb – auch im Krieg, wie bei dir – nicht mehr so war wie früher. Ihre Depression ist nie wieder ganz verschwunden. Auch sie hat sich nie mehr auf einen Mann eingelassen. Ich habe mir das später sehr gewünscht: dann wären wir Geschwister entlastet gewesen!»

«Wir hatten eine gemeinsame Abwehr», ergänzte ich. «Ich erinnere mich noch gut, wie meine Mutter in den fünfziger Jahren, als sie ein Haus baute, von dem Mann erzählte, der ihr das Grundstück verkauft hatte. Er war Cellospieler in einem Orchester gewesen, ging jetzt auf die Pensionierung zu. Er wollte etwas von meiner Mutter. Sie war damals knapp über vierzig Jahre alt. Wir saßen in der

Küche, aßen wie immer im Juni den selbstgezogenen grünen Salat und machten uns gemeinsam über diesen komischen Mann lustig, der Mutti in ein Speiselokal eingeladen und Annäherungsversuche unternommen hatte... i gitt! Sie war doch längst zu alt dafür, und erst er! Manchmal kann ich mir kaum vorstellen, daß ich inzwischen fünfzehn Jahre älter geworden bin, als es mein Vater jemals war.»

Die Stimmung war nachdenklich geworden – drei Frauen, zwei Männer, Psychoanalytiker zwischen vierzig und fünfzig Jahren, alle mit ihren Erfolgen und Mißerfolgen, mit der nie erschöpften Erinnerung an die Spuren, die das eigene Schicksal in diese Arbeit gräbt. Meine so gewonnene Klarheit schien sich auch ohne weitere Worte auf Carmen zu übertragen. Sie packte den Gedanken an eine neue Einzelanalyse tatkräftig an, vereinbarte Termine, traf sich zu Vorgesprächen. Zu Beginn der Weihnachtsferien beendete sie ihre Teilnahme an der Gruppentherapie. Ich habe ihr den zerbrochenen Übertopf, weiß, in der Form einer Empire-Kaminvase, auf keine Rechnung gesetzt. Sie sprach nicht mehr von der Episode, und auch ich schwieg. Wir gingen auseinander, wortkarg, freundschaftlich, bitter.

Gänschen und Hühnchen

In der Gruppe, die sich im Erdgeschoß eines ansehnlichen, eben renovierten Gebäudekomplexes aus der Gründerzeit traf, fiel mir Rosalinde bald auf. Groß, schlank, mit dunklen Haaren und einer kühn geschwungenen Nase saß sie da wie einer der Pagen in Shakespeares Dramen, die junge Männer oder verkleidete Frauen sein können. In das anfängliche Geplänkel der Teilnehmer mischte sie sich ein, suchte energisch, das Ruder in die Hand zu nehmen, das ich – ein spöttischer Blick traf mich – nicht zu führen bereit sei. Aber da helfe es nicht, zu jammern und Erwartungen zu pflegen, daß man eine Autorität, einen Buchautor bestellt habe und nun einen schlichten Psychoanalytiker vorfinde, der abwarte und schweige. Schließlich könnten auch die Mitglieder eine solche Gruppe mit dem Thema «Die Angst vor Nähe» gestalten. Vielleicht sei es nicht einmal schlecht, daß ich ihnen den Raum dazu gebe.

Eine Weile schien es, als ob diese Tatkraft dazu führen würde, daß Rosalinde als erstes Gruppenmitglied «dran» war, über ihre Situation und die Motive zu sprechen, die sie in diese ein Wochenende dauernde Selbsterfahrung geführt hatten. Dann wandte sich die Aufmerksamkeit aber einer anderen Frau zu, Rosalinde zog sich aus dem Geschehen zurück. Ich hatte den Auftrag gegeben, sich an Träume in den beiden Nächten von Freitag auf Samstag und von Samstag auf Sonntag zu erinnern und diese in der Gruppe zu erzählen. Solche Forderungen haben oft verblüffende Folgen. Es gibt Menschen, die sich dann plötzlich an einen deutlichen

Traum erinnern, obwohl sie doch schon seit Jahren alle Bilder ihrer Nächte mit dem Erwachen verloren haben. Andere hingegen, die stets ein Schreibheft und eine Taschenlampe neben ihr Bett legen, die sich immer an Träume erinnern und sie beim Frühstück zum besten geben, wissen plötzlich nicht mehr, ob sie überhaupt geträumt haben oder nicht.

Am Samstagmorgen sagte Rosalinde, wieder mit einem Seitenblick auf mich: «Ich habe gedacht, vielleicht kommst du heute überhaupt nicht mehr, läßt uns die ganze Arbeit allein machen. Da war ich zuerst enttäuscht, und dann hat es mir fast leid getan, daß du doch noch aufgetaucht bist. Wir hätten die Sache auch ohne dich gemeistert!» Die anderen lachten; ich dachte über Rosalindes Beziehung zu mir nach. Ihre schnoddrige Art paßte schlecht zu ihrem weichen Blick – «schmachtend» hätte ein Autor des vergangenen Jahrhunderts gesagt. Sie erklärte mich für überflüssig und forderte mich damit auf, für sie (und die Gruppe) unentbehrlich, höchst bedeutsam zu werden. Auf der Oberfläche gab sie einer Beziehung zwischen uns keine Chance. Aber wenn sie diesen Wunsch so energisch dementierte – war er dann nicht unter der Oberfläche mächtig? Noch wußte ich wenig von Rosalinde. Sie lebte in einem kleinen Gartenhaus, umgeben von Bäumen und verwilderten Beeten, in einem Außenbezirk, zusammen mit ihrer fünfjährigen Tochter. Das Seminar, so hatte sie formuliert, sollte sie aufklären, ob sie die Hoffnung aufgeben müsse, noch einmal mit einem Mann zusammenzuleben. Noch habe sie einen Funken Zuversicht. Sonst wäre sie nicht hier. Immer wieder sei es ihre Erfahrung gewesen, wie schwierig und frustrierend Männerbeziehungen seien, verglichen mit ihrem Kontakt zu Freundinnen. Dieses Wochenende böte ein gutes Beispiel: der Vater ihrer Tochter habe zunächst versprochen, das Kind während der Zeit der Gruppensitzungen zu betreuen. Dann sei er jedoch krank geworden. Das behaupte er zumindest, glauben könne sie ihm solche Ausreden schon lange nicht mehr. An seiner Stelle hüte nun ihre beste Freundin das Haus. Roman, ihr gegenwärtiger Freund, müsse sich sein Geld mit Taxifahren verdienen und habe ohnehin keine Zeit.

Dieser Bericht war recht typisch für die Gruppe. Frauen mit oder ohne Kinder, ohne eine feste Beziehung zu einem Mann, die jeden Tag darüber nachzugrübeln schienen, ob die Quadratur des Kreises möglich ist oder nicht – ob sich aus ihren wechselnden unzuverlässigen Gefühlen jene Partnerschaft bauen läßt, die ihren Wünschen genügt. Wer ein höheres Abstraktionsniveau aufsucht, das ihn wie den Bergsteiger im Herbst über die Nebelzone der persönlichen Betroffenheit bringt, wird sich eingestehen, daß dieser Widerspruch zwischen Anspruch und Wirklichkeit, zwischen fester Institution und triebhaftem Begehren älter ist als er. Ein Geburtsfehler der bürgerlichen Ehe und Familie. Aber die Metapher mit dem Bergsteiger stimmt auch in einem anderen Punkt. Solche Abstraktionen sind unfruchtbar. Der Wanderer ist auf jene Niederungen angewiesen, in denen er seinen Überblick rasch wieder verliert. Nur hier gedeihen Weizen und Rebe.

Am Sonntagmorgen – gegen Mittag ging die Gruppe zu Ende – erzählte Rosalinde «ihren» Traum. «Er beginnt mit einer Szene mit meinem Vater. Ich beschimpfe ihn – Lustmolch! Lottergreis! –, weil er mit einer Schülerin, einer jungen Gans, zusammenleben will. Ich muß das verhindern. Ich bin fürchterlich wütend... Dann kommt ein Bild, in dem ich unbedingt mit Roman schlafen will. Ich habe richtig Lust auf ihn, ganz anders als in Wirklichkeit, wo er immer möchte und ich ihn abblitzen lasse. Ich packe ihn bei der Hand und schleppe ihn ab ins Schlafzimmer. Ich bin gierig, wie ich das im Wachzustand nicht an mir kenne, zumindest nicht ihm gegenüber. Gleichzeitig habe ich Angst, daß uns jemand ertappen könnte. Ich lasse die Rolläden herunter und sperre die Schlafzimmertür ab. Trotzdem erschrecke ich, während wir uns lieben. Denn die Schlafzimmertür ist plötzlich ganz durchsichtig. Jeder kann sehen, was wir machen. Ich bin ganz entsetzt, als ich durch diese Glastür eine Gruppe von Frauen sehe, nackt, zärtlich aneinandergeschmiegt. Ich weiß, daß ich von nun an aus dieser Welt ausgeschlossen bin. Ich habe mir die Sympathie dieser Frauen durch meine Geilheit mit Roman verscherzt. Sie wollen nichts mehr mit mir zu tun haben. Ich bin ganz traurig, und so bin ich auch aufgewacht.»

Rosalinde erzählt nun, daß die erste Szene, in der sie ihren Vater wegen seiner Liebschaft zu dieser jungen Gans so erbarmungslos kritisiert, durchaus realistisch ist. Die Ehe ihrer Eltern war immer wieder durch sexuelle Affären des Vaters gefährdet. Wenn die Mutter davon erfuhr, drohte sie stets, ihn zu verlassen. Dann kroch der Vater zu Kreuze, erniedrigte sich durch Bitten um Verzeihung und Schwüre ewiger Treue. Gerührt durch diese Demut (oder selbst unsicher, ob sie die Kraft zur Trennung wirklich besaß?), verzieh ihm die Mutter und versöhnte sich mit ihm. Wenn auf diese Weise die Ruhe wiederhergestellt, der häusliche Friede gerettet war, zog es den Vater bald wieder hinaus in neue Eroberungen, welche die Mutter entdeckte, durch ihre Drohungen auflöste, bis der Vater den gebrochenen und zum Meineid bestimmten Treueschwur erneuerte, die Mutter ihm wieder verzieh. Der Vater konnte nicht aufhören, falsche Versprechungen zu machen; die Mutter nicht, sie ihm abzupressen. Rosalinde liebte den Vater sehr, sie spielte mit ihm in der Wohnung Fußball, daß die Kronleuchter schwankten, bis die Mutter kam und mahnte. Ich vermute, daß sie ihre Liebe zum Vater mehr bewegte als die Liebe zur Mutter, die Ordnung, Gesetz – Zwang und Pedanterie vertrat. Aber sobald die Ehe der Eltern durch einen Seitensprung des Vaters bedroht war, schlug sich Rosalinde auf die Seite der Mutter. Sie bekämpfte den Vater, der einer anderen Frau die Liebe schenkte, die ihre Mutter nicht nehmen konnte, sie selbst aber nicht nehmen durfte. Und mit diesem Vater, in diesem Vater, der so erniedrigend anhänglich war, der Lust und Wärme nur heimlich zu suchen wagte und dann zurückkroch zur strengen Mutter, verachtete Rosalinde auch einen Teil ihrer eigenen kindlichen Bedürfnisse. Nein, sie wollte weder so streng und lustfeindlich wie die Mutter werden, noch so erbärmlich abhängig wie ihr Vater.

In Rosalindes Männerbeziehungen spiegelt sich dieser frühe Widerspruch. Das kritische Urteil rebelliert gegen das warme Gefühl und sehnt sich unstillbar nach ihm, sobald es verloren ist. Der Vater ihres Kindes war der Traum ihrer Mutter, ehrgeizig, korrekt, diszipliniert, erfolgreich. «Ich wäre erstickt!» «Alle hielten uns für ein ideales Paar.» Sie wurde schwanger und löste die Verlobung. Was ihr Vater heimlich versuchte, den Protest gegen die bürgerliche Enge, schrie Rosalinde in die Familie hinein. Der Schlag traf die Mutter hart. Rosalinde hatte bewiesen, daß sie sich von ihr befreien konnte. Aber war sie damit frei? Sie trug den Widerspruch zwischen Mutter und Vater in sich, verachtete, wonach sie sich sehnte, sehnte sich nach dem, was sie verachtete.

Sie lernte Roman kennen, der sie herzlich liebte, aber nicht verstehen konnte, was Rosalinde so empörte, wenn er nach der Arbeit Bier trank und über seine langen Beine die Sportschau ins Visier nahm. Er bewunderte Rosalindes Ehrgeiz, ihre Klugheit, ihren beruflichen Erfolg. Sie fand an ihm nichts zu bewundern und hatte vergessen, daß gerade die untadeligen Leistungen ihres Verlobten es gewesen waren, die ihr neben ihm die Luft genommen hatten. Sie konnte Romans unkomplizierte Annäherungen weder schätzen noch auf sie verzichten. Sie spaltete sich selbst in einen anhänglichen Teil, den sie verachtete, und eine kritische Betrachterin, die rhetorisch in die Gruppe hineinfragte:

«Muß ich mich als Frau mit einem solchen Hühnchen zufriedengeben? Gibt es nichts anderes auf der Welt?»

«Dein Vater hat ein Gänschen, du hast ein Hühnchen», sagte Marcella.

«Ich verstehe dich sehr gut», ergänzte Beatrice. «Erst haben wir uns soviel Mühe gegeben, uns zu befreien, und eine lange Entwicklung durchgemacht. Wo aber finden wir emanzipierten Frauen jetzt noch Männer, die uns standhalten? Mit denen wir nichts von dem aufgeben müssen, was wir erarbeitet haben? Ich will doch für einen Mann nichts opfern, ich will etwas gewinnen!»

«In Rosalindes Traum muß sie sich von ihrem Vater befreien, ihn durch ihre Wut von sich fernhalten und dazu noch die jugendliche Rivalin, die Gans zwischen sich und ihn schieben, um ihre Lust auf Roman zu entdecken», sage ich. «Aber diese Lust ist nicht ohne Gefahr. Sie droht, die Strafe der Mutter herauszufordern, Rosalinde für immer von der weiblichen Nähe und Wärme auszuschließen, nach der sie sich so sehnt und die sie beim Vater, bei den Männern nie mehr in jener umfassenden Form finden kann, die ein Kind von der Mutter erfährt.»

Rosalinde weint. Wir warten, bis sie ihre Fassung zurückgewinnt. «Es war schrecklich. Ich stand immer zwischen den beiden. Jeder versuchte mich auf seine Seite zu ziehen. Immer dann, wenn ich mich mit dem Vater gut verstand und mich ihm nah fühlte, fürchtete ich, die Mutter zu verlieren; wenn ich mir mit der Mutter einig war, ging der Vater weg.»

«Du solltest sehen, daß das zwar sehr traurig ist und jammerschade, aber nicht deine Schuld, nicht dein Fehler», sage ich vorsichtig. «Ein Kind kann die Abhängigkeit seiner

Eltern von Phantomen, von unrealistischen Bildern, die sie sich voneinander machen, niemals auflösen. Sie haben dich in ihren Gespensterreigen verstrickt, haben keine Verantwortung für ihre Wünsche übernommen, sondern diese zum Spuk gemacht, der mit Beschwörungen vertrieben wird, obwohl er niemals wirklich verschwindet. Aber muß deshalb die Lust, die du mit einem Mann erlebst, ein Alptraum sein?»

In diesen Worten habe ich nur einen Teil der Gedanken verraten, die mir zu Rosalinde kamen, und einen noch kleineren meiner Gefühle. Sie bezauberte mich. In die Haltung des wohlwollenden Vaters, die dem Gruppenleiter ansteht, mischte sich ein verliebtes Begehren. – Hätte sie nicht die junge Gans sein können, ich der leicht vom Pfad der Tugend abzubringende Vater? Hatte sie mich nicht gerade durch ihre betonte Unabhängigkeit, ihren Protest gegen meine anfängliche Passivität und analytische Distanz auf sich aufmerksam gemacht und zu sich gezogen?

Es war eine Wochenendgruppe in einer anderen Stadt. Ich mußte in drei Stunden am Flughafen sein, ich habe seit langem (und nicht ohne Bitterkeit) gelernt, daß solche Gefühle nach den ehrwürdigen Grundsätzen von Übertragung und Gegenübertragung untersucht, nicht aber in sinnliche Befriedigung umgesetzt werden sollen. So ging ich ein wenig wehmütig hinaus in den Gang, schüttelte Hände, tauschte kurze Umarmungen. Rosalinde wartete in der Küche. Ihre Augen funkelten. «Ich muß dir noch etwas sagen», setzte sie an, während sie den Mantel anzog. «Mir hat dein Buch so gut gefallen. Ich war ganz begeistert. Das hast du vielleicht nicht gemerkt, weil ich in der Gruppe so gemeckert habe.» Solche Komplimente machen mich meist verlegen. Ich habe schon oft am spezifischen Narzißmus des Schriftstellers herumgerätselt und vermutet, daß es ein besonderes Bedürfnis nach Unverletzlichkeit ist, das ihn treibt, extraterritoriale geistige Gebilde zu schaffen, die er dem Markt anvertraut wie ein Kind, das sein Papierflugzeug von einer Brücke wirft. So erkläre ich mir, daß mich ein Lob wie das Rosalindes verwirrt; ich freue mich und fühle mich ertappt. Meine Verwirrung läßt sich freilich auch oberflächlicher deuten. Ich weiß fast nie, welches das von dem dankbaren Leser angesprochene «Ihr Buch, dein Buch» ist. Schließlich habe ich bereits mehr als ein Dutzend dieser Flugobjekte den Winden anvertraut.

«Nein, es ist nicht die ‹Angst vor Nähe›», sagte Rosalinde, als verstünde sie mein Zögern. «Es ist dieser Roman von den Indianern, die alles durcheinanderbringen und sich mit ihren schwachen Mitteln schließlich doch durchsetzen. Das hat mir Mut gemacht im letzten Herbst. Es ist wirklich ein schönes Buch!»

Ich freute mich noch mehr und wurde noch ein wenig verlegener. Daß eine kritische Leserin gerade dieses Buch liebgewinnen könnte, hatte ich zuletzt erwartet. Die Übertragungskonstellation änderte sich noch einmal. Rosalinde war jetzt die Mutter, die dem Kind (dem kindisch gebliebenen Vater) versichert, das Farbstiftgekritzel sei ein wunderschönes Bild, eine Kostbarkeit. Der Indianerroman war ein Versuch, zu den Phantasien meiner Jugend zurückzufinden, einen Abenteuerroman zu erzählen, nachdem ich ein anderes Buch mit Analysen solcher Geschichten gefüllt hatte. Ich schämte mich ein wenig über ihn und wäre doch gerne stolz gewesen. Jetzt war ich es für eine kurze Weile.

Kriegskind und Friedensschwester

«Der Krieg hat mir meine Jugend gestohlen», sagte der grauhaarige Mann, dem ich auf dem Weg ins Dorf beim Schneiden der Ölbäume begegnet war. *La guerra mi ha rubato la gioventù.* Die Arme voller Zweige, die Symbole des Friedens sind, sprach er bitter von Afrika, von Gefangenschaft, von der Rückkehr in ein Land, in dem es sich die Männer besser eingerichtet hatten, die weniger opfern mußten als er. Ich hörte ihm gerne zu. Mein Vater war nicht zurückgekommen, nicht einmal dazu, sich über sein Schicksal zu beklagen. Der Krieg ist nicht nur ein Mörder, sondern auch ein Dieb. Er schuf eine Sprache, in der nie wieder aufsteht, wer «fällt». Mein Vater war «in Rußland gefallen», Oberleutnant, Kompanieführer, ein Held – ein Schatten, eine Fotografie, und doch jemand, der gespenstisch weiterexistierte, in seinen Kindern, neben seiner Frau, meiner Mutter, die ihm über all die Jahre treu blieb. Nun bedeutet «gefallen» bei Frauen etwas gänzlich anderes. Das gefallene Mädchen lebt künftig anders, vielleicht intensiver, vielfältiger. Was nicht wieder aufsteht, ist die Tugend.

Wir altern mit den Geschichten, die uns erzählt werden. Irgendwann entdecken wir, daß sich unsere Rolle verändert hat. Wie den Wanderer, der einen unscheinbaren Bergrükken überquert, eine abblätternde Inschrift daran erinnert, daß sich hier die Wasser zweier Meere scheiden, kommen wir an eine Zeitscheide, ohne es zu bemerken. Irgendwann sind wir es selbst, die berichten, wie es früher war, sind es nicht mehr andere, die wir neugierig danach fragen. Die statistische Metapher der Alterspyramide hat ihr Gegenstück in unserem Erleben. Indem wir sie besteigen, wird es vor uns schmäler, hinter uns breiter. Heute waren noch mehr Menschen älter als ich; morgen sind mehr jünger. «Trau keinem über dreißig!» Habe ich das nicht noch vor kurzem selbst gedacht, ohne mir ungerecht vorzukommen – einfach weil ich mir nicht vorstellen mochte, jemals so alt zu werden?

In einem so sehr von Lebensgeschichten bestimmten Beruf wie dem des Psychoanalytikers ist diese Pyramide aus Erzählungen vielleicht deutlicher spürbar als andernorts. Als ich, knapp über dreißig, zu arbeiten begann, waren viele Kindheiten lange vor meiner gewesen. Es gab Geschwister, die sich in der feldgrauen Uniform verabschiedet hatten und auf Nimmerwiedersehen verschwanden. Später fand ich meine eigene Kindheit in den Bildern wieder, die Patienten entwarfen. Heute sind die meisten Geschichten nur noch indirekt mit dem Krieg verknüpft. Er hatte Väter und Mütter verändert, auch wenn sie ihn überlebten. Die Männer kamen nicht zu den Frauen zurück, die sie verlassen hatten. Die Frauen empfingen andere Männer als die, von denen sie sich einst trennten. Die Kinder der Überlebenden kannten den Krieg nur noch als einen Schatten, ein Gerücht, einen fernen Schrecken. Aber sie trugen die Spuren der Spannungen in sich, die in den Eltern wirkten. Wenn wir uns diesen Familien aus großer Entfernung nähern, sehen wir einige Punkte, wo sich Kräftelinien kreuzen und wir Konflikte erwarten können. Nehmen wir an, die Eltern kannten sich bereits vor dem Krieg. Sie haben in dem lärmenden Optimismus des tausendjährigen Reiches geheiratet, wohl ausgerüstet mit Adolf Hitlers «Mein Kampf» und Johanna Haarers «Die deutsche Mutter und ihr erstes Kind». Dann kam, viel zu rasch, die Mobilmachung. Zu Anfang sah alles so siegreich aus. Ein Kind wurde geboren. Die Mutter nahm es in die Arme, wie ein Versprechen. Das Leben mußte weitergehen. Für ein zweites Kind fehlte schon der Glaube an die Zukunft – vielleicht auch schlicht der Fronturlaub. Die Mutter schloß sich eng an ihr erstes Kind an. Sie zog, von den Bomben der Alliierten bedroht, zurück zu ihren eigenen Eltern. Die Familie war eine Notgemeinschaft. Den Kindern erging es oft gut darin. Es gab viel Zeit für sie, die inneren Konflikte wogen leicht angesichts der äußeren Gefahr. Ein Zyniker könnte anmerken, daß kaum etwas der stets gefährdeten Harmonie einer Ehe nützlicher ist als die Abwesenheit des Mannes in einer hehren, gefährlichen Aufgabe. Er kommt nicht schlapp von der Arbeit oder betrunken vom Stammtisch nach Hause, sondern überhaupt nicht. Um so schöner kann seine Heimkehr in der Phantasie gemalt werden. Nie klingen Liebes- und Treueschwüre so glaubhaft wie in Feldpostbriefen.

Die Hunger- und Hamsterzeit nach 1945 band die vaterlosen Familien noch enger aneinander. Dann kam ein fremder, abgemagerter Mann in einer zerrissenen Jacke, die Rangabzeichen, Adler und Hakenkreuz verloren hatte. Das Kind sollte Vater zu ihm sagen. Er hob es hoch, wie man Säuglinge hochwirft, daß sie jauchzen. Aber das Kind war zu schwer geworden, der Heimkehrer von Hunger und Elend geschwächt. Er konnte es nicht halten, es plumpste auf den Boden.

«Was sollte ich nur machen?» fragte Anna, eine 1948 geborene Frau. «Ich kam einfach nie dazwischen. Meine sieben Jahre alte Schwester und meine Mutter waren eine Einheit. Meine Schwester hat immer schlecht gegessen. Sie bekam jeden Abend Rotwein mit Ei und Zucker. Ich hätte das auch so gerne gehabt. Aber ich war dick, ich war lebhaft, um mich kümmerte sich keiner. Nur mein Vater. Ich war sein Kind. Aber er hätte lieber einen Jungen gehabt. Fritz hätte ich heißen sollen. Und ich *war* Fritz. Ich habe Fußball gespielt und mich geprügelt. Mein Vater wettete mit mir, daß ich keinen Eßlöffel Meerrettich hinunterbringen würde, und ich habe ihn hinuntergebracht. Was habe ich nicht alles getan, um ihm zu gefallen! Einmal habe ich eine rohe Zwiebel gegessen; ein anderes Mal bin ich nach einer Zahnoperation zu Fuß nach Hause gegangen. Er hat mir das Geld für ein Taxi gegeben. Aber er sagte: du schaffst es vielleicht auch so. Dann kannst du das Geld behalten. Natürlich habe ich es geschafft.»

Sie weint. Ist sie nicht auch stolz auf ihren Mut und voller Sehnsucht nach diesem Vater?

Ich habe diese Geschichte während einer gruppenanalytischen Sitzung gehört, anläßlich einer Klausurtagung, auf der sich Menschen treffen, die keine Psychoanalyse machen, aber über sich und ihre Lebensgeschichte nachdenken wollen. Die Szene mit den scharfen Speisen (ein andermal aß Anna ein ganzes Glas Senf leer) erinnerte mich an eine Szene aus einem Western – war es «Duell in der Sonne» von David O. Selznick und King Vidor? –, wo der greise Viehzüchter die zarte Verlobte seines Sohnes scheinheilig vor der Chili-Soße warnt. Sie nimmt den Bissen, sie bewahrt Haltung, sie weiß: es ist wie am Marterpfahl der Irokesen, wo ein Klagelaut die Würde des Opfers vernichtet. Erhobenen Hauptes geht sie hinaus, ohne eine Miene zu verziehen, und übergibt sich erst im Schutz des Klosetts. Es war eine Szene voll heimlichem Sadismus, Machtausübung, Stolz und Brutalität. Ein in der Physiologie des Geschmacks belesener Freund hat mich einmal belehrt, daß die Gewöhnung an Gulyas, Nasi Goreng oder Tabasco auf einem schlichten Degenerationsprozeß beruht. Kinder hassen Pfeffer und Paprika in der Regel deshalb, weil sie empfindlicher für die Schärfe sind als Erwachsene mit ihren verschlissenen und verbrannten Papillen. Der alte Mann rächt sich an der jungen Frau dafür, daß nicht er sie haben kann, sondern sein Sohn: soll sie sich an dem Feuer verbrennen, das in seinem

Mund längst erloschen ist. Sie aber bestraft sich auf diese Weise für ihren heimlichen Flirt mit dem Alten. Sie will auch ihn haben, nicht nur den Knaben, der um sie wirbt. Sie läßt es sich nicht nehmen, ihm zu beweisen, daß Frauen mehr ertragen können als Männer.

Die kindliche Schuld und der elterliche Neid, die beide so gut im Hintergrund der Sagen von kindlicher Unschuld und Mutter- bzw. Vaterliebe gedeihen, drücken sich in solchen Szenen aus. Das Kind fühlt sich schuldig, weil es jung ist, unverbraucht, sein Leben noch offen vor ihm liegt, weil es viel mehr will, über viel mehr Dinge glücklich oder traurig sein kann als die Alten. Die Alten hassen es, weil es besitzt, was ihnen genommen wurde. Wenn der Krieg Annas Vater die Jugend gestohlen hat – wie kann er ohne heimlichen Neid in die Augen seiner Tochter blicken? In diesen Haß mischt sich das Glück, in dem Kind noch einmal jung sein zu dürfen. Aber das sollte uns nicht verführen, den Groll des Alters auf die Jugend, des Hungrigen auf den Satten zu übersehen. Wenn es Beziehungen zwischen Eltern und Kindern gibt, die sich von diesem Neid befreien, ihn einschränken und zurückdrängen, ist das wohltuend, aber nicht die Regel.

Das nachgeborene Kind wurde der Mutter vom Vater aufgedrängt. Sie hätte mehr Zeit gebraucht. Der Mann war ihr fremd geworden. Wie sollte das Leben weitergehen? Der heimgekehrte Gefangene verstand dieses Zögern nicht. Er wollte wieder eine richtige Familie. Es mußte doch mehr geben, als nur die zerbombte Wohnung zu reparieren! In Annas Kindheit hinterließ diese Situation tiefe Spuren. Die Mutter versorgte das Mädchen, aber Interesse, Zuwendung, enger Kontakt waren der älteren Schwester vorbehalten. So gab es keine Stütze in der Auseinandersetzung mit dem Vater. Anna erlebte ihn wärmer. Er spielte mit ihr, wenn er Zeit hatte, schob sie nicht weg. Aber er ließ sie seine

Enttäuschung fühlen, daß sie kein Junge war; sie hingegen wäre vielleicht auch deshalb lieber ein Mann gewesen, weil das die Vaterliebe weniger gefährlich macht. Ein derart überhitztes, gespanntes, durch die emotionale Abwesenheit der Mutter belastetes Verhältnis zwischen Vater und Tochter gerät fast immer während der Pubertät in eine tiefe Krise. Die Sexualität erwacht aus dem Dornröschenschlaf. Die klare Rollenverteilung zwischen Kind und Erwachsenen wird verwischt. Einer jungen Frau, die eben ihre Puppenhülle abstreifen und die Schmetterlingsflügel entfalten will, steht der alternde Mann gegenüber. Er hascht nach dem Schmelz ihrer Flügel; will sie jedoch fortfliegen, zu den Männern ihrer eigenen Art, will er sie ihr abschneiden und wieder die brav-seßhafte Raupe aus ihr machen. Wenn sich die Tochter frei fühlt, wird sie seinem Zugriff entkommen. Nie braucht sie ihre Mutter so nötig wie jetzt. Diese muß dem Vater in den Arm fallen, ihn daran erinnern, daß er schon eine Frau hat und es nicht nötig ist, die Tochter festzuhalten.

Wenn jedoch die Mutter es nicht wagt, ihrem Mann als Frau entgegenzutreten, wenn sie selbst ihn bemuttert oder wie ein altgewordenes Kind an ihm hängt, ist die Ablösung der Tochter erschwert. Vollends unmöglich wird sie, wenn das Schuldgefühl über die einst so enge Bindung an den Vater sie festhält. In solcher Lage entstehen sadomasochistische Verwicklungen, welche die alte Haßliebe beleben und ihr eine neue Form geben.* Der Vater beschimpft die Tochter als Hure, sie entwertet seine Liebe und Fürsorge, sieht nur noch kleinlichen Zwang, neidische Kontrolle, sadistische Quälerei. Wenn er ihr etwas gibt, will er sie kaufen; gibt er ihr nichts, ist er geizig. So werden Wälle aufgeschüt-

---

* Oder aber Regressionen, Ausweichmanöver, welche die Pubertät wieder entsexualisieren, z. B. Eßstörungen.

tet und mit Dornen bepflanzt. Der eifersüchtige Vatergott verbirgt die treulose Walküre hinter einer Flammenmauer, unerreichbar für jeden Mann – auch für ihn selbst. Die Töchter bauen mit an dieser Mauer, provozieren die strafende Seite des Vaters, meiden es um jeden Preis, schmeichelnd die gefährliche Liebe wieder herauszulocken, mit der sie als Kinder spielten. Ein Abglanz dieser Situation steckt noch im Liebeswettbewerb der Töchter. Während die Mädchen, die sich von ihm gelöst haben, schmeichelnde Vergleiche finden – sie lieben ihn mehr als Gold und Edelstein, als Samt und Seide –, ist die Jüngste, die ihn wirklich liebt, stumm wie der Tod oder vergleicht ihn mit dem Salz.* So weckt sie den schützenden Haß des Vaters.

Die Psychoanalyse sucht nach Zusammenhängen, kann sich aber nicht damit zufriedengeben, sie zu entdecken. Was haben wir gewonnen, wenn wir eine unbewußte inzestuöse Fixierung finden und sie mit den immer wieder scheiternden Versuchen einer Frau verknüpfen, im Kontakt mit einem Mann jene Mischung aus Freiheit und Bindung zu finden, in der sie sich wohl fühlt? «Gar nichts», wird rasch jemand sagen, der die Wirkung von Deutungen am liebsten prüfen möchte wie die von Medikamenten, im Doppel-Blindversuch, mit einem Placebo als Kontrolle. «Jetzt weiß ich, daß ich an meinen Vater gebunden bin, obwohl ich doch immer gedacht habe, ich will nichts mit ihm zu tun haben, seine Stimme, sein Geruch sind mir widerlich, ich könnte ihn nicht anfassen. Sie sagen, das ist's ja grade. Na

---

* In der Literatur am meisten bekannt ist dieses Motiv durch die ersten Szenen von Shakespeare's «King Lear». Die älteste Fassung des Stoffes steht in der Historia regum Britanniae (um 1135) des Geoffrey of Monmouth. Hier sagt die jüngste Tochter trotzig, man könne einen Vater nicht mehr lieben, als man ihn eben liebe – «quantum habes, tantum vales, tantumque te diligo». (Du giltst soviel, wie du schon hast, und so liebe ich dich auch.)

gut. Aber was nützt es mir? Ich kann mich doch deshalb nicht zwingen, alles zu machen, was mein Freund von mir will. Und wenn ich es nicht tue, geht er fremd. Soll ich mit ihm schlafen, obwohl ich keine Lust habe, nur damit er mich nicht verläßt? Ich weiß wirklich nicht, was ich tun soll.»

Wir sehen, es geht komplizierter zu mit den Deutungen! Wenn wir den Menschen ernsthaft anschauen, mit dem wir sprechen, hätte es uns ohnehin merkwürdig berührt, seine Gefühle durch zwei Sätze verändern zu können. In unserer emotionalen Welt zählt doch weit mehr als das, *was* gesagt wird, *wer* es ausspricht. Menschen können ihr Leben in die Waagschale werfen, damit eine ganz bestimmte Person drei Worte sagt,* die ihnen, falls sie diese von einer anderen Person hören, nicht einmal ein Achselzucken entlocken. Was eine Deutung dem Analysanden bedeutet, ist also nicht davon zu trennen, welche Be-Deutung der Analytiker gewonnen hat. Das heißt, daß die Wirkung von Deutungen im Doppel-Blindversuch nicht ermittelt werden kann. Die Analysandin, welche ich eben so erbittert gegen eine Deutung über ihre Vaterbindung anreden ließ, scheint auf dem besten Weg, gerade diese Vaterbindung in der Analyse zu wiederholen, den Analytiker zu einer feindlichen Autorität aufzubauen, mit der sie rechtet. Der reale Vater hat ihr verboten, sich mit Männern einzulassen; der Analytiker gerät plötzlich in die Rolle des Pfarrers, der die Erfüllung ehelicher Pflichten gebietet.

Wie ein Mensch seine Lebensgeschichte erzählt, hängt meist davon ab, welches Bild er gegenwärtig von sich hat. Nur die nackten Tatsachen, Jahreszahlen, Geburtsdaten, die Urkunde, welche dem Vater das Ritterkreuz zusprach, der Umzug in das 1958 fertiggestellte Eigenheim, die letzte

* Leicht zu erraten: ich dachte an die Zauberformel «ich liebe dich»!

Ohrfeige, die sie vom Vater erhielt (damals schlug sie zurück, zum ersten Mal) sind belegbar. Die Charaktere schwanken, die Bewertungen der handelnden Figur – Vater, Mutter, Schwester – sind durch die Absicht bestimmt, eigener Schuldgefühle Herr zu werden, eigene, unerfüllt gebliebene Ansprüche wenigstens in der Phantasie durchzusetzen, sich die eigene Geltung, wenn sie schon nicht unangefochten bleiben kann, auf keinen Fall schmälern zu lassen. Da die Geschichten, die ein Analytiker hört, immer unvollständig und lückenhaft sind, gerät er in die Rolle des Malers, der ein beschädigtes Bild restauriert, des Bildhauers, der aus Fragmenten eine Statue rekonstruieren soll.

Die Künstler gehen so vor, daß sie die Fehlstellen aus ihrer Erinnerung an andere Gemälde, andere Standbilder ergänzen. Sie werden dabei versuchen, an Werke zu denken, die dem vorliegenden möglichst nahekommen. Je besser ihnen das gelingt, desto weniger Fehler wird ihre Arbeit tragen. Der Fundus, aus dem sie ihre Vergleiche schöpfen, geht dabei weit über abstrakte Informationen hinaus. Selbst wo von den Gegenständen einer Epoche durchweg nur Bruchstücke erhalten sind, macht sich der Archäologe die Tatsache zunutze, daß nicht immer dieselben Teile fehlen. So entsteht, obwohl es kein Ganzes mehr gibt, vor seinem inneren Auge dennoch eine Ganzheit, die ihm hilft, Ergänzungen an die richtige Stelle zu bringen.

Verglichen mit ihm, leidet der Analytiker darunter, daß er im ungreifbaren, nicht dingfest zu machenden Stoff der Erinnerungen, der Träume arbeitet. Aber er gewinnt auch einen wesentlichen Vorteil: Wenn er versuchsweise ein fehlendes Stück ergänzt, kann es geschehen, daß er die geschwächte Erinnerungskraft seines Patienten belebt und Einfälle sich den Weg zum Bewußtsein bahnen, die bisher von ihm ausgeschlossen waren. Nun bestätigen sie Vermutungen, erhärten einen Verdacht, tragen Einzelheiten nach, wo die Rekonstruktionen des Analytikers nur Umrisse vorgeben konnten. Die Lebensgeschichte, welche so gewonnen wird, ist so genau wie möglich, ohne jedoch diesem Ideal völlig zu entsprechen. Sie kann sich ihm nur nähern, wobei der Analytiker – anders als der Historiker – die Möglichkeit hat, eigene Subjektivität, die in seiner Biographie steckt, durch den dauernden Kontakt mit fremder Subjektivität in Abstand zu halten und nicht naiv für universell zu halten. Wie allen Menschen ist auch dem Analytiker die eigene Vergangenheit am nächsten, er wird versucht sein, sie auf das Schicksal seiner Analysanden zu übertragen oder – wenn er das um keinen Preis tun möchte – an die Stelle übertriebener Hellsichtigkeit eine selbstauferlegte Blindheit treten lassen.

Der Ausruf Annas «Ich kam einfach nicht dazwischen», mit dem sie das Scheitern der Beziehung zu ihrer Mutter und die Auslieferung an ihren Vater zusammenfaßte, verdeutlichte mir einen dunklen Bereich der Geschichte Rosemaries. Daran hatte ich bisher nicht gedacht, und Rosemarie hatte auch nie davon erzählt, obwohl ich gleich eine Reihe von Hinweisen fand. Woher kam es denn, daß Anna, die ich erst seit zwei Tagen kannte und nach weiteren zwei wieder aus den Augen verlieren würde, mir etwas zeigen konnte, was ich in zwei Jahren meiner Arbeit bei Rosemarie nicht entdeckt hatte? Ich war auf einer falschen Fährte gewesen. Vielleicht führte mich sogar meine eigene Sehnsucht nach einem Vater, der aus dem Krieg zurückkommt, in die Irre. Rosemarie war das Kind eines solchen Vaters, kurz nach der Heimkehr aus der Gefangenschaft und dem Beginn des «Wirtschaftswunders» gezeugt. Sie beschrieb sich als Wunschkind, und ich glaubte es – wäre nicht ich selbst meiner Mutter erwünschter gewesen, wenn sie nicht ihren Mann anderthalb Jahre nach meiner Geburt eingebüßt hätte? Rosemarie bemitleidete ihre Schwester. Die sei immer so angepaßt gewesen, traue sich keinen Konflikt zu, reagiere sich in körperlichen Krankheiten ab, für die Rosemarie – in der Psychoszene durchaus zu Hause – rasch das Adjektiv «psychosomatisch» fand.

Zu dem Zeitpunkt, als ich Anna begegnete, hatte ich drei Geschichten für dieses Buch geschrieben und konnte mich schon seit vier Monaten nicht entscheiden, welche die vierte werden sollte. Rosemarie war einer der Namen, die ich ziellos auf meinen Notizblock kritzelte, auf der Suche nach Einteilungen, nach handfesten Typen, wie sie die Neurosenlehre oder die psychiatrischen Diagnosen anbieten. Ich zog Verbindungslinien, malte Kreise und Klammern, strich sie wieder durch. Ich beneidete die Schriftsteller, die nicht auch Psychoanalytiker sind und frei mit den Fragmenten ihrer Erinnerungen schalten können, denen es erlaubt ist, jede Ähnlichkeit mit lebenden oder toten Personen mit dem Zauberstab des Wortes zu tilgen. Ich grübelte, welchen Namen ich Rosemarie geben, wie ich die Tatsachen in ihrem Leben verschlüsseln sollte; ich verbrachte einen Nachmittag mit der Suche nach einem ihrer Träume, den ich mir als besonders charakteristisch nach der Sitzung notiert hatte. Der Zettel war verschwunden; im Raptus des Suchens erprobte ich nach den möglichen Stellen immer unmöglichere, las mich in alten Aufzeichnungen fest, schüttelte dicke Bücher über dem Schreibtisch aus. Ich fand das Blatt nicht und verfolgte den Plan nicht weiter, über Rosemarie zu schreiben, als hinge alles von diesem Traum ab. Die Geschichte Annas über ihren Vater führte mich zu Rosemarie zurück. Was dem Mädchen, das eigentlich Fritz heißen sollte, an Mutproben abverlangt wurde, führte mich dazu, auch Rosemarie mit neuem Verständnis zu betrachten, noch einmal zu überdenken, was ich von ihr wußte.

Die Macht des Unbewußten über die Entwicklung eines Menschen entmutigt mich oft. Weil das Problem, ernsthaft betrachtet, unlösbar scheint, vergesse ich die Möglichkeiten, ihm doch wenigstens spielerisch näherzukommen. Rosemarie war, wie Anna, der Nachkömmling, das Vaterkind nach einem Mutterkind, einer Schwester, die sieben Kriegs- und Nachkriegsjahre auch das einzige Kind gewesen war. Rosemarie hatte, wie Anna, Eßprobleme, nur lagen die ihren eher in jener Mischung aus Heißhunger und Speien, die Bulimie genannt wird, während Anna gerne und gierig aß, jedoch darunter litt, daß sie sich zu dick fühlte. Solche Unterschiede sprechen dafür, daß in dem einen Fall (bei Rosemarie) die Haßliebe, welche die Beziehung zur Mutter und zum Vater bestimmte, unmittelbar auf das Essen übertragen wurde, während Anna ein unkomplizierteres Verhältnis zu ihren Bedürfnissen behielt. Anna war auch äußerlich «normaler», verheiratet, halbtags berufstätig, eine stabile Ehe, drei Kinder. Rosemarie hingegen paßte in das Thema «Kein Glück mit Männern»*. Sie war über 35 und hatte seit zehn Jahren keine feste Beziehung zu einem Mann gefunden, obwohl sie sich danach sehnte.

Anna und Rosemarie geben ein Beispiel dafür ab, wie subtil geforscht und argumentiert werden sollte, wenn es darum geht, die Wirkungen einer belastenden Kindheit auf das Leben des Erwachsenen zu untersuchen. Nach den Maßstäben der meisten Beurteiler wäre Anna das «gestörte» Kind gewesen – dick, diebisch, eine Herumtreiberin, die in der Schule versagte, während Rosemarie im Schulorchester bei der ersten Geige spielte und als Zweitbeste Abitur machte. Auch hatte Anna mehr auszuhalten. Der Vater – «bei ihm wußte ich wenigstens, woran ich war; bei Mutter war mir das nie klar!» – schlug sie mit der Hundepeitsche, wenn sie Geld stahl, um Eis zu kaufen oder ins

---

* So der Arbeitstitel, aus dem später «Einsame Frauen» und schließlich «Einsame Freiheit» wurde.

Kino zu gehen. Für Zuspätkommen gab es «nur» eine Ohrfeige. Rosemarie hingegen wurde nicht geprügelt. In ihren frühen Erinnerungen spielt der Vater mit ihr, zeigt sie stolz den Gästen. Lästig ist eher ein Übermaß an Fürsorge, das zur Zeit der Pubertät in ein Übermaß an Kränkung und Kritik umschlägt. Rosemarie kann kein gutes Haar an ihren Eltern lassen, weil diese immer an ihr herumnörgeln. Mir schien, daß Anna günstigere Umstände (und mehr Kraft?) hatte, ihre Eltern von sich fort zu rücken, Abstand von ihnen zu gewinnen. «Wenn ich auf der Straße war, ging es mir gut. Ich hatte immer viele Freundinnen und Freunde. Es war schlimm, daß ich abends nach Hause mußte!» Rosemarie hingegen zog sich auf ihr Zimmer zurück, zu ihrer Geige und den Büchern. Aber in diesem unterschiedlichen Verhalten spielte auch das soziale Umfeld eine wesentliche Rolle. Rosemaries Vater war Dekan in einer protestantisch geprägten Kleinstadt, seine Familie, seine Frau Gegenstand öffentlichen Interesses – wie sollte sich ein Kind da frei bewegen?

Wer fragt, erhält Antworten, meistens gelogene, sagt das Sprichwort. Das mag übertrieben sein, weist jedoch auf die Grenze hin, die einer Erforschung menschlichen Erlebens durch Fragen gesetzt ist. Der Befragte weiß, daß eine Antwort von ihm erwartet wird. Er gestaltet diese Antwort unwillkürlich nach den Erwartungen, die er in solchen Situationen erfüllen soll und will. Der Psychoanalytiker sucht diese Einschränkung dadurch zu umgehen, daß er wenig fragt und sich mehr damit beschäftigt, den Patienten die Geschichte seiner inneren Erfahrungen erzählen zu lassen. In einem Interview gleicht der Forscher einem Kunden, der am Schalter wissen will, ob diese oder jene Sache lieferbar sei. In einer Analyse versucht er, die Lagerhallen selbst zu inspizieren, um sich ein Bild dessen zu machen, was sein Gegenüber an Wissen über die eigene Lebensgeschichte besitzt. So irrt er oft lange herum und hat Mühe, Zusammenhänge zu finden, ist aber unabhängig von der Meinung des Lagerverwalters, der häufig gar nicht mehr wagt, die dunklen Gewölbe und vom Einsturz bedrohten Kasematten zu betreten.

In diesem Vergleich steckt eine Wunschphantasie des Analytikers. Wie jeder neugierige Mensch würde er gerne seine Forschungsreise unter die Haut und Schädeldecke jenes unlösbaren Geheimnisses antreten, das der Mitmensch ist und bleibt: *homo homini secretus.* Aber er ist darauf angewiesen, zu hören, was der Analysand sagt. Er schickt ihn aus, ziellos in den Höhlen zu wandern und alles mitzubringen, was er findet. So werden Hinweise gesammelt, bis die Struktur der Labyrinthe deutlicher wird.

Aber auch dieser Vergleich enthält Wunschträume. In ihm scheint es, daß die Suche nach den Ursprüngen, den Wurzeln des gegenwärtigen Leidens durch die Übereinstimmung von Analytiker und Patient getragen wird. Sie haben Ausrüstung und Finanzierung der Expedition zusammen erdacht. Jetzt machen sie sich auf den Weg. Rundum vom Unbekannten umgeben, aufeinander angewiesen wie Kletterer am Seil, der dünnen Nabelschnur aus Hanf oder Nylon, werden sie einander doch nicht mißverstehen, werden sie nicht miteinander streiten? Als folgten sie jenem seit Genesis bekannten Prinzip, daß schiefgehen wird, was schiefgehen kann, wird gerade das geschehen. Der Patient will gar nicht das, was die Schlange Eva unter dem Apfelbaum versprach: Erkenntnis. Er will Hilfe haben. Er will die Frucht nicht nur sehen, sondern seine Zähne in sie schlagen. Der Analytiker wird ihm nur anbieten, daß er die Sehnsucht nach solchen Abkürzungen versteht. Erfüllen kann er sie nicht.

Rosemarie schien zu Beginn unserer gemeinsamen Arbeit zugleich bereitwillig und unerreichbar. Sie schlug mir nie die Antwort auf eine Frage ab, sie tadelte mich nicht, kritisierte mich nicht. Sie berichtete willig, was sie über sich und ihre Probleme erdacht hatte, sie kam nie unvorbereitet in die Stunden. Ich fühlte mich wie eine gutwillige, analphabetische Mutter, der das gehorsame Kind jeden Nachmittag die Hausaufgaben zur Begutachtung bringt. «Gut, gut», lobt die Mutter, die kein Wort lesen kann. «Danke, Mama», sagt die Tochter, die nicht klüger ist als vorher. Rosemarie berichtete über ihre Kindheit, ihre Schwierigkeiten im Beruf, ihren Ärger mit Freundinnen. Es lief fast immer darauf hinaus, daß sie schlecht und ungerecht behandelt wurde, daß sie sich nicht richtig wehren konnte, daß die Mutter, die Vorgesetzten, die Freundinnen sie vor die Wahl stellten, entweder die Kröten zu schlucken oder die Freundschaft, die Arbeit, die Hoffnung auf Frieden mit den Eltern gänzlich preiszugeben.

Ich habe die Geschichte Annas als Geburtszange verwendet, um den Bericht über Rosemarie auf die Welt zu bringen. Anna war in die Gruppe hineingeplatzt, wie früher wohl in die Kinderschar, die auf der Kirchentreppe Himmel und Hölle spielte – erleichtert, daß sie endlich auf der Straße war, nicht mehr zwischen den gespaltenen Eltern eingesperrt und aufgerieben. Rosemarie kam in die Analyse wie zum Verhör. Es mußte alles gewußt, beherrscht sein und mußte es bleiben. Der Zweifel war erlaubt und der Zweifel am Zweifel, aber nicht der Affekt, eindeutig wenigstens für eine Minute, eine Stunde, einen Tag. Jedesmal bröckelten die Krusten und Vorsichtsmaßnahmen gegen das Ende der Stunde hin, Rosemaries bleiches Gesicht gewann Farbe, die Augen wurden sanfter, wurden sogar feucht. Aber wenn sie wiederkam, hatte sich die ursprüngliche Maske erholt, die Augen blickten skeptisch durch die Gläser der Brille, der weiche Mund war durch einen scheinbar unauslöschlich beleidigten Zug gespannt. Es würde nicht leicht werden, dachte ich. Wie konnte ich Rosemaries Vertrauen gewinnen? Erst einmal dadurch, daß ich mich dafür interessierte, wie ihr Mißtrauen zustande kam. Warum mußte sie unbedingt eine Vorauswahl treffen? Warum konnte sie mir nicht alles vor die Füße legen, was sie in der Höhle fand, und es mit mir ansehen?

Da war sie wieder, meine Illusion. Vielleicht hätte ich nie den Mut, eine Analyse zu beginnen, wenn ich sie mir nicht einfacher vorstellte, als sie ist. Da sind keine zwei säuberlich getrennten Personen, Helfer und Schützling, die gemeinsam untersuchen, was der Schützling an Material für die Analyse herbeischafft. Nein, da der Mensch für den Menschen das Wichtigste ist, was es im Horizont seiner Welt gibt (von seltenen Ausnahmen, Sammlern oder Computerfreaks sehe ich hier ab), und da der Patient aufgefordert ist, alles zuzulassen, alles auszudrücken, was in ihm geschieht, muß auch der Analytiker in diesen Einfällen aufgenommen und verändert werden. Wenn hart gewordener Kalkschlamm oder verbackenes Geröll während eines Vulkanausbruchs in die Tiefen der Erde sinken und in ihrem feuerflüssigen Kern umgeschmolzen werden, spricht der Geologe von Metamorphose, Verwandlung. Sie findet auch in der Therapie immer wieder statt, gefährlich und hilfreich zugleich. Wo solche Kräfte wirksam werden und die Forschung sie verfolgen kann, ist es auch möglich, sie in den Dienst einer Veränderung des Patienten zu stellen. Aber nicht immer wird aus dem Schlamm weißer Marmor; gelegentlich geht die ganze Therapie, die Möglichkeit, in einem Klärungsprozeß weiterzukommen, in dieser Metamorphose des Analytikers verloren. Rosemarie schien mich überhaupt nicht wahrzunehmen. Keiner ihrer Einfälle, kein Bild ihrer Träume bezog sich auf mich. Diese Art, mich auszuklammern, war an sich schon wieder auffällig. Aber konnte ich dieses Thema ansprechen? Machte ich mich da nicht zu wichtig? «Soll ich, nur weil es in den Büchern steht, eine Übertragung auf Sie haben?» hätte sie vielleicht schnippisch gefragt. «Denken Sie, Sie sind unwiderstehlich? Muß sich jede Ihrer Patientinnen in Sie verlieben?» «Natürlich nicht!» hätte ich nur verdattert sagen können. Nein, es war besser abzuwarten, wie bei einem sehr scheuen Tier, das in unterirdischen Gängen lebt. Allein schon durch die Frage, weshalb es nicht endlich hervorkomme, allein schon durch die teilnahmsvolle, gutgemeinte Suche nach Gründen für dieses unsinnige Mißtrauen, hätte ich es weiter zurück in unzugängliche Finsternis getrieben.

Gleichzeitig spürte ich, wie Rosemarie neben dieser Vorsicht und einem keimenden Verständnis für ihre Abwehrhaltung andere Gefühle in mir weckte. Ich wußte natürlich, daß ich nicht unwiderstehlich war. Aber ihr zum Trotz wäre ich es gerne gewesen. Ich wünschte mir eine Handhabe, etwas, womit ich ihren Vernunftpanzer durchbrechen konnte, wie sich der Jäger ein Frettchen besorgt, um das eingefahrene Kaninchen aus seinem unzugänglichen Bau zu treiben. Vermutlich weckte Rosemarie in mir ähnliche Gefühle wie in ihrem Vater. Wenn ich genauer in mein Inneres horchte, waren sogar ihre beiden Eltern da, denn neben diesem Ärger, der vor allem zu Beginn der Sitzungen spürbar wurde, gab es auch eine heimliche Gleichgültigkeit, die mir nur beim genaueren Selbst-Nachbefragen klarer wurde, eine Überzeugung, Rosemarie brauche mich eigentlich gar nicht, wie mich andere Patienten brauchen, sie komme durchaus auch allein zurecht. Ich verband den verborgenen Zorn, die Phantasie, Rosemaries Widerstand rechthaberisch zu brechen, mit ihrem Vater; die Gleichgültigkeit und das Desinteresse – «es gibt Patientinnen, die mich mehr brauchen» – mit der Mutter.

Gegen beide Eltern behielt Rosemarie, solange sie von ihnen sprach, die Rolle der Anklägerin. Sie tat es ungeschickt, gewissermaßen wahllos, so daß die Gespräche meist dazu führten, daß in mir ein Bedürfnis wuchs, die Eltern zu verteidigen, sie in Schutz zu nehmen vor dieser igelhaften Tochter, die auch die eifrigste Mutter zu Tode hetzen würde wie einen Hasen. Schickte Mama das Geburtstagspaket, war sie aufdringlich; versäumte sie, es zu schicken, war sie gleichgültig. Die Ablehnung war immer schon dagewesen. Dabei konnte ich mich der Empfindung nicht erwehren, meine Vorbehalte zugunsten der Mutter (denn um sie handelte es sich meist; der Vater konnte weniger falsch machen, er war schon zehn Jahre tot) kämen durchaus nicht unwillkommen, seien eine insgeheim vorausberechnete Wirkung, wie in den Geschichten des Spaßmachers eine Pause kommt, wenn das Gelächter des Publikums erwartet wird. Dann gab es endlich jemand, der mit Gründen und immer mehr Gründen überzeugt werden konnte. Jede kränkende Erinnerung, die vielleicht so schlimm nicht gewesen sein sollte, weckte zwei schlimmere. Vergleichbar dem Kranken, der sich der Aufmerksamkeit des Arztes für seinen Schnupfen nicht sicher ist und nun die Symptome von Pest und Cholera an sich fühlt, war Rosemarie unerschöpflich in dem, was ihr die Mutter angetan hatte. Nie sei sie auf ihrer Seite gewesen! «Wenn ich mich mit einer Klassenkameradin prügelte – es ging darum, wer das stärkste Mädchen in der Klasse ist, sie oder ich –, dann hat sie mich nicht getröstet, sondern nur ausgeschimpft und ist zu der Mutter der anderen gelaufen, um sich für mich zu entschuldigen. Ich habe mich immer verraten und hintergangen gefühlt. Sie hat sich bei allen Leuten über mich beschwert. Später hat sie das sogar bei meinen Freundinnen getan, wenn ich eine mit nach Hause brachte – ich sei undankbar, frech, ungehorsam. Ich habe dann nie mehr jemanden mitgenommen.»

Rosemarie zeichnete ihre Eltern als übermächtige Gestalten, die aus reiner Willkür dem Kind die Liebe und Fürsorge vorenthielten, die sie ihm schuldeten. Solche böswilligen, starken Eltern rechtfertigten eher die Wut, die sich gegen sie richtet. Sie helfen, ein fortbestehendes Schuldgefühl zu lindern. Von ihnen kann man eher Hilfe erwarten und auf eine Entschädigung hoffen, selbst wenn die Vernunft verbietet, mit ihr zu rechnen. Für Kinder wie Rosemarie scheinen die Eltern in ein Über-Erwachsensein verschoben, als wären sie Riesen geworden, sobald ihre Kinder nicht mehr Kinder sind, sondern selbst erwachsen. Nie billigen sich die Kinder soviel Macht zu, wie den Eltern zugeschoben wird – zu binden und zu lösen, festzuhalten und aufzugeben, zu erinnern und zu vergessen.

Mein Bild von Rosemaries Mutter trug andere Züge. Sie war Kindergärtnerin gewesen, hatte anscheinend gerne gearbeitet, damit jedoch aufgehört, als das zweite Kind kam. Der Krieg zwang sie zu ihrer Mutter. Als der Mann zurückkam (er hatte sich freiwillig gemeldet und war, wie die immer noch ernsthaft gesagte Formel lautet, ein «hochdekorierter Offizier», d. h. er trug das Ritterkreuz), ersetzte sie durch Gefügigkeit, was ihr an Zuneigung mangelte. Verwandelte Rosemarie diese Mutter in eine starke, böse Frau, weil sie ihr in Wirklichkeit nicht verzeihen konnte, wie unselbständig und schwach sie war? Viele Szenen, die sie schilderte, deutete ich so. Im Krieg, wo es ums Überleben ging, milderte sich der Perfektionismus der Mutter. Ihre Unselbständigkeit fiel nicht weiter auf. Es war ohnehin üblich, daß sich damals die jungen Familien in ihre Einzelbestandteile auflösten und zurück zu den Eltern trieben. Mit Rosemaries Geburt wurde es ernst. Sie war kein Kind, das irgendwie mit durchgefüttert wurde, sondern eine pädagogische Aufgabe, Zeichen der wieder vereinigten Eltern, ein Beweis dafür, daß es nicht nur weiter, sondern auch wieder aufwärts ging.

Bald trug der Ehrgeiz des Vaters seine Früchte. Die Mutter mußte ihre Ehrenämter bei der Inneren Mission ausfüllen. In einer merkwürdigen, für die Vergangenheitsabwehr im Wirtschaftswunder kennzeichnenden Weise wurde die Erinnerung an den Krieg und an das, was zu ihm geführt hatte, so behandelt, wie Jugendliche mit ihrer Kindheit umgehen. Sie tun so, als seien sie schon immer erwachsen gewesen. Sie bekämpfen, was ihnen noch in den Knochen steckt, und kümmern sich nicht darum, daß in diesem Kampf ihre Sensibilität und ihre eigene Fähigkeit zu träumen verlorengehen. Es war kein Aufbauwille, sondern eine Aufbauwut. Die Ideale, deren Mißbrauch die halbe Welt verwüstet hatte, wurden nicht kritisch gesehen und neu geordnet, sondern über Bord geworfen. Wer erinnerte, träumte; wer träumte, verweigerte sich dem Aufbau, Anspielungen auf den Nationalsozialismus waren kein Mittel, Zusammenhänge zu beleuchten und zu verstehen, sondern ein Prügel, mit dem niedergeschlagen wurde, was sich dem Aufbau in den Weg stellte. Nachdenkliche Arbeit an der Vergangenheit wurde mit einem überflüssigen und störenden Verweilen in ihr gleichgesetzt. Da die Unterscheidung zwischen der kreativen Rücksicht und der Regression als Ausweichmanöver aufgehoben war, wurde der Glaube an den Fortschritt blind. Die Verwüstungen, die er angerichtet hat, sind so folgenschwer wie die Kriegsschäden.

Wer das Unmögliche begehrt, muß scheitern. Ihm stehen dann drei Lösungen zur Verfügung: die Trauer, die Manie und die Sündenbocksuche. In der Trauer wird der Mißerfolg verarbeitet und die Chance geschaffen, das nächste Mal umsichtiger an die Aufgabe heranzugehen. In der Manie wird das Scheitern verleugnet und weitergemacht, als ob es nicht vorhanden wäre. In der Sündenbocksuche wird das Scheitern zwar wahrgenommen, die Trauer jedoch vermieden und als Schuld einem Dritten aufgeladen. Er soll in die Wüste gehen und Buße tun. Rosemarie war ein Sündenbock, der immer wieder gegen die Eltern anrannte und sie zu Sündenböcken machen wollte. Die Unternehmen «perfektes Kind» und «neue Familie» waren trotz vielversprechender Anfänge fehlgeschlagen. Am Ende standen beide Eltern ratlos vor ihrer trotzigen Tochter, die mit der Mutter über deren schlampige Haushaltsführung rechtete und dem Vater peinliche Fragen nach seiner Beteiligung an «Säuberungen» in russischen Dörfern stellte.

Dieser Kampf um die Schuldzuweisung war es, der bis heute Rosemaries Bild ihrer Familie färbte. Wenn es galt, eine eigene Familie zu gründen, wollte sie ihn um jeden Preis vermeiden und brach ihn so früh vom Zaun, daß ihre mit dieser Hoffnung (und damit diesem Verdacht) behafteten Beziehungen scheitern mußten. Ich suchte herauszufinden, wann diese Schuldwelt erschaffen worden war, in der Rosemarie und ihre Eltern lebten. Es war schwierig, denn alle greifbaren Erinnerungen waren schon von der Suche nach Rechtfertigung bestimmt. Die Mutter war sehr ängstlich. Sie verbot Ausflüge. Bei der ersten Radtour mußte Rosemarie jeden Tag zu Hause anrufen. Wenn sie bei einer Freundin war, verlangte die Mutter, sie solle heimkommen, oft mit lächerlichen Vorwänden, wie dem, sie fände Zucker oder Mehl nicht, müsse Kuchen backen, Rosemarie müsse suchen helfen.

Die Schlamperei und Hilflosigkeit der Mutter im Haushalt waren ein Thema, über das sich Rosemarie nicht genug erhitzen konnte. Sie stellte das Salz in den Kühlschrank und ließ den Braten draußen, überall lag verschimmeltes Brot, das sie vergessen hatte, im Keller türmten sich sinnlos aufbewahrte Marmeladegläser. Die Mutter war immer in Eile, mußte zu einer Vorstandssitzung im Missionsverband. Der Vater? Plötzlich tauchten freundliche Erinnerungen auf. Er hatte Fußball mit ihr gespielt, er ließ sie im Wirtshaus den Schaum von seinem Pilsglas naschen. Aber er mußte immer recht haben. Und er konnte es nicht ertragen, daß Rosemarie heranwuchs, daß sie, lange bevor er es ihr erlauben wollte, sich nicht mehr als unschuldiges Kind fühlte, sondern beim Urlaub in Rimini bitterlich weinte, daß sie in der Badehose ohne Oberteil an den Strand sollte. Vater, Mutter und große Schwester waren sich einig, wie absurd es sei, an die Ameisenstiche des elfjährigen Mädchens einen neuen Badeanzug zu verschwenden.

Maskiert durch einen alles durchdringenden moralischen Druck, schien auch in Rosemaries Situation zwischen Vater und Mutter Cordelias Schicksalsknoten geschürzt. Sie konnte ihre Mutter nicht annehmen. Tierkinder sterben in den ersten Tagen, wenn ihnen das geschieht. Milch und seelische Zuwendung sind hier noch ein und dasselbe; Menschenkindern aber ist oft die Ambivalenz in die Wiege gelegt, die Mutter versorgt sie körperlich, kann aber emotional nichts mit ihnen anfangen. Oder ist es das Kind, das die Mutter ablehnt? Sinnlos, hier nach einem Verursacher zu suchen. In der geglückten Mutter-Kind-Beziehung überbrückt das Kind durch seine Leidenschaft für die Mutter deren Zuwendungslücken; die Mutter schließt mit ihrer Liebe Enttäuschungswunden, die aufreißen, wenn dem Kind klar werden muß, daß die Mutter Schwächen und Mängel hat. Ich vermute, daß Rosemaries Mutter sich immer wieder um ihre Tochter bemüht, sich für sie angestrengt, sie geradezu mit Liebesbeweisen verfolgt hat – Rosemarie jedoch konnte nichts mehr damit anfangen, erlebte als Kontrolle, was ursprünglich als Zuneigung gemeint war, dann jedoch – wenn ich als Mutter nicht geliebt werde, will ich doch untadelig dastehen – auch der mütterlichen Rechtfertigung diente, Rosemarie somit neue Rechtfertigungen für ihren hartnäckigen Groll abpreßte. So können oft die, welche einander am wenigsten zu geben haben, um keinen Preis der Welt ein dankbareres Objekt ihrer Zuwendungen suchen.

Lassen wir dahingestellt, ob nun die Mutter soviel unerfüllt ließ, die Tochter sowenig annehmen und verwerten konnte. Die Suche nach der Antwort auf solche Fragen würde uns in die Schuldwelt Rosemaries führen, aus der es kein Entkommen gibt. Die Beziehung zwischen beiden entgleiste, beide vermittelten einander, versagt zu haben, und beide verurteilten sich dazu, die Schuld für dieses Versagen nicht loszulassen, sondern sie festzuhalten und dem jeweils anderen zuzuschieben. Dabei war Rosemarie allein, während die Mutter Vater und Schwester als Bundesgenossen gewann. Die Schwester heiratete, bekam eigene Kinder und ging ihrer Wege. Wenn die Mutter sich bei ihr jetzt über Rosemarie beklagen wollte, verspürte sie den Wunsch, den die meisten Außenstehenden haben, wenn der Versuch unternommen wird, sie in eine Schuldwelt hineinzuziehen: sie würden gerne den einen Streiter packen und mit ihm, wie mit einem Knüppel, auf den anderen einschlagen. Der Vater starb an einem Herzinfarkt. Rosemarie war schuld, denn sie hatte ihn immer so geärgert, nein, die Mutter war schuld, denn wie kann eine Mutter ihr eigen Fleisch und Blut mit solchen Schuldvorwürfen quälen?

Rosemarie fühlte sich in einer Falle, aus der sie nur entkommen konnte, wenn sie immer den Kopf oben behielt und sich auf ihren Verstand verließ. Zu sein wie die Mutter war ihr verhaßt; zu werden, wie es der Vater von einer Frau wollte, schien noch gefährlicher. Der Dekan hatte einen Narren an seiner jüngsten Tochter gefressen. Er war nicht in sie vernarrt, sondern in ein festes Bild, das sich nicht verändern durfte. Der ehrgeizige, lebenshungrige Mann hätte gerne noch mehr Kinder gehabt. Wenn Rosemarie fragte, warum sie keine jüngeren Geschwister habe (jemanden, der sie von der pädagogischen Kontrolle durch die Mutter ablösen konnte, der noch kleiner, noch ungeschickter war als sie), erhielt sie zur Antwort: die Oma hat uns nur unter der Bedingung Geld für das Haus gegeben, daß wir keine Kinder mehr haben würden. Sie hatte schwache Nerven. Sie ertrug das Geschrei nicht. Die Oma war tot, sie konnte nicht mehr entkräften, was ihr in die Schuhe geschoben wurde. Den Verdacht, daß es andere Gründe gab, daß Rosemaries Mutter sich hinter ihrer eigenen Mutter versteckte, schöpfte die Tochter erst während der Analyse. Die Einigkeit der Eltern hatte etwas Künstliches. Es war, als würden sie einander aus Angst schonen, nicht aus Zuneigung. «Deinetwegen hat meine Frau ihre Gallenschmerzen», sagte etwa der Vater. «Weil er sich so über dich ärgern muß, wird dein Vater noch einen Herzinfarkt haben», sagte die Mutter.

Sind die beiden Erwachsenen, denen das Kind seine körperliche und in der Regel auch einen guten Teil seiner psychischen Existenz verdankt (verdankt? schuldet? zuschreiben muß?), einander herzlich zugetan, sind wechselnde Bündnisse möglich. «Herzlich» bedeutet, daß die ambivalenten Gefühle durch ein emotionales Übergewicht von körperlicher und geistiger Anziehung in Schach gehalten werden. Gute Absichten und eine moralisch fundierte Entscheidung können diese erotische Anziehung nicht ersetzen.*

Wo zwischen den Eltern ein festes erotisches Band ist, sich Erfahrungen liebevoller Nähe zuverlässig und auch un-

---

* Eine der Gefahren unserer individualisierten Familienverhältnisse liegt darin, daß die angemessene Erotisierung und Körperfreundlichkeit des Umgangs mit kleinen Kindern an dem zerreißbaren Band der sexuellen Beziehung zwischen den Eltern hängt. Diese soziale Welt ist sehr arm an erotischer Vielfalt und damit auch an Kompensationsmöglichkeiten, wenn die Eltern zwar pflichtbewußt und einig Kinder versorgen, im übrigen aber auf Abstand halten. Der enge Rahmen der Kleinfamilie führt relativ schnell zu Überhitzungen im Sinn einer Sexualisierung der Eltern-Kind-Beziehung bis zum Mißbrauch des Kindes oder zu Abkühlungen, die sich in der relativ häufig aufzufindenden Phantasie von Kindern ausdrücken, die Eltern hätten nur so oft miteinander geschlafen, wie es Geschwister gebe.

ter belastenden Umständen wiederholen, fühlt sich niemand bedroht, wenn die Vierjährige mit rollendem Schülterchen und schmachtendem Augenaufschlag den Vater verführt, ihm das Eis zu kaufen, das die Mutter eben verweigert hat. Wo die Eltern auf einer dünnen Kruste künstlich bewahrten Wohlwollens wandern, wäre ein solches Verhalten schlimm, der Vater geriete in Verdacht, sich beim Kind einschmeicheln zu wollen, die Mutter fühlte sich ausgeschlossen, als böse verteufelt. Dann findet das Kind jene ungreifbare Mauer, jenen Elternblock, in dem Recht stets vor Gnade geht. Und vielleicht denkt später der Analytiker dieses Kindes, wie ich immer wieder, wenn mir Rosemarie von ihren Auseinandersetzungen mit Männern erzählte: «Wenn sie doch nur ein einziges Mal Gnade vor Recht gehen lassen könnte! Was hat sie davon, Recht zu behalten, wenn ihr darüber die Beziehung verlorengeht!»

Diese Vermutung über eine Unsicherheit nicht nur der Mutter gegenüber Rosemarie, sondern auch der Eltern miteinander war lange Zeit ein reiner Verdacht. Die einig auftretenden Eltern hatten alle Spuren ihrer Spannungen verwischt. Aber während der Analyse starb Rosemaries Mutter. Auf dem Totenbett lockerten sich die rigorosen Verbote, die bisher das Bild hatten entstehen lassen, die Mutter sei schon immer die Frau des Vaters gewesen, habe nie an einen anderen Mann gedacht. Die Mutter gestand jetzt, sie habe den Vater nie geliebt. Vor der Ehe sei sie mit einem Mann verlobt gewesen, den sie nicht vergessen konnte. Er sei unter ungeklärten Umständen verunglückt, von einem Zug überfahren, ob Unfall oder Selbstmord, sei nie geklärt worden. Mit einer Hellsicht, die Rosemarie rührte, obwohl sie nicht genau verstand, was gemeint war, bat die Mutter, ihr zu verzeihen, daß sie den Vater nicht geliebt habe. Sie fühlte sich immer noch schuldig. Das Verhältnis zwischen Mutter und Tochter hatte sich zu dieser

Zeit schon verändert. Beide konnten einander zuhören, es entstand nicht immer gleich der alte Kampf um Recht und Schuld; Rosemarie fühlte sich im Haus der Mutter eher schwerfällig, schläfrig, nicht wie früher voller Spannung.

Wieder sah ich einen Schatten des Krieges, der Atemlosigkeit, mit der Ehen geschlossen wurden, wo der Tod allgegenwärtig war. «In stolzer Trauer» stand in den Todesanzeigen; nicht einmal im Kummer waren Weichheit und Entspannung erlaubt. Sie galten als Schwäche. Solche Überzeugungen, die tückische Formel «Gelobt sei, was hart macht», die alle Lippenbekenntnisse zu Toleranz und Demokratie vereiteln kann, halfen den deutschen Soldaten und ihren Frauen auch über die Niederlage hinweg. Zähne zusammen und durch! Wie gut ich das an meiner Mutter kannte. Und war es nicht auch ein nützliches Motto, ein Vorsatz, brauchbar für alle Ziele, ein Vielzweckschwert, das gleichzeitig als Pflugschar dienen kann und alle Sprüche der Friedensbewegung überflüssig macht? War nicht diese Härte, die mir auferlegte, meine Ungeduld zu zügeln, auch notwendig, um in der Analyse weiterzukommen, immer wieder zu fragen und nachzuforschen?

Der von dem uralten, seit Anbeginn der Geschichtsschreibung unterdrückten Volk der Basken gefesselte Schriftsteller Trevanian hat in einem Roman* beschrieben, wie ein junger Arzt, der sich während des Studiums in Paris mit großer Mühe seinen Akzent abgewöhnt hat, den verletzten Arm eines baskischen Jungen so geschickt behandelt, daß die zunächst befürchtete Amputation vermieden werden kann. Die Eltern sind überglücklich. In dem vertraulichen Gespräch, das sich anschließt, eröffnet der Arzt seine eigene, baskische Abstammung. Sofort sind die beiden Bauern mißtrauisch, glauben nicht mehr an den Erfolg der Ope-

* The Summer of Katya, London (Granada Publishing) 1983.

ration und konsultieren einen «richtigen», französischen Arzt. Trevanians junger, naiver Held muß einsehen, daß die Basken, wie alle Völker, die lange unterdrückt wurden, zwar von sich glauben, sie seien die besten Sänger, Tänzer und Liebhaber, jedoch ernsthafte und anspruchsvolle Wissenschaften eher jenen zutrauen, von denen sie seit Jahrhunderten mit Geringschätzung behandelt werden. An diese Szene mußte ich denken, wenn ich mir die Frage stellte, weshalb Rosemarie zu mir und nicht zu einer Frau gegangen war. Ihre Beziehungen zu Frauen schienen mir viel unkomplizierter. Ich hatte auch die Vorstellung, daß sie mit ihnen offener über ihre Gefühle sprechen konnte. Ich hätte sie gerne ermutigt, mit mir dasselbe zu tun, geriet aber in ein Dilemma, das ich vorerst nur ertragen, nicht aber bewältigen konnte.

Rosemarie war überzeugte Feministin. Sie sprach darüber nicht mit mir, ich erfuhr es nur indirekt, wenn sie über ihre politische Arbeit berichtete. Es schien mir schlecht zu dieser Überzeugung zu passen, daß sie mich als Analytiker gewählt hatte. Hatte sie vor einer Frau noch mehr Angst? Fürchtete sie, eine homoerotische Konstellation sei für sie schwerer zu durchschauen und abzuwehren? Oder hatte sie gerade deshalb einen Mann gewählt, weil sie wußte, daß sie ihm gegenüber vorsichtiger war, weil sie dann sicherer sein konnte, daß nicht zuviel geschah?

Jetzt bedauerte ich, daß ich nicht bereits in den Vorgesprächen, als noch nicht entschieden war, es miteinander zu versuchen, dieses Thema erwähnt hatte. Aber wahrscheinlich hätte ich nicht mehr als eine glatte Begründung geerntet. Vielleicht wäre ihr eine Frau als Muttergestalt zuviel gewesen. Sie brauchte mich, aber nicht als Mann, sondern in meinen mütterlichen Qualitäten, wie ein Schiffbrüchiger nach langen Hungertagen auf dem Meer seinen Magen durch sparsame, leichte Kost wieder an die Nahrungsaufnahme gewöhnen muß, so sehr ihn seine Gier treibt, Fett und Fleisch in sich hineinzuschlingen. Das war die freundlichste Deutung, die mir einfiel (und solche Freundlichkeit ist eine wesentliche Aufgabe von Deutungen). Oft genug fühlte ich mich als Mutter-Ersatz so wenig gefragt und gebraucht wie als Mann oder als Psychoanalytiker. Ich mußte an die feministische Scherzpostkarte denken: A woman without a man is like a fish without a bicycle. Rosemarie bewegte sich geschickt im Meer ihrer Argumente und ihrer wohlbegründeten Aporien in der Suche nach Gründen. Wozu brauchte sie mich, der nichts Besseres zustande brachte, als stereotyp zu sagen, daß schließlich das Menschenleben allgemein und Gefühlsbeziehungen im besonderen nicht aus Gründen bestehen wie ein Fabrikschlot aus Backsteinen?

Ich legte mir den Sinn von Rosemaries feministischen Positionen zurecht. Da war die politische Kritik an den patriarchalischen Einrichtungen und der männlichen Vormacht, die ich teilte. Da war der Versuch, die allzu rasch einsetzende Bereitschaft von Frauen, Männer ernster zu nehmen als sich selbst, in der Identifizierung mit den Schwestern zu bekämpfen. Ich konnte ihn begrüßen, denn es wäre für die langfristige Arbeit der Analyse höchst schädlich gewesen, wenn sich Rosemarie meinen Deutungen gebeugt hätte wie einer Übermacht, wenn nicht ihre eigene Überzeugung, sondern meine Überredungskünste den Ausschlag gegeben hätten. Dennoch weckte etwas am Feminismus Rosemaries meine Vorsicht. War es die Angst des Mannes, abgelehnt zu werden, schlechthin deshalb, weil er ein Mann ist und deshalb mitschuldig an den Untaten männlicher Anmaßung gegenüber den Frauen? Oder, genauer: fürchtete ich, sie wäre mitgeprägt von dem Verdacht, daß jede intime Situation zwischen Mann und Frau auf Machtausübung hinausläuft, daß es keine Anarchie, keinen herrschaftsfreien, gefühlsoffenen Raum zwischen den Geschlechtern gibt?

Wesentlicher, vor allem aber mitteilenswerter fand ich, was Rosemarie sich durch ihr Verhalten entgehen ließ. Es fehlte wohl nicht nur mir etwas, sondern auch ihr. Sie bestätigte mich nicht als Mann, schien mich gar nicht als solchen wahrzunehmen, es gab keine Spur von Flirt, von Koketterie in ihrem Verhalten. Sie hatte den Charme eines Straßenjungen, der in Kleidern herumläuft, die ihm zu groß sind, und jederzeit auf Schläge gefaßt ist. Ich mußte an die Geschichte von der Prinzessin Mäusehaut aus Grimms Märchen denken. Die jüngste Tochter, die den Vater am meisten liebt, hat ihn mit dem Salz, einem gemeinen Ding verglichen und ist von ihm verstoßen worden. Ein Diener soll sie töten. Dieser schenkt ihr nicht nur das Leben, sondern auch einen Mantel aus Mäusehaut. In diesen gehüllt, wandert sie zum Hof eines anderen Königs, ihres Verlobten. Sie bietet ihm ihre Dienste an. Wegen des Mantels halten alle Mäusehaut für einen Knecht, der Holz in die Küche schleppen und am Abend dem König die Stiefel ausziehen muß, die dieser ihm/ ihr dann regelmäßig an den Kopf wirft.

Irgendwann entdeckt der König Mäusehaut. Er fragt ihn: «Woher kommst du?»

«Aus einem Land, wo man dem nicht die Stiefel an den Kopf wirft, der sie einem auszieht», entgegnet Mäusehaut. Der König sieht genauer hin, das goldene Haar verrät die Prinzessin, der Vater wird zur Hochzeit eingeladen, klagt über das salzlose Fleisch. «Ich will lieber sterben», sagt er, «als solche Speisen essen!»

So hat er am Ende die Tochter doch noch verstanden, kann sie sich ihm doch noch zu erkennen geben.

Hätte mir Rosemarie diese Geschichte als patriarchalische Propaganda ausgelegt? Als Beweis dafür, daß die Brüder Grimm, Chauvis auch sie, es für ganz in Ordnung hielten, wenn Frauen es ohne Groll schluckten, von ihren Vätern zum Tode verurteilt, von ihren Verlobten mit Stiefeln beworfen zu werden? Oder hätte sie verstanden, warum sie selbst sich in unförmigen, grauen oder braunen Pullovern versteckte und statt einer Handtasche diesen praktischen Lederkasten trug, in dem früher wahrscheinlich ein Fotoapparat gesteckt hatte? Was bedeutete der scheinbar unsinnige Zug des Märchens, daß Prinzessin Mäusehaut (wie Allerleirauh) sich in Tierfelle kleiden muß, um den Verlobten auf die Probe zu stellen, als ob dieser durch eine unterirdische Ader mit dem bösen, verfolgenden Vater verbunden wäre und erst ausgekundschaftet werden müßte? Ist es nicht ein Übermaß an Liebe, das Vater und Tochter entzweit? Die Tochter wird unfähig zur Schmeichelei (das war Rosemarie auch), besteht auf Wahrhaftigkeit, verweigert sich der spielerischen Reverenz, mit der ein alternder Mann charmant entlassen wird. Er versteht diese Zuneigung als Kritik, als die insgeheim gefürchtete Verachtung, verschließt sich, beginnt zu kämpfen. Oder versteht er sie nur allzugut und kämpft nicht nur gegen die scheinbare Mißachtung von seiten der Tochter, sondern auch gegen die eigenen, gefürchteten Impulse, sie zur Frau zu nehmen? Allerleirauh willigt scheinbar ein, als der Vater sie heiraten will. – Schließlich hat er der Mutter auf deren Totenbett versprochen, keine Frau zu nehmen, die weniger schön sei als sie. Aber jedes Tier im Reich muß ein Stück Fell lassen. Daraus wird die Tarnkappe, unter der das Mädchen verschwindet. Als Rauhtierchen, einem Äffchen gleich, findet es ein anderer König. Wieder niedere Dienste, Versteckspiel, Stiefel an den Kopf, schließlich eine glänzende, glückliche Heirat.

In unserer Konsumwelt ist es selbstverständlich, daß nicht nur für Waren geworben werden muß. Rosemarie, gewiß nicht weniger anziehend als andere, die mehr aus sich machten, machte weniger aus sich, verbarg sich. Wollte sie gefunden werden oder versteckt bleiben? Unser auf klare Transaktionen erpichter Zeitgeist hat Mühe, mit diesem Dilemma umzugehen. Die Verkleidungen, die heute gewählt werden, sind keine Mäusehäute, nicht mehr allerlei Pelzwerk. Sie gehen unter die Haut. Die Körperform selbst ist zur Tarnung geworden. Es geht nicht mehr um die Angst vor dem Frosch und die Sehnsucht nach dem Prinzen, nicht mehr um Mäusehaut und Sternenkleid, sondern darum, sich die Formen einer Frau wegzufasten, sie in einer Tarnschicht aus Babyspeck zu verbergen oder gar beides gleichzeitig zu tun: übermäßig zu essen, das Gegessene zu erbrechen, kurzum, sich mit sich selbst und mit Nahrung zu beschäftigen, unabhängig zu bleiben von einem Mann, der wichtiger sein könnte als die Eltern, die Figur, der Kühlschrank, die Klosettschüssel.

Rosemarie hatte sich nicht gut aus diesen Gefahren gelöst, aber es hätte ihr gewiß weit schlimmer ergehen können. Sie hungerte sich nicht aus Trotz an den Rand des Todes, sie belastete sich nicht mit einem bleiernden Mantel aus Fett, sondern sie tröstete sich mit Essen und bestrafte sich mit Erbrechen und mußte sich dafür wieder trösten und wieder bestrafen. Alles jedoch war ihr Werk. Den Eltern fiel nichts auf, sie wählte einen Studienplatz in einer fernen Stadt und zog erst einmal mit einem Freund zusammen. Es war eine Not- und keine Liebesgemeinschaft; was sich aus ihr entwickelte, wurde immer mehr Not und immer weniger Liebe. Rosemarie konnte leichten Herzens auf Sexualität verzichten, denn sie bedeutete für sie nur, über sich ergehen zu lassen, was ihr Freund wollte und tat. Aber sie hing an ihm, einem vertrauten Menschen unter so vielen Fremden. Der Mann hingegen fand ihre Anhänglichkeit eher lästig, wollte aber – unsicher, ob er eine andere Frau erobern könne – mit Rosemarie zusammenbleiben. Ein zusätzliches

Bindemittel war, daß Rosemaries Eltern sie eindringlich vor diesem Mann gewarnt hatten. Sich von ihm zu trennen hätte für sie bedeutet, ihnen recht zu geben, und das wollte sie um keinen Preis. Sie fuhr damals nur selten nach Hause, und wenn sie es tat, gab es Streit. Sie änderte sich nicht, die Eltern änderten sich nicht, jeder baute während der Trennung die Gestalt des anderen (für ihn) besser und schöner wieder auf und mußte dann in der Begegnung feststellen, daß sein Gegenüber tückischerweise immer noch das Ekel war, das man letztes Mal zurückgelassen hatte.

«Ich verbiete dir wegzugehen, wenn du mir nicht sagst, wohin!» forderte der Vater von seiner zwanzigjährigen Tochter. «Ich denke nicht daran. Ich gehe jetzt!» «Gleich fängst du eine Ohrfeige! Dieser Ton!» «Wenn du mich schlägst», sagte Rosemarie drohend und spannte alle Muskeln, «dann schlage ich zurück!» Der Vater sah seine Würde so gefährdet wie sie, das wollte er doch sehen! Ob sie das wagen würde? Niemals, nicht ihn, die überall anerkannte Autorität! So holte er aus, mehr um etwas zu beweisen als um zu treffen – aber Rosemaries blitzschnelle Erwiderung brannte in seinem Gesicht, die Mutter auf dem Treppenabsatz schrie laut auf – «welche Sünde! das Kind erhebt die Hand gegen den Vater!» Der Dekan brach in Tränen aus. Was bedeutete ihm der Respekt der Gemeindeglieder, wenn seine eigene Tochter, die er mit schamhaft versteckter Eindringlichkeit liebte, ihn ins Gesicht schlug und stehenließ? Rosemarie erhaschte seine Betroffenheit nur aus dem Augenwinkel. Sie ging und schlug die Türe zu. Der Abend war verdorben, aber sie durfte es sich nicht anmerken lassen. Die Szene war wie ein Schlußpunkt. Der Vater ließ seine Tochter los, aber er ließ sie auch fallen, er hatte keine Hände mehr, um sie als Frau anzunehmen, sprach nur noch das Nötigste mit ihr, stürzte sich in seine Arbeit. Die Mutter erwähnte die Ohrfeige nie wieder. Ob der Kalbsbraten schmecke? Sie habe dem Metzger eigens gesagt, ein zartes Stück für ihre kritische Tochter aufzuheben.

Als Rosemarie gerade ihr Examen als Grundschullehrerin machte (der Vater hatte gewollt, daß sie etwas Besseres studiere, Jura oder Medizin), starb der Dekan an seinem zweiten Herzinfarkt, «aus unserer Mitte gerissen», wie neben den üblichen frommen Sprüchen in der Todesanzeige stand. Rosemarie dachte damals, sie würde längst in einer anderen Welt leben, in einer großen Stadt, politisch engagiert, in einem Freundeskreis aus Studienkollegen. Was zählte, waren die Aufgaben, die man sich setzte. Der Lehrerberuf sollte nur ein Sprungbrett sein. Die Zukunft war offen. Sie konnte auch Schriftstellerin werden oder in ein Entwicklungsland gehen oder in einem selbstverwalteten Projekt arbeiten, etwa ein Kaffeehaus mit eigener Bäckerei aufmachen. Der Tod des Vaters kam unerwartet, die bewährten Erklärungen versagten, tapfer wie ein Soldat stand Rosemarie am Grab. Sie wußte nicht, was ihr das Geschehene bedeutete, aber sie spürte, daß es bedeutsam war, daß sich etwas in ihrem Leben geändert hatte, auch wenn sie noch nicht fassen konnte, was es war. Die persönlichen Habseligkeiten des Vaters wurden verteilt. Rosemarie nahm das Taschenmesser, die Armbanduhr (sie trug sie noch), die Feldpostbriefe und die Rolleiflex. Sie fuhr zurück, als hätte sie einen geheimen Auftrag, wüßte aber nicht, welchen; als sei etwas dringend zu erledigen – nur was? Das Nächstliegende, das Examen, doch damit war nichts geändert, solche Schwierigkeiten hatte sie stets bewältigt. Vielleicht war es die Trennung aus der langjährigen Beziehung, die nie ernst gemeint gewesen war und doch so lange gehalten hatte? Rosemarie trennte sich und lebte von jetzt an allein. Es galt, den inneren Kleinbürger zu überwinden, und Rosemarie überwand ihn ähnlich, wie ihr Vater im Krieg seiner Kompanie beigebracht hatte, den inneren

Schweinehund zu überwinden – mit zusammengebissenen Zähnen und eng angelegten Scheuklappen auf ein Ziel losmarschieren, nicht stehenbleiben, sich nicht gehenlassen, die eigenen Gefühle nie so lange wahrnehmen, bis ihre Bedeutung erkennbar wird.

Das war ihre Strategie in den letzten zehn Jahren gewesen. Jetzt rückten die vierzig näher. Sie hatte nicht mehr alle Zeit der Welt. Sie hatte sich alle Möglichkeiten offengehalten, so gut sie konnte, lebte immer noch mit den Möbeln vom Sperrmüll, die in die Studentenzeit gepaßt hatten, war nicht verbeamtet (nach dem Studium hätte sich eine Möglichkeit geboten: sie schlug aus, sie wollte sich nicht festlegen) und hatte auch in ihren Beziehungen zu Männern die Provisorien immer den (angeblich) endgültigen Lösungen vorgezogen. Jetzt wollte sie einen Versuch mit einer Therapie machen, ein wenig gründlicher als die Wochenenden mit Bioenergetik oder Gestalttherapie, mit indianischen Medizinmännern oder tibetanischen Lamas, die in dem Gruppenzentrum veranstaltet wurden, das in ihrer Clique als fortschrittlich galt. Nicht wegen der Bulimie. Die hatte sie im Griff, die war lästig, aber nicht sonderlich wichtig. Auch nicht wegen der Beziehungsschwierigkeiten (hatte sie überhaupt welche? lag es nicht einfach daran, daß es keine emanzipierten Männer gab?), sondern weil sie nicht richtig arbeiten konnte. Nicht die Schule – die war gelegentlich nervig, aber wie konnte man nur Probleme mit der Schule haben? –, sondern ihre eigentliche Arbeit, das Schreiben. Manchmal war es wie ein Rausch, sie saß das ganze Wochenende am Schreibtisch, das Telefon mit Kissen bedeckt, sie fand kaum die Zeit, zu essen oder aufs Klo zu gehen, fetzte den Entwurf auf Papier, fand großartig, was da entstand, es mußte nur ausgearbeitet, gefeilt, verbessert, unangreifbar gemacht werden. Ehe sie das aber anpacken konnte, mußte sie Atem schöpfen, sich ablenken, mit Freunden auf eine Vernissage oder in eine Theateraufführung gehen. Wenn sie dann den Entwurf wieder hervorholte, hatte er seinen Schmelz verloren, enttäuschte sie hier, war dort nicht einmal als Rohmaterial zu gebrauchen. Sie räumte ihn weg. Sie hatte noch nichts veröffentlicht. Unvollendete Manuskripte mochte sie nicht aus der Hand geben; vollendete brachte sie nicht zustande. Nach solchen Enttäuschungen war es mit den Freßanfällen am schlimmsten. Sie brauchte eine Weile, um sich wieder in den Griff zu nehmen, sie fastete, reinigte sich, machte eine kurze Reise.

Wenn sie so von ihrem Schreiben sprach, fühlte ich mich oft plump und materialistisch. Ich selbst lege Wert darauf, nicht für die Schublade zu arbeiten. Natürlich war mir die Unsicherheit vertraut, ob ich lange genug, gut genug an einem Text gearbeitet hatte, aber irgendwann schubste ich ihn aus dem Haus wie ein mündig gewordenes Kind: sollte er selbst für sich sorgen und anderen Grund geben, sich mit ihm zu beschäftigen. Rosemarie hingegen schien sich exemplarisch zu quälen. Nie war etwas gut genug, sie stärkte in mir die Einschätzung, ich sei ein rechter Bruder Leichtfuß, sei nicht ernst und melancholisch genug bei der Sache. Ich denke nicht, daß sie unbewußt solche Gefühle bei mir inszenieren wollte. Ich sah darin eher den Ausdruck meiner eigenen Schwierigkeiten, mit Selbst- und Fremdkritik umzugehen.

Oft hat man in einer schwierigen Situation das Gefühl, man müßte überall zugleich anfangen, und beginnt deshalb überhaupt nichts. Wie ein Haufen übereinander geschichteten Gerümpels sich in einem prekären Gleichgewicht hält, jedoch bei einem ersten Versuch, Ordnung zu schaffen, den Vorwitzigen wie unter einer Lawine begräbt, ist es auch in einer Analyse meist unmöglich, ein Thema zu beginnen und abzuschließen, ohne daß sich andere Themen höchst verwirrend einmischen. Könnte Rosemarie das Schreiben entspannter angehen, wenn sie weniger isoliert leben würde? Verarbeitete sie ihre Enttäuschungen mit Hilfe der Bulimie, schützte sie sich mit diesem Symptom vor einer Depression, die noch gefährlicher war? Augenblicklich schien sie alles gleichzeitig zu versuchen, jedoch mit nichts zufrieden zu sein: wenn sie das Wochenende einsam am Schreibtisch saß, warf sie sich am Montag vor, sie hätte nichts gegen ihre Einsamkeit unternommen; war sie jedoch auf einem Fest, telefonierte mit einer Freundin, ging aus, dann schalt sie sich, daß sie nie Ruhe zur Arbeit fände. Es war wie die Wahl zwischen Köpfen oder Hängen, die einem Verurteilten gnädig gelassen wird.

Weite Strecken der analytischen Arbeit lassen sich mit einer Entrümpelung vergleichen: was da so wackelig im labilen Gleichgewicht liegt, wird langsam, von der Oberfläche aus (weshalb es auch zu Beginn so schwierig ist, das Material zu ordnen), aus der Rumpelkammer geholt, von Spinnweben befreit, abgestaubt, betrachtet. Oft geschieht nicht mehr, und doch ändert sich bereits etwas. Der Patient scheint alles selbst zu erledigen, aber er kann das tun, weil noch jemand dabei ist, dessen schweigendes Interesse so präsent und hartnäckig ist, daß er vielleicht zum ersten Mal in seinem bewußten Leben in aller Ruhe anschaut, was er bisher eilfertig zum Müll geworfen hat. Nichts ist zu banal, nichts zu erhaben für die Analyse; nichts zu selten, nichts zu trivial, Wiederholungen haben so gut ihren Sinn wie Wendepunkte, die es nie vorher gab und die sich auch nicht mehr wiederholen werden.

In Rosemaries Leben änderte sich nichts, und doch war etwas anders. Es war kein bewußteres Leben – sie hatte schon immer viel nachgedacht, gegrübelt, Entscheidungen hin und her gewendet. Es schien eher so, daß sie mit mehr Nachdruck und Zuversicht tat, was sie schon immer getan hatte, und ihr dann plötzlich – sie war die gleiche geblieben

– die Umwelt entgegenkam. Am deutlichsten wurde das in der Beziehung zu Christoph. Er wohnte mit ihr und zwei anderen Frauen in einer alten Jugendstilvilla in einem Vorort. Es war keine Wohngemeinschaft, nur eine Hausgemeinschaft; jeder hatte seinen abgeschlossenen Bereich, aber weil sie alle befreundet waren, gab es mehr Kontakt als sonst zwischen Mietparteien, die Wohnungstüren standen offen, wenn man bereit war, Besuch zu empfangen, es gab Hausfeste, und im Frühling stand auch einmal ein Topf mit Hyazinthen vor der Tür, ohne daß man wußte, wer ihn geschenkt hatte. Natürlich wurde auch gestritten. Ich erinnere mich an eine langwierige Auseinandersetzung um ein altes Bettgestell, das Rosemarie beim Trödler erworben, eine Freundin jedoch abgebeizt, gewachst und aufgestellt hatte – wem sollte es nun gehören? Es freute und erleichterte mich, mir das Leben in diesem Haus vorzustellen. Hier fand Rosemarie eine Mischung aus Möglichkeiten von Nähe und Abstand, die ihr wohltun mußte. Christoph war Bildhauer. Er lebte mehr schlecht als recht davon, daß er Silberschmuck machte und ihn auf Straßenmärkten verkaufte. Immerhin war er nicht in den Schuldienst gegangen wie viele Studenten der Kunstakademie, die mit ihm zusammen den schmerzlichen Weg zu der Einsicht fanden, daß es einfacher ist, sich als großer Künstler zu fühlen, als andere zu überzeugen, die Produkte dieser Grandiosität zu erwerben. Bisher hatten die beiden voneinander als «gute Freunde» gesprochen, was bekanntlich erheblich weniger ist, als «der Freund» oder «die Freundin» zu sein. Die Grenze war nicht ganz genau bestimmbar. Einmal im Jahr ergab es sich, daß sie einen Abend, eine halbe Nacht durchplauderten und schließlich auch zusammen ins Bett gingen. Aber in einer Art geheimem Einverständnis wurde nachher die Distanz wiederhergestellt. Rosemarie hatte ihre Freunde, Christoph fuhr manchmal in seinen Heimatort in Niederbayern, wo

Barbara wohnte, mit der er seit der Schulzeit zusammen war. Es war keineswegs eine einfache Annäherung, die zwischen beiden stattfand. Der erste Versuch scheiterte rasch, der zweite brauchte länger – aber wo bisher aus Angst vor diesem Scheitern gar nichts geschah, ist der Mut zum Handeln so wichtig wie der Erfolg.

Nach einer gemeinsamen Nacht geschah es, daß Christoph und Rosemarie zum ersten Mal darüber sprachen, was da so verbindend-trennend zwischen ihnen sein mochte. Zu ihrer großen Überraschung entdeckte Rosemarie, daß Christoph, den sie für einen entschlossenen, überzeugten Gegner enger Bindungen hielt, nicht aus Stärke, sondern aus Angst Frauen ebenso auf Abstand hielt wie sie Männer. Sie waren beide verwundbar und bedürftig. Jeder hatte nur den Anschein der Unverwundbarkeit, der Bedürfnislosigkeit erwecken wollen, weil er lieber Täter war als Opfer, lieber Wolf als Schaf. Jetzt nahmen die Lämmer erleichtert ihre Wolfsmasken ab und spielten miteinander, verbrachten einige glückliche Tage, planten eine kleine Reise in die Toscana. Aber vorher wollte Rosemarie noch auf ein Fest gehen. Sie tat es allein, Christoph wäre gerne mitgekommen, aber nur nicht klammern! Und, wie es der Zufall will («Sie als Analytiker werden natürlich sagen, es gibt keinen solchen Zufall», nahm Rosemarie meine Meinung vorweg), auf diesem Fest lernte Rosemarie Jochen kennen. Er faszinierte sie; hier war sie wirklich verliebt, etwas ganz anderes als eine aufgewärmte alte Freundschaft wie mit Christoph, er erzählte, er sei gerade dabei, sich von seiner Freundin zu trennen. Es war wie verhext: ein ganzes Analysejahr hatte Rosemarie nichts mit Männern zu tun gehabt, sieht man von mir ab, aber ich bin schließlich ein Neutrum, eine Sachautorität, und jetzt sind es gleich zwei.

Männer, die auf Festen erzählen, sie seien gerade dabei, sich von einer Frau zu trennen, sind oft schon sehr lange damit beschäftigt und werden es noch lange sein. Jedenfalls stellte sich bald heraus, das Jochen noch sehr fest an dieser Freundin hing, daß er sich auf keinen Fall sofort wieder eng an eine andere binden wollte, daß er Rosemarie keine falschen und eigentlich überhaupt keine Hoffnungen machen wollte. Aber zu diesem Zeitpunkt hatte Rosemarie die Reise in den toscanischen Frühling schon unter einem Vorwand abgesagt. Entschlossen riß Christoph den Wolfspelz vom Haken und fuhr nach Niederbayern, zu Barbara. Rosemarie grollte so bitter und nachdrücklich über diesen Verrat, daß ich es mir nicht verkneifen konnte, sie daran zu erinnern, daß sie schließlich selbst ihm den Anlaß geliefert hatte.

«Natürlich, das weiß ich ja, ich bin selber schuld», murrte sie. «Das müssen Sie mir nicht sagen. Aber es ist schließlich was anderes. Ich habe mich frisch verliebt, das kann schließlich passieren. Aber daß der Christoph so gar nichts aushält, daß er überhaupt nicht warten kann, sondern gleich wieder die alte Geschichte mit der Barbara aufwärmt, das zeigt doch deutlich, daß er in Wahrheit gar nichts mit mir anfangen wollte. Es ist nur praktisch für ihn, hier eine Frau zu haben und dort eine. Der sorgt schon für sich. Aber nicht mit mir. Ich will ihn nicht mehr sehen!»

«Wer da hat, dem wird gegeben!» Der Bibelspruch, der sich gegen den Glauben in eine ausgleichende Gerechtigkeit, eine im Universum vorgesehene Bedürfnisbefriedigung wendet, stimmt selten so genau wie im Leben von Menschen wie Rosemarie. Der Mangel an Sicherheit, angenommen und geliebt zu sein, führt keineswegs dazu, bereitwillig auf Angebote und Anträge einzugehen. Im Gegenteil. Wie von mißtrauischen Hausierern früherer Tage wird jedes Goldstück erst einmal durch einen kräftigen Biß geprüft, ob es auch echt sei. Wer einen durchnäßten Bettler mit trockener Kleidung versorgt, sollte sich nie wundern, wenn dieser mäkelt, daß ihm die Farbe nicht steht. Was Rosemarie so bitter an Christoph anklagte, war jene vitale Gier, zu der sie sich nicht in der Lage fühlte. Sie warf ihm vor, worum sie ihn beneidete. Es war wie in der Fabel vom Fuchs und vom Storch. Wenn die Speisen in flachen Schüsseln angerichtet sind, kann sich bestens bedienen, wer mit Pfote und Maul zufaßt. Wer jedoch mit spitzem Schnabel immer nur einen Brocken zur Zeit nehmen kann, kommt zu kurz und wird beschließen, es dem Gastgeber heimzuzahlen. Wenn zwei Menschen zusammenkommen, von denen einer sich nur sehr schlecht seine Bedürfnisse eingestehen, vom anderen etwas verlangen und holen kann, wird er sich bald ausgebeutet fühlen. So fühlte sich Rosemarie von Christoph allein schon deshalb ausgenützt, weil dieser tückischerweise wußte, was *er* wollte und was er sich, wenn sie es verweigerte, auch anderswo beschaffen konnte. Ihre Wünsche waren viel weniger konkret und faßbar. Zugang hatte sie viel eher zu dem, was sie nicht wollte. Es war, als hätte der Entschluß, um keinen Preis so zu werden wie ihre Mutter, ihr die Orientierung an ihrem eigenen Begehren genommen und sie durch eine Orientierung an der Abwehr fremder Begierde ersetzt. So erbitterten sie die Absichten Christophs, es sich gutgehen zu lassen und sich bei Barbara schadlos zu halten, wenn Rosemarie ihm den Laufpaß gab.

Wir beleuchteten diese Situation einige Wochen lang von allen Seiten. Immer noch schien Rosemarie unversöhnlich. Christoph hatte Barbara für einige Tage aus ihrem Heimatort mitgebracht. Rosemarie kochte vor Wut und Eifersucht, aber sie bemühte sich, die beiden nichts merken zu lassen, grüßte wortkarg, süßsauer, zog sich in ihre Wohnung zurück, legte die Platte mit den Trompetenkonzerten auf (ein bewährtes Mittel gegen Depressionen) und war stolz, daß sie wenigstens den Kühlschrank nicht leerte, das hätten die beiden nicht verdient. Ich unterstützte sie, so gut ich konnte.

Sie brachte immer ein vorgefertigtes Problem mit in die Stunden, das erst bearbeitet werden mußte, ehe sie sich bereit fand, mir zu erzählen, wie sie sich fühlte.

«Diesmal war es anders», berichtete sie schließlich. «Ich habe mir gedacht, ich will nicht mehr immer nur warten und auf das reagieren, was der Christoph macht. Ich habe mich hingesetzt und überlegt, was ich will. Und dann habe ich ihn angerufen und es ihm gesagt. Ich dachte, er fällt aus allen Wolken. Es war mehr eine Mutprobe. Ich habe nicht damit gerechnet, daß es funktioniert. Aber es hat funktioniert. Wir sind wieder zusammen. Das war ein richtiger Durchbruch. Ich habe wirklich gespürt, was ich mir bisher immer nur gedacht hatte: daß ich mich mit dem Fressen davor drücke, mir meine anderen Bedürfnisse einzugestehen und etwas zu tun, um sie zu erfüllen.»

Es focht mich nicht an, daß sie vorgab, die Veränderung sei durch genau die Mittel zustande gekommen, mit denen sie bisher Veränderungen unmöglich gemacht hatte: rationale Kontrolle, Nachdenken, Planung. Die Puppe, aus der ein Schmetterling schlüpft, gleicht in ihrer Gestalt weit mehr der Raupe als ihm. Aber wie für die Reitervölker der Steppe war es für Rosemarie leichter, eine Eroberung zu machen, als das Eroberte zu verwalten und zu genießen. Hier geriet sie bald an eine neue Grenze. Der schöne Aufbruch zu neuen Ufern endete rasch und kümmerlich. Ein distanzierter, womöglich von einer anderen Frau eingenommener Christoph hatte ihre Sehnsucht geweckt. Warum sollte sie ihn nicht für sich benutzen, wie sonst Männer wie er die Frauen? Sein Gegenbegehren war zu stark für sie. Wie im Festungskrieg vergangener Jahrhunderte die Verteidiger Minen des Gegners unterminierten und in einer nur vom Schein der Grubenlampen erhellten Finsternis der Wettkampf tobte, wer nun wen in die Luft sprengen würde, so brach Christoph in den mutigen Anfang

Rosemaries mit seinen Wünschen ein und überrannte sie. Wenn er in ihre Wohnung kam, wußte sie schon, er würde wieder mit ihr schlafen wollen, und konnte weder ihn noch sich selbst in einer wachsenden Spannung leiden. Sie fand nichts mehr, was sie von ihm, mit ihm tun wollte – nur eines wußte sie genau: sie hatte keine Lust, mit ihm ins Bett zu gehen.

So kam es zu neuen Spannungen. Rosemarie war in zwei Hälften gespalten. Mit der einen beobachtete sie neugierig, wie ein Kind, das einen Frosch seziert, ob Christoph diesmal länger durchhalten würde, ehe er wieder nach Niederbayern zur geduldigen Barbara fuhr. Mit der anderen fürchtete sie sehr, verlassen zu werden, alles zu verlieren, was so schön begonnen hatte. Mich fragte sie, direkter als früher, ob ich denn glaube, sie solle, ohne die geringste Lust zu haben, mit Christoph schlafen, um die Beziehung zu erhalten. Ich antwortete vorsichtig, um hier Klarheit zu gewinnen, sei es notwendig, zu untersuchen, weshalb ihre erotischen Bedürfnisse von Christoph so rasch aus dem Sattel geworfen würden und warum sie überzeugt sei, wenn er einer anderen Frau gebe, was ihr lästig sei, müsse sie sich trennen. Sie mache mich zum Komplizen einer Situation, setzte ich hinzu, in der es anscheinend unmöglich sei, daß ein Mann und eine Frau mit solchen Unterschieden der sexuellen Bedürfnisse anders als durch Machtausübung oder Unterwerfung umgingen. Ich hätte auch den Eindruck, daß sie sich im Kontakt mit mir vor meiner Machtausübung schützen wolle.

«Da haben Sie schon recht», sagte Rosemarie. «Sie sind für mich wie ein Lehrer in der Schule. Ich konzentriere mich auf den Stoff.»

Christoph spielte seinen Part recht geduldig, schien mir. Ob er damit Rosemarie einen Gefallen tat? Jedenfalls war ihre Wut um so größer, als er dann endlich doch für ein Wochenende nach Niederbayern verschwand und ihr lakonisch einen Zettel und seinen Schlüssel im Briefkasten hinterließ. Sie sollte seine Zimmerpflanzen versorgen. Christoph hatte ihr Ableger geschenkt, sie packte die Töpfe von den Fensterbrettern, ging in sein Schlafzimmer und schmiß sie gegen die Wand. Jetzt fühlte sie sich wohler.

Ähnlich wie bei Ines beschäftigte ich mich, als Gegenbild zu Rosemaries Strenge, mit Inselträumen. Wenn eine Polynesierin einen Mann aufforderte, sagte sie doch in den Tagen vor der Ankunft weißer Missionare: «Ich will mit dir spielen!» Dieses spielerische Element fehlte Rosemarie. Es war immer bitter ernst. Sie träumte von verstümmelten kleinen Tieren, die sie gebar; sie waren widerwärtig, wie Exkremente. Ich faßte die Gelegenheit beim Schopf, von den kindlichen Sexualphantasien zu sprechen. Der Kot, der wie ein massives Ding aus dem Körper kommt, sei doch für ein Kind sehr interessant, sei ein Bild, sich vorzustellen, wie die Kinder auf die Welt kämen, oder auch, wie man als Mädchen einen Schwanz haben könne. Rosemarie erinnerte sich, daß sie als Kind versucht habe, sich einen Faden um ihr Schwänzchen zu binden. Sie sei damals anscheinend überzeugt gewesen, eines zu haben. Heute könne sie sich das anatomisch nicht mehr vorstellen. Jetzt kamen ihr auch viele andere Episoden in Erinnerung, die auf eine frühe und nachdrückliche Identifizierung mit einem Jungen hinwiesen. Was aber wichtiger war, die Vorstellung, körperliche Liebe sei ein Spiel, weckte ein genaueres Bild ihres Körpers in Rosemarie. Sie fand, daß alles körperlich Angenehme, Hochgeschätzte eben zu diesem kleinen Jungen gehörte. Er war aktiv, beweglich, kreativ, er tobte, kletterte auf Bäume («ich stieg auf die große Kastanie, aber Mutter durfte es nicht sehen»). Der kleine Junge war schlank, er hatte kurze Haare, Kleider waren ihm egal, nur praktisch mußte es sein, und er tat, was er wollte, war keines Menschen Herr und keines Menschen

Diener. Eine Frau hingegen war behäbig, schwerfällig, unbeweglich, sie brauchte zwei Stühle auf einmal, quoll in der Küche herum, backte für die Familie Plätzchen und fraß sie dann selber auf. «Merkwürdig, meine Mutter hat gar keinen dicken Hintern», setzte Rosemarie hinzu. «Aber ich denke immer von ihr, daß sie eigentlich einen hat. Vielleicht bringe ich sie mit meiner Großmutter zusammen. Die brauchte wirklich zwei Stühle.»

In diesen Phantasien Rosemaries gab es keinen Platz für Sexualität. Der kleine Junge, Peter Pan, lebte in einer abenteuerlichen Welt, beweglich wie ein Kobold. Erotik war seine Sache nicht. Er machte sich lustig über sie. Puck verfolgte im «Sommernachtstraum» die menschlichen Begierden mit demselben Interesse wie ein Mammologe die Paarung von Elefanten. Gab es für den Jungen, der vergeblich versucht hatte, das so leicht verlorene Glied festzubinden, die Sexualität noch nicht, so existierte sie für die dicke Köchin nicht mehr. Sie war erstickt, im Fett, das am Körper schwabbelte, im Kuchenschmalz, in der Bratpfanne. Die Sexualität war Vasall einer Macht, die den geschmeidigen, beweglichen Körper in einen unförmigen Brei verwandeln konnte. Sie war ein Magen, ein Organ der Verdauung, das nicht Brot oder Braten in Scheiße verwandelte, sondern den freien, geschlechtslosen Leib. Als 15jährige fiel Rosemarie, eben von der Schule nach Hause gekommen, auf der Treppe in Ohnmacht. Ein harmloses, ein fürchterliches Mißgeschick. Sie beschmutzte sich, sie machte in die Hose, sie kam wieder zu sich, als eine besorgte Mutter sie in der Badewanne säuberte. Wie konnte es nur geschehen, daß sie sich so beschämen lassen mußte, daß sie es war, die sich nicht beherrschen konnte!

Die Pubertät in den Zivilisationen hat oft Ähnlichkeiten mit verwirrenden Kulten kolonisierter Völker, die als «Cargo-Religion» beschrieben worden sind. Fragmente der

Übermacht, mit der sich die Eingeborenen konfrontiert sehen, werden von diesen nachgeahmt und blindwütig verehrt. Als schlecht bezahlte Plantagenarbeiter ausgebeutet, entwickelten vor allem die Melanesier Mythen, nach denen die Güter der Weißen von ihren eigenen Ahnen gemacht sind. Die diebischen Kolonisatoren haben die Transportwege besetzt. Durch geeignete Riten und Beschwörungen, zu denen (nach dem uralten Gesetz der sympathetischen Magie) der Bau eigener Flugzeuge, Radartürme und Landepisten gehörte, um die irregeleiteten, silberglänzenden Riesenvögel endlich zu den rechtmäßigen Erben zu lenken, sollte das Unrecht beendet werden.* Die Pflanzer waren entsetzt, daß ihre Arbeiter in derlei nutzlose Pläne (wie die Konstruktion eines Jets aus Palmenblättern und Bambusrohren) ihre ganze Kraft setzten, während sie in Scharen von den Feldern liefen. Irgendwann früher mochte es anderen Weißen, Missionaren zum Beispiel, gewiß nicht unangenehm gewesen sein, die braunen, nackten Kinder zu beeindrucken. Auch wenn sie selbst ebensowenig ein Flugzeug bauen konnten wie die Steinzeitmenschen, wußten sie doch ungefähr, was nötig war, um das zu tun. Jetzt standen sie fassungslos vor einem Aberglauben, den sie vermittelt hatten, ohne es zu wollen. Gleichzeitig bemerkten sie, daß diese fortschrittlichen Wilden nichts mehr von dem beachteten, was sie ihnen gepredigt hatten, um sie in die Lebensform zu führen, welche die Missionare für die richtige hielten.

Ähnlich stammen die Götzen der Pubertät aus der Welt der Erwachsenen. Sie werden jedoch in einer Weise verehrt, welche die Eltern verwirrt und kränkt. So haben sie es doch nicht gemeint! Das wollten sie doch nicht!

* Eine zusammenfassende Darstellung findet sich in R. Worsley: The Trumpet Shall Sound – A Study of ‹Cargo-Cults› in Melanesia, London (Macgibbon & Knee) 1957.

Der Vater, der seine Tochter liebevoll wegen ihres Baby-specks verspottet, erwartet gewiß nicht, daß sie sich deswegen zu Tode hungert. Aber solche Folgen sind, wenngleich sehr selten, durchaus möglich. Die spöttische Bemerkung war der Strohhalm, der den Rücken des Kamels bricht. Das Kind verstand nicht genau, was die Erwachsenen einzuwenden hatten, wenn es mit seinen Genitalien spielte oder durch das Schlüsselloch in das Schlafzimmer der Eltern spähen wollte. Es erkannte aber das Entsetzen, die Angst der Mutter vor dem, was in dieser kleinen sinnlichen Lust steckte. Mußte es die Mutter nicht wissen? Der Vater schien sich weniger zu fürchten. Es war aber nicht möglich herauszufinden, weshalb. Außerdem, gegen sie hielten die Eltern immer zusammen. Wie beneidenswert war die große Schwester, die hatte wenigstens die Mutter für sich alleine gehabt, hatte mit ihr im selben Bett geschlafen – hatte die Mutter damals weniger Angst vor diesem Pfui gehabt, das unten am Körper war? Der Druck von außen allein, die leib-feindliche, sogenannt «christliche» Erziehung hätte nur dazu geführt, die Lust in Heimlichkeit zu treiben: wo die äußere Kontrolle fehlte, wäre sie wieder dagewesen. Nein, die mütterliche Prüderie wurde von Rosemarie deshalb so ernst genommen, weil sie einen Schutz vor großen inneren Gefahren anbot. Wenn die Mutter nicht zeigen kann, wie die Lust zu leben ist, nimmt sie auch ein Mittel weg, das aus dem Labyrinth der Familie herausführen würde. Das kleine Mädchen hatte in Spielräumen gelebt, wo es (fast) grade so gut von sich glauben konnte, ein kleiner Junge zu sein – war es nicht eigentlich dieser Junge, kletterte auf die große Kastanie, spielte im verbotenen Wäldchen?

Die Mutter beobachtete verwirrt, der Vater ergötzt den kleinen Wildfang. Sorgen machte sich keiner, wozu auch: Es war ein williges Kind, das fleißig lernte, begabt und klug. Die Spannung, die allmählich zwischen Phantasie und Leib entstand, konnte um so weniger übersehen werden, je mehr Rosemarie aus dem glücklichen Niemandsland der Kindheit heraustrat (das ganz sicher nicht für jede weibliche Sexualität eine «Latenzzeit» ist, es aber für die ihre war). Das Mosaik aus männlichen und weiblichen Identifizierungen zerbrach. Durch die Risse drang etwas ein, das stärker war, gefährlicher als alles, was Rosemarie kannte. Nichts, was sie sich bisher angeeignet hatte, half ihr, diesen Eindringling freundlich aufzunehmen, sich mit ihm zu verständigen. Sie konnte ihn nur bekämpfen und brauchte dazu Hilfe. Als Hilfstruppen setzte sie Vater und Mutter ein. Die wollten aber nicht kämpfen. Für sie war es ganz natürlich, daß Rosemarie zur Frau reifte. Was stellte sie sich nur so an! Warum mußte sie einen wirklich kaum wahrnehmbaren Busen sofort unter einem Kinderbikini verstecken? Warum spielte sie nicht mehr fröhlich, sondern saß stumm und muffig herum? Warum fing sie plötzlich an, alles und jedes zu kritisieren? Aus dem Kind, das die Eltern gelegentlich mit Mühe bändigten, war eine Gouvernante geworden, die für mütterliche Koch- und väterliche Erziehungskünste nur noch müdes Lächeln oder nörgelnde Bemerkungen übrig hatte. Was waren die Eltern für kümmerliche Gestalten! Wie ließen sie es sich hinter ihren moralischen Fassaden gutgehen in dieser Welt voller Ungerechtigkeit und Unterdrükkung! War der Vater nicht, ehe er das Kreuz hochhielt, dem Hakenkreuz mit derselben Begeisterung nachgelaufen?

Die Eltern waren ihrer Tochter nicht mehr gewachsen. Das ist zu erwarten. Wenn die Tochter zur Frau wird, ist sie zu groß für alle Eltern, auch für ihre eigenen. Aber Rosemarie brauchte ihre Eltern, um ihre Abwehr zu stärken, mit der sie gegen die Auflösung ihrer knabenhaften Identität ankämpfte. Sie wollte beweglich bleiben, beherrscht, vernunftbestimmt. Sie mochte sich keinen unklaren Gefühlen hingeben, die sie als gestaltlosen, mächtigen Gegner außer-

halb der klaren Grenzen des Bereichs erlebte, den sie überwachen und kontrollieren konnte. Die Eltern mußten mit-
kontrollieren. Sie mußten ihr helfen, ständig wachsam zu
bleiben, sich nicht gehenzulassen, Sparringspartner in
einem Kampf, in dem es weder Sieger noch Besiegte gab.
Frieden mit diesem weiblichen Körper und seinen Botschaften zu schließen, wäre die Niederlage gewesen. Als Rosemarie in Träumen und Erinnerungen schon eine Weile mit
dieser Situation gerungen hatte, fand sie den Satz: Geschieht dem Patriarchat ganz recht, wenn ich keinen Orgasmus habe!

In einem dieser Träume sah sie ein Baby, das sie an Bilder
ägyptischer Könige erinnerte, mit großen Köpfen, schma-
len Leibern, dünnen Gliedmaßen. Dieses Kind war schwer
verwundet, jemand hatte Stöcke in es gestoßen und es verletzt. Im Traum wird die Wunde falsch behandelt. Jemand
schüttet Flüssigkeiten darüber, darunter Essig. Es muß
fürchterlich weh tun. Eine Ärztin kommt. Sie spricht von
einer Massage ins Jenseits, die sie dem Säugling geben wird.

Zunächst scheinbar unverbunden mit diesem Thema, fielen ihr Rachephantasien an Christoph ein. Sie wollte ihn
fesseln, schlagen, martern, vergewaltigen, sexuell mißbrau-
chen, wie sie sich von ihm mißbraucht gefühlt hatte. War
sein Samen eine der Flüssigkeiten, mit denen die Wunde des
Kindes («wie wenn jemand Stöcke hineingestoßen hat») so
falsch behandelt wurde? «Wenn ich den Phallus tatsächlich
so erlebte wie einen Stock, der mit eine Wunde zufügt, ist es
kein Wunder, daß ich nach kurzer Zeit nicht mehr mit ihm
schlafen wollte», sagte Rosemarie. In der Ärztin, die für die
ungeeignete Behandlung der Wunde verantwortlich ist, erkannte Rosemarie ihre Mutter. Sie erinnerte sich wieder,
wie die Mutter sich bei Ärzten oder Lehrern über sie beklagt
hatte, aber diesmal wurde hinter ihrer Erbitterung und ihren Vorwürfen Rosemaries Trauer deutlicher.

Mir fiel, zunächst ohne greifbaren Anlaß, eine Szene aus einem Film mit Marilyn Monroe ein, in der sie das Lied «Diamonds are a girl's best friends» singt. Sie spielt die verführerische, naive Blondine, ein wenig dumm, aber gerissen; immer auf der Jagd nach einem Mann, der ihr ein schönes Leben bieten kann. Der Einfall paßte schlecht zu dem Material, von dem Rosemarie sprach, bis ich daran dachte, ihn gewissermaßen als Gegenbild anzusehen, als Zusammenfassung dessen, was Rosemarie um keinen Preis tun wollte. Ich erzählte ihr davon und sagte, mir scheine, alle die in solchen Szenen gezeigten Möglichkeiten einer Frau würde sie ablehnen und verachten. Marilyn sei nun auch gewiß ein Klischee, ein von Männern geschaffener Mythos, aber gerade in dem Film, der mir eingefallen sei, stelle sie dieses Schema in Frage. Es gibt darin eine Szene, wo sie ganz unerwartet eine Bemerkung fallen läßt, die Intelligenz und kritische Distanz verrät. Als ihr Gesprächspartner sich wundert, versichert sie ihm, sie könne durchaus denken, aber die meisten Männer hätten es nicht gern, wenn eine Frau zu klug sei. Rosemarie reagierte nicht, wie ich befürchtet hatte, mit einer Kritik an dem chauvinistischen Frauenbild Hollywoods, von dem ich offensichtlich angesteckt sei, sondern wurde nachdenklich. Sie ließ sich tatsächlich nie von einem Mann einladen, sie würde nie versuchen, ihre Weiblichkeit einzusetzen, um etwas zu erreichen, sie wolle entdeckt und durch ihre Widerspenstigkeit hindurch gefunden werden, aber niemanden zu sich locken oder verführen. Für sie waren Männer eindeutig Wesen, die etwas von einer Frau wollen, nicht welche, die einer Frau etwas geben. Ihre Phantasien gingen, wie von einem starken Magneten geordnet, immer dahin, was sie verweigern mußte.

Wir dachten zusammen über die Bilder nach, die von den verführerischen und von den schwer zu erobernden Frauen entworfen werden. An der bezaubernden Kirke (die Männer in Schweine verwandelt und in ihre Koben sperrt, wenn sich diese nicht durch das duftende Kraut Moly zu schützen wissen) vorbei kommt der Held zu den Sirenen, welche die von süßen Stimmen und reizenden Gesichtern an ihre Küste gelockten Seeleute zerfleischen. Wenn der Held diese Gefahren übersteht, kann er vielleicht ein Dornröschen hinter seiner Stachelhecke erlösen oder durch die Waberlohe dringen, mit denen neidische Götter schöne Jungfrauen vor ihm bewahren wollen. Die Sirenen verraten den Mann, der ihrer Verführung erliegt; ob sie nun sein Fleisch oder seine Diamanten wollen, ist eine Frage der zivilisatorischen Verfeinerung. Auch Marilyn wollte einst nicht nur die Diamanten. Sie ist durch die Erfahrung zynisch geworden, daß ihr ohnehin von den Männern unterstellt wird, sie wolle nur diese: so verlangt sie auch nichts anderes mehr. Diamanten sind fast unzerstörbar, jedenfalls beständiger als Gefühle. Sind sie deshalb kostbarer? Nur im Märchen leben Dornröschen und der Prinz in ihrem wieder zum Leben erwachten Schloß. Die Sage von Brunhilde ist skeptischer und aufschlußreicher. Die Walküre wird von ihrem Vater, dem Schlachtenlenker Wotan, hinter die Waberlohe verbannt, weil sie ihm untreu war und den Sieg einem jungen, schönen, nicht einem alten, häßlichen Feldherrn schenkte. Siegfried erobert sie und betrügt sie: nicht er nimmt sie zur Frau, sondern ein anderer, König Gunther, dessen Schwester der Held geheiratet hat. In der Hochzeitsnacht erinnert sich Brunhilde an ihre jungfräuliche Stärke, schnürt den König zu einem Bündel und hängt ihn an den Kleiderhaken. Erst in der nächsten Nacht wird, diesmal von Siegfried unter dem Schutz der Tarnkappe, die Ehe vollzogen. Mit der Jungfernschaft verliert Brunhilde ihre Stärke. Aber sie rächt sich an Siegfried. Sie veranlaßt, daß er von Hagen so getötet wird, wie Rosemarie es bei dem Baby sah, das den ägyptischen

Königen glich: Die Lanze öffnet an der einzig verwundbaren Stelle das Gegenstück zu der Wunde, die Brunhilde um ihren Stolz und ihre Stärke brachte.

«Wir haben über viele düstere und gefährliche Bilder gesprochen», sagte Rosemarie abschließend. «Aber Sie haben gar nicht beachtet, daß es diesmal ein ganzes Kind war, verwundet, aber lebendig, keine verstümmelte Totgeburt, wie in früheren Träumen. Ich bin damit ganz zufrieden!»

Ich schämte mich. Sie hatte recht. Meine Begeisterung für die Mythologie der Mann-Frau-Beziehungen hatte mich zu sehr mitgerissen und von ihr entfernt. Einige Stunden später kam sie sehr deprimiert. Sie wisse nicht, woran es liege. Ich fragte, wann die schlechte Stimmung begonnen habe. Wir kamen auf ein Fest zu sprechen. Dort war ihr wieder aufgefallen, wie allein sie war. Immer hatte sie Pech! Die anderen, die hatten zwar auch Schwierigkeiten, aber sie waren wenigstens zu zweit. Dabei habe sie etwas ganz Neues ausprobiert. Sie trage doch sonst immer dunkle, weite Klamotten, am liebsten Pullover, die drei Nummern zu groß seien, dazu Hosen aus Kordsamt oder Jeans. Diesmal aber habe sie sich selbst etwas geschneidert in hellen Farben, einen Hosenanzug, eine Art Pyjama, der ihr sehr gut gefallen habe. Jedenfalls sei da mehr von ihrer Figur zu sehen gewesen als seit vielen Jahren. Aber das Fest war langweilig. Alle kamen und unterhielten sich mit den Leuten, die sie schon kannten. Sie lernte niemanden kennen und wanderte nach Hause, von Eßlust gepeinigt. «Übrigens, ich habe ganz vergessen, Ihnen zu sagen, daß es mit dem Essen und Kotzen wirklich viel besser geworden ist, eigentlich waren die Anfälle schon seit einem halben Jahr kein Problem mehr.»

Ihre neu entdeckte Freude an ihrem Körper und ihr Versuch, verführerisch zu sein, weckten die alten Abwehrmaßnahmen, Selbstzweifel und Depressionen. Ich hoffte, daß es sie trösten würde, diese Situation besser zu verstehen, war mir aber nicht sicher, ob es gelang. Mir schien, daß Rosemarie nicht nur ihren Körper, sondern auch mich pfleglicher behandelte. Sie gab mir gelegentlich Anlaß, mich nützlich zu fühlen. Ich hütete mich zu fragen, warum sie sich so lange Zeit gelassen habe, über das Verschwinden der Bulimie zu sprechen. Dann brachte sie gleich zwei Träume:

«Ich gehe mit meiner Mutter über einen engen Steg zum Baden in die Moorseen. Ich fürchte, daß sie abstürzt, weil auf der einen Seite kein Geländer ist.»

«Ich steige aus dem Schulbus und bemerke plötzlich, daß ich nur einen Baby-doll-Schlafanzug anhabe. Ich kann mich nicht darin bewegen. Ich habe gerade meine Periode und muß an den Fahrschülern vorbei, die dastehen und glotzen. Drei Jungen kommen bedrohlich auf mich zu. Ich kann ihnen nicht ausweichen, sonst würde alles noch schlimmer, alle würden merken, was mit mir los ist.»

Der erste Traum bestätigte meinen Verdacht über die Angst der Tochter *um* die Mutter, nicht vor ihr. Sie als stark und verbietend anzusprechen, erlaubte Rosemarie, die Labilität und Unsicherheit ihrer Mutter zu verbergen, von der sie sich mehr bedroht fühlte als von ihrer Überlegenheit. Im Traum ist es die Tochter, die um die Mutter fürchtet. Rosemarie braucht kein Geländer; wer aber weiß, was die Mutter anstellen wird, wenn sie keinen Halt hat? Die Mutter griff nach allem, auch nach Rosemarie, wie sie früher an der Lehrerin, der Nachbarin, der Ärztin und vor allem am Vater Halt gesucht hatte. Ein guter Teil der gegenwärtigen Spannungen zwischen Rosemarie und ihr waren dadurch bestimmt, daß die Mutter immer wieder die Tochter um Rat fragte, vor allem, was die Behandlung eines schier unerschöpflichen Vorrats an Krankheiten anging. Die Moorseen sind reich an Bedeutungen: unergründlich, bedrohlich, wie das Unbewußte selbst, trüb von schwebenden Stoffen. Was ins Moor gerät, wird verschluckt und aufbewahrt, wie die Moorleichen lehren, die in der Geschichte der Psychoanalyse für eine ironische Form von Prophezeiung stehen. C. G. Jung peinigte Sigmund Freud einmal so mit seinem Interesse für dieses Phänomen, daß dieser schließlich sagte, dahinter steckten unbewußte Todeswünsche gegen ihn. Baden und Schwimmen wecken intensive Körpergefühle. Es reizte mich, zu erfahren, wie Rosemarie das Vertrauen in ihren Körper verloren hatte. Die Hemmung der sexuellen Klimax und die Eßstörung hatten zumindest dieses gemeinsam: die Nachrichten des Körpers wurden vom Bewußtsein wie Chiffren empfangen, die entziffert werden mußten. Welcher Zensor schwärzte Teile der Botschaft? Warum konnte kein Gefühl sagen «ich habe Hunger» und «ich bin satt»? Warum mußten Kalorien gezählt, Tabellen gelesen werden? Warum galt die Skala der Waage mehr als die unendlich feineren Sensoren des Körpers?

Das bewußte Ich Rosemaries erhob sich wie ein Festungsturm aus diesen körperlichen Botschaften. Glatte Mauern und vergitterte Schießscharten machten ihn zu einer Burg in der Burg. War sie mit einem Mann zusammen, dann zog sie sich in den Bergfried zurück und gab ihre Empfindungen führerlos dem Mann preis, der ihren Körper nahm, ohne Rosemarie darin zu finden.

Der zweite Traum führte in die Pubertät. Sie erinnerte sich an die Sommertage im Strandbad, wo sie zum ersten Mal Gefühle an sich wahrnahm, die sie bisher nicht kannte. Sie zog sich zurück und grübelte. Endlich fand sie ein Wort. Ob es das richtige war? «Ich bin in Thomas verliebt?» Das klang übertrieben, unwahrscheinlich. Besser abwarten. Sich nichts anmerken lassen. Eine rätselhafte Vorsicht riß Rosemarie aus ihren Spielen mit Thomas und den anderen heraus, die bisher den Reiz der Julinachmittage ausmachten. Sie jagten einander um das Becken, wobei verboten war, im Trockenen die Ecken zu umlaufen. Dazu mußte jeder mit einem raschen Sprung ins Wasser. Da konnte Rosemarie nicht mehr mitmachen. Ihre Frisur! Gegen den Protest von Vater und Mutter hatte sie sich die Haare schneiden lassen. Kunstvoll toupierte sie etwas Damenhaftes um ihren Kopf. So sahen Frauen aus, so mußten sie sich benehmen. Ob Thomas merkte, daß sie eine Frau war? Oder sollte er es gerade nicht merken? Sie zog sich vor dem Spiegel nackt aus, wünschte, er könnte sie so sehen, und fürchtete nichts mehr als das, was sie sich wünschte: sie wäre vor Scham vergangen. Im Traum zeigt sie sich in einem verführerischen Schlafanzug, aber die Schulkameraden sind bedrohlich.

Die ersten Blutungen verraten der Umwelt, ob es die werdende Frau nun will oder nicht, was in ihr geschieht. Rosemarie fühlte sich vom eigenen Körper vergewaltigt. Sie haßte die Binden, welche ihr die Mutter gab. Sie waren wie die Füße, mit denen die alte Meerhexe die kleine Seejungfrau in Andersens Märchen auf den Weg zu den Menschen schickt. Jeder Schritt wird zur Qual. Dennoch kann das arme Mädchen nicht anders, als die freie Beweglichkeit zu opfern, gesittet und vorsichtig Fuß vor Fuß zu setzen. Schwimmen, tauchen, rennen, springen, klettern machten einer trotzigen Würde Platz. Diese Würde verlangte, sich vom eigenen Leib zu distanzieren, wie ein barbarischer Kaiser, dessen Füße so heilig sind, daß sie niemals die Erde berühren dürfen, und in dessen Schatten bei Todesdrohung kein gewöhnlicher Mensch treten darf.

Aus diesen Umformungen während der Pubertät wurde verständlicher, weshalb Rosemarie sich so rasch bedrängt und lustlos preisgegeben fühlte, wenn sie sich auf einen Mann einließ. Der Sexualpartner war ein geheimer Bundesgenosse der Empfindungen, die sie unbedingt unterdrücken wollte.

Das wußten wir nun alles, aber was nützte es? Mit diesem Satz findet sich der Analytiker immer wieder konfrontiert.

Zu Beginn meiner praktischen Arbeit kränkte und störte er mich, weil ich darin eine Geringschätzung meiner Tätigkeit fand. Später verstand ich genauer, was gemeint war. Was hilft, was bringt mir das? Die Frage ist berechtigt, wenn wir dem Hungrigen ein Kochbuch, dem Obdachlosen einen Plan für eine Unterkunft zeigen. Er will nicht diese verdünnte und abstrakte Lösung, sondern die konkrete, die praktische, die unmittelbare. In Rosemaries Fall war die Lage durch einen weiteren Gesichtspunkt verwirrt. Was half es ihr, genauer zu verstehen, warum die Beziehung mit Christoph gescheitert war? Er hatte sie verlassen. Mit muffigem Gesicht wich er ihren Blicken aus, wenn sie sich auf der Treppe trafen. Ihre Einladungen, doch einmal wieder zusammen ins Kino zu gehen, verschob er auf später. Er müsse erst über die Wechselbäder hinwegkommen, die sie ihm verpaßt habe.

«Beziehungsschwierigkeiten» als Motiv, therapeutische Hilfe zu suchen, unterscheiden sich auch darin von den «Symptomneurosen», daß es nicht möglich ist, *allein* mit ihnen zu ringen. Daher ist der Psychoanalytiker mit Recht zuversichtlicher, wenn es darum geht, eine Phobie, einen Zwang, eine Depression oder eine Arbeitsstörung anzugehen. Hier sind die Erfolge leichter zu erreichen und einfacher nachzuprüfen. Wo aber befriedigende Kontakte, wo die Geborgenheit in einer engen Bindung fehlen, ist der Weg von der Einsicht zum Erfolg weit. Der Analytiker handelt weise, wenn er sein Ziel zunächst darin sieht, mit dem Patienten bessere Möglichkeiten zu erarbeiten, Einsamkeit zu ertragen. Bekenntnisse zu Autonomie, Unabhängigkeit, Selbständigkeit können nicht verhüllen, daß Menschen ein Gegenüber brauchen, Antwort, Verständnis, das Mitschwingen eines fremden (und dann nicht mehr fremden und doch nicht eigenen) Körpers, um sich tiefer, umfassender im Leben zu fühlen, als es ihnen einzeln möglich ist. Es gibt viel in unserem Inneren, Gutes wie Schlechtes, das nicht stark genug ist, um die zähe Oberflächenspannung unseres Bewußtseins zu durchdringen, dessen triviale Auslese aus den vielen schöpferischen Kindern die vielen festgefahrenen Erwachsenen macht. Die Gnade der Verliebtheit entspannt diese Oberfläche, wie es die Reklame den Spülmitteln nachsagt. Der Begnadete gewinnt Zugang zu Seiten seiner selbst, die er schon immer kannte und doch nie zu leben wagte. Er lernt tanzen oder eine neue Sprache, er taucht in die Tiefen tropischer Meere oder klettert auf Hänge, die ewiger Schnee bedeckt, er spürt Lust oder Schmerz, die er nie für möglich hielt. Was ihn so anrührt, bewegt den Bodensatz, Schätze wie Abfälle, die als fester Schlamm auf den Grund seiner Seele gesunken waren. Jetzt werden die Fossilien wieder lebendig.

Wie ein Gärtner, der seinen Saaten und frischen Pflanzungen jene wohlabgewogene Mischung von Regen und Sonne wünscht, die für ihr Gedeihen günstig ist, hofft der Analytiker bei jedem Menschen, den sein Patient trifft, daß er fördert, was gerade zögernd seinen Weg nach außen sucht. Viel öfter, als er wünschen möchte, findet er den Garten verwüstet, als hätten seine Hoffnungen gerade Hagel und Sturm beschworen. Nicht das neue Wachstum findet Verbündete, sondern die alte Wüste.

Schließlich lernte Rosemarie einen Mann kennen, in den sie sich verliebte. Er war, so erzählte sie strahlend, ganz anders als Christoph. Sie erlebte sich wie neugeboren, voller Begehren. Sie beschrieb eine köstliche Zeit der unerfüllten, vielversprechenden Liebe, in der das Glück greifbar nahe ist, wie der Sturz eines Baumes, der bis in den Gipfel erzittert, noch unentschieden, in welche Richtung er fallen wird. «Tilman ist sich noch nicht ganz sicher», sagte Rosemarie. «Er ist ganz vorsichtig. Ich kann mich wunderbar mit ihm unterhalten. Er hat zwar schon bei mir übernachtet, aber wir haben nicht miteinander geschlafen. Eine frühere Freundschaft steckt ihm noch in den Knochen. Er will nicht überstürzt eine neue Bindung eingehen.» Ich kämpfte gegen meine Zweifel, als seien sie es, die Rosemaries Glück gefährden könnten. Ich hielt mir vor, diese Skepsis gegenüber Männern, die keusch das Bett mit einer Frau teilen, drücke nur eigene Vorurteile aus. Es schien mir eine allzu tückische Inszenierung des Schicksals, daß Rosemarie nach Christoph, der sie bedrängte, nun in Tilman einen Partner gefunden hatte, der sie hängen ließ. – Vielleicht sei es mehr als Freundschaft, sagte er. Aber genau wisse er das nicht, er wolle sie nicht verlieren, aber ihr auch nichts versprechen. Es gelang mir nicht, mich von Rosemaries Hoffnungen anstecken zu lassen; ebensowenig wollte ich sie auf eine Enttäuschung vorbereiten. Der Trost, daß ich es hatte kommen sehen, half mir wenig. Ich hütete mich, meine Voraussicht zu zeigen.

Der Unglücksprophet wird leicht, wenn schon kein anderer Schuldiger greifbar ist, für das verantwortlich gemacht, was er ankündigte. Tilman blieb so distanziert, daß ich aus Rosemaries Erzählungen ablesen konnte, was sie anscheinend in dem nicht entzifferte, was sie mit ihm erlebte. Er wollte nichts von ihr, er war mit ihr umgegangen wie ein höflicher Einheimischer, der den Fremden lieber in die Irre schickt, als seine Unwissenheit zuzugeben. Tilman war kein Verbündeter für Rosemaries Kampf um ihre Wünsche, für die Überwindung ihrer Ängste vor allem, was ihr Körper begehrte und zögernd offenbarte. Rosemarie begann, über seine Zurückhaltung zu klagen. Warum konnte er sich nicht für oder gegen sie entscheiden! Irgendwann sagte ich, mich verwundere ihre Frage nicht weniger als Tilmans unentschiedene Antwort. Er zeige doch klar, daß er sich nicht für eine Beziehung erwärme, wie sie ihr vorschwebe. «Ich erwarte von ihm, daß er meine Hoffnungen zerstört», überlegte sie. «Es genügt mir nicht, daß er sich zurückhält und mir keine macht.»

Die endlich durch keine Hoffnung mehr gemilderte Enttäuschung führte zu einer hartnäckigen Depression, in der Rosemarie zwischen der Arbeit und einem dumpfen Grübeln hin- und herpendelte, das fast ihre ganze Freizeit auffraß. Gewinn und Verlust hatten sich fast ausschließlich in ihrer Phantasie abgespielt. Tilman war ihr nie so nahe gewesen, daß er sich jetzt sonderlich weit entfernen hätte können. Ihre Verliebtheit hatte ihn groß und schön vor Rosemarie gestellt. Der Verlust dieser mit soviel Energie aufgebauten Schimäre traf Rosemarie heftiger als der Verlust von Christoph, mit dem sie über einige Wochen hin Tisch und Bett geteilt hatte. Ihn hatte sie bekämpfen und wegschicken können, mit ihm über Nähe und Abstand gerechtet, an ihm auch ihre eigene Erotik bekämpft wie einen Feind. Tilman hingegen war in ihren Gefühlen gewachsen, war ein Teil ihrer selbst, sein Körper eine mit ihrem Körper verschmolzene Verheißung. Diese hatte sie jetzt eingebüßt, verloren, sie hatte wieder versagt, es war ihr nicht gelungen, an der Küste der Hesperiden zu landen, sie war gescheitert, trieb schiffbrüchig zurück in den Hafen, den sie unbedingt verlassen wollte.

Weil Rosemarie relativ wenig verdiente, hatte ich einen Antrag bei der Krankenkasse gestellt. Diese leitete ihn (anonym, unter einer Chiffre) an einen Gutachter weiter, der 80 und später noch einmal 80 Sitzungen genehmigte. Der größte Teil dieses Kontingents war erschöpft, ein Antrag stand aus, die Behandlung noch einmal zu verlängern. Ich fühlte mich unter Zeitdruck. Über die Hälfte der Behandlungsstunden hatte ich schon verbraucht, aber Rosemarie verhielt sich mir gegenüber immer noch wie ganz zu Beginn. Oder bildete ich mir das in meiner Ungeduld ein? War sie doch in jenen weicheren, einer Umformung verhärteter

Züge zugänglicheren Zustand eingetreten, den Freud die «Übertragungsneurose» nannte? Sie liegt vor, wenn der Analytiker ähnlich wichtig wird (und ähnlich irrationale Reaktionen auslöst) wie die Eltern oder andere Personen, die vom Kind mit einer Aura großer Macht und Überzeugungskraft ausgerüstet wurden. Rosemarie, so tröstete ich mich, war gerade deshalb so kühl, distanziert, so entschlossen, mich wie einen Lehrer oder einen Polizisten zu behandeln, nicht aber wie einen Vertrauten, weil sie unbewußt in mich verliebt war, wie einst in ihren Vater, und sich vor einer schmerzlichen Enttäuschung schützen wollte. Aber diese mir selbst verordnete Beschwichtigung wurde allmählich fadenscheinig. Sie nützte sich ab, die Zeit lief mir davon, Rosemarie steckte mich mit ihrem Gefühl an, zwischen uns würde sich nie etwas abspielen, weil es nicht sein durfte. Meine Pflicht war es, sie nach dem Motto zu heilen: «Wasch mir den Pelz, aber mach mich nicht naß!» Ich fühlte mich dazu außerstande, immer neue Metaphern fielen mir ein, einige davon erprobte ich in den Gesprächen mit Rosemarie. Sie beklage sich, daß die Menschen immer noch nicht auf die Gefühle reagierten, die sie ihnen *nicht* zeige. Sie sei wie jemand, der Schwimmen nur in der Wüste, Skifahren nur im tropischen Urwald erlernen wolle. Sie suche im Licht ihres Verstandes, was im Dunkel ihrer Gefühle verloren sei. Sie wolle ihre Angst vor Abhängigkeit bearbeiten, indem sie sich unabhängig und unberührbar halte. Rosemarie gab mir recht, ohne ihre kühle Distanz aufzugeben. Schließlich griff ich zu einem verzweifelten Mittel, wie ein Spieler, der Haus und Hof verwettet. Ich stellte die Analyse selbst zur Disposition. Sollte ich wirklich einen neuen Antrag auf eine Verlängerung der Zahlungen von seiten der Krankenkasse stellen? Ich sei mir nicht sicher, ob das sinnvoll sei. Ich hätte den Eindruck, sie wolle Schritte unbedingt vermeiden, die unerläßlich seien, um gemeinsam weiterzukommen. Ich hätte

Besseres zu tun, als mit ihr immer bis zu dieser Grenze zu marschieren und dann stehenzubleiben.

Rosemarie schluckte. Während sie äußerlich unbewegt blieb, rötete sich ihr Gesicht, sie atmete rascher. Wie in einer Burg, vor der Belagerer Stellung beziehen, hinter Mauern und Bastionen eine fieberhafte Aktivität beginnt, ohne daß ein Tor geöffnet wird oder sich ein Gesicht in einem Fenster zeigt, ordnete sie ihre Enttäuschung und Wut, beherrschte ihren Impuls, aufzustehen und mir ein «Dann eben nicht» entgegenzuschleudern, schickte als Parlamentär die Frage «Warum provozieren Sie mich jetzt so?» auf die Zinnen. Sie hätte von mir erwartet, daß ich versuchen würde, ihr zu helfen. Dazu gehöre es doch auch, Geduld zu haben und sie nicht für eine Vorsicht zu bestrafen, die selbst dann rätlich sei, wenn sie es anders hätte machen können, was nun aber gewiß nicht der Fall gewesen sei. Jetzt sei sie ganz ratlos. Sie könne keinen therapeutischen Sinn in einer solchen Herausforderung sehen. Ob ich meinte, es gefalle ihr, wenn ich sagte, ich hätte Besseres zu tun, als mich mit ihr zu beschäftigen?

Unsere Zeit war um, ich sagte, wir müßten das noch ausführlicher diskutieren, und verabschiedete mich von Rosemarie bis zur nächsten Sitzung. Sie ging mit glühendem Gesicht zur Tür, wandte sich noch einmal zu mir, wie mit einer überraschenden Aussage, die sie dann mit einem Schulterzucken fallenließ – es war doch nichts zu machen. Jetzt tat sie mir leid, und ich fragte mich, ob ich richtig gehandelt hatte. Dennoch war ich nicht ernstlich beunruhigt. Rosemarie, kampferprobt, würde die Analyse nicht abbrechen, weil ich sie gekränkt hatte. Vielleicht würde es sie sogar reizen, daß ich endlich mein wahres Gesicht zeigte? Zur nächsten Sitzung kam sie pünktlich wie immer, lächelte an der Tür dasselbe bittere Lächeln wie immer, hängte ihren Mantel an den Haken, nahm die Handtasche (eine wirkliche Handtasche, fiel mir auf, nicht mehr der alte Lederkasten) mit ins Zimmer. «Ich bin sehr wütend gewesen. Aber noch mehr habe ich mich über mich selbst geärgert, daß ich es so gar nicht herauslassen, daß ich mich überhaupt nicht gegen Sie wehren konnte», begann sie. «Ich hätte erwartet, daß Sie mich begleiten und Rücksicht nehmen. Ich habe mich gefragt, ob Sie mich loswerden wollen, mich hinausekeln. Dann habe ich mir gedacht, Sie wollen mich provozieren, und fand Sie richtig gemein. Dann habe ich überlegt, daß es schon stimmt, wenn Sie sagen, ich würde mich auf keine Beziehung zu Ihnen einlassen und dennoch erwarten, daß Sie mir in meinen Beziehungsproblemen helfen. Das wäre mir zu einseitig. Ich weiß ja gar nichts von Ihnen. Ich habe noch im Ohr, wie eine Freundin von mir immer von ihrer Therapeutin erzählt hat. So weit wollte ich es nie kommen lassen. Ich wollte mich da heraushalten. Deshalb habe ich Ihnen auch ein paar Träume nicht erzählt, die mir nicht paßten.» «Welche Träume?» fragte ich. «Ich weiß schon, daß ich sie jetzt erzählen muß», entgegnete Rosemarie grimmig. «Ich kann mich hier schließlich nicht in Andeutungen ergehen. Der erste war ziemlich am Anfang der Analyse. Ich bin in Italien und sitze mit Beuys auf einem Hang, zwischen Weinbergen. Ich bin seine Freundin und überlege mir, ob das richtig ist, denn schließlich hat er schon eine Frau und eine Geliebte. Der zweite Traum war später. Ich bin in einem Haus, das an einem Fluß liegt. Das Tal ist durch ein Hochwasser überflutet, das bis zu den Fenstern reicht. Ich stehe mit Ihnen in einem Zimmer. Ich habe mich an Sie gelehnt, aber Sie sind hinter mir, wärmen mir den Rücken, ich habe einen freien Blick, kann mich überall hin bewegen. Es ist ein sehr schönes Gefühl. Ich hatte es mit meinem Vater nie, aber mit Beuys schon. Der war eine Art geistiger Vater für mich. Ich habe ihn sehr bewundert und bin immer auf die Documenta gefahren, wenn er dort etwas gemacht hat.»

Eine jener gerechten Ungerechtigkeiten, an denen unser von Gesetzen und Gefühlen geregeltes Leben reich ist, schien mir darin zu liegen, daß Rosemarie diese Träume jetzt erzählte. Sie enthüllte die glänzenden Hoffnungen, die sie auf unsere Beziehung gerichtet hatte, in dem Augenblick, in dem ich gedroht hatte, sie lieblos zu verstoßen. Sie war nicht der Gast, der sein Geschenk zu Beginn des Besuchs auspackt und damit für gutes Wetter sorgt. Nein, sie machte es gerade umgekehrt. Sie ließ den Gastgeber leer ausgehen, bis sich dieser mit saurer Miene abwandte. Irgendwann, sorgsam versteckt, findet er dann die Gabe und schämt sich bitterlich, daß er die Großzügigkeit derart unterschätzt, den Fremden gar für geizig gehalten hat.

Im ersten Traum ist Rosemarie die Geliebte der Vatergestalt. Aber es ist keine schlimme Tat, denn sie ist nicht die erste und nicht die einzige, sie tut nichts Verbotenes, sondern wägt sorgfältig ab, ob ihr Handeln richtig ist. Nur das südlich-sinnliche Klima, die Welt des Orangenlandes, der Hang, von dem aus man leicht in einen finsteren Talgrund abrutschen kann, signalisieren eine geheime Bedrohung. Im zweiten Traum ist Rosemarie tatsächlich in das Überschwemmungsgebiet geraten, das Wasser reicht bis unter die Fenster, es müßte längst ins Haus dringen. Ihr Umgang mit dem Traum, ihr ängstliches Verschweigen, drückt wohl aus, daß die Gefahr ernster ist, als die Bilder sagen , wo sie trockenen Fußes, wohlbeschützt, an mir lehnt. Ich sah dieses Haus vor mir, als sie erzählte, und fand später heraus, wo ich es gesehen hatte: in jenem verzauberten Park von Bomarzo, zwischen den aus Stein gehauenen Riesen, dem Eingang zur Unterwelt, den bemoosten Ungeheuern hatte die bizarre Laune der Erbauer ein Haus geschaffen, das am Ufer des Flüßchens lag, das sich durch den lichten Wald schlängelt. Es war aus einem gigantischen Felsbrocken herausgehauen und gelb getüncht, schiefer als der Turm von Pisa, angelegt, das Auge zu verwirren und die Gäste des Fürsten Orsini zu erheitern. Ich war vor vielen Jahren dort gewesen und konnte nicht genau fassen, ob meine Vorstellung der Topographie des *parco dei mostri* noch genau entsprach oder sich auf ihren eigenen Wegen weiterentwickelt hatte. Aber es war ein versöhnliches Bild. Zwischen den Touristen stehen verwitterte Monster, an Ort und Stelle aus den Resten eines gewaltigen Felssturzes gemeißelt. Von Drahtgittern geschützt, die den Fotografen ihr Handwerk erschweren, schlummern sie einer Zukunft entgegen, der sie immer fremder werden. Nur der Himmel und das Gras sind noch dieselben. In dem Haus am Flußufer, dessen Böden anstiegen wie eine Laderampe, hatten Liebespaare mit den Holzkohlen heimlicher Feuer Herzen und Namen an die Wände gekritzelt.

Hatten wir uns beide etwas verheimlicht? In Wirklichkeit zweifelte ich nie daran, daß ich weiter versuchen würde, mit Rosemarie zu arbeiten, durch die spröde, abweisende, von vielen Überlegungen geglättete Oberfläche zu den Geheimnissen vorzudringen, die sich nur in ihrer Angst vor ihren eigenen Wünschen, vor ihrem Begehren äußerten. Und Rosemarie wußte längst, daß ich für sie etwas anderes bedeutete als ein Lehrer für Seelengeometrie und Emotionsalgebra.

«Ich trage hellere Farben», sagte sie, «und manchmal glaube ich, daß ich meinen Körper nicht mehr verstecken muß. Ich habe mich in einem dieser Fitness-Clubs angemeldet und trainiere einmal in der Woche. Ich sehe die anderen Frauen, und sie sehen mich. Ich bin nicht die Dickste und nicht die Dünnste, und vielleicht kann jede von uns so sein, wie sie ist. Das denke ich manchmal, wenn ich in den Spiegel schaue. Und noch etwas: ich kann mir nicht vorstellen, daß ich jemals in meinem Leben eine Diät und eine Kalorientabelle wieder ernst nehmen werde. Das ist wirklich vorbei.

Aber was meine Beziehungen angeht, so tief drinnen, hat sich nichts geändert.»

«Es sei denn, wir sehen es als Veränderung an, daß wir jetzt darüber ins Gespräch gekommen sind», meinte ich.

«Ja, ich hätte mir vor einem Jahr gar nicht vorstellen können, überhaupt mit Ihnen darüber zu reden, daß ich so bin…» Im Hinausgehen setzte sie hinzu: «Und daß ich Sie mir damals als den Beuys geträumt habe, finde ich wirklich nett!»

«Ich auch», sagte ich.

Epilog

«Ich war in meinem Elternhaus, in der Küche. Vor dem Fenster eine Baugrube, daran eine Maschine wie ein großer Bagger, der jedoch statt der Schaufel eine Art Staubsauger trug, mit dem er etwas aus der Erde holte. Voll Schrecken stellte ich fest, daß es Blut war, große Mengen frisches, hellrotes, sprudelndes Blut, ich glaubte, es zu riechen. Anscheinend waren auch die Bauarbeiter erschrocken, es kam ein Krankenwagen, und eine alte Frau wurde aus der Erde geholt. Sie war wie ein Bündel, ein Kleiderpaket, erinnerte an die zusammengepreßten Autokarosserien, die manchmal an Schrottplätzen gestapelt werden. Sie wurde dann in ein Forschungsinstitut gebracht und dort beobachtet. Sie lag in einem Regal. Dann wurde sie auseinandergewickelt und wieder zusammengesetzt. Sie war eine alte, klapprige Frau, nur Haut und Knochen, konnte nicht allein stehen, sondern lehnte irgendwo am Türrahmen.»

Mit diesem Traum will ich den Bericht über Rosemarie abschließen. Sie brachte ihn in die letzte Stunde vor den Pfingstferien, zwei Jahre nach der Szene, die ich eben beschrieben habe. Es war keineswegs so gekommen, daß sie seit dem Beuys-Traum konsequent an ihrer Beziehung zu mir festhielt. Immer wieder durchkreuzte sie kühl, intellektuell zweifelnd meine Absichten, ihre Vaterbeziehung in der Übertragung auf mich zu erforschen. Aber das Klima hatte sich geändert. Ich war zuversichtlicher geworden, hatte mehr Mut, an Rosemaries verleugnete Gefühle zu glauben. Unser Verhältnis war herzlicher geworden, wir lachten mehr, konnten darüber scherzen, wie sie alle anderen Männer mit unerbittlicher Kritik verfolgte, mich aber schonte, ausklammerte, neutralisierte. Die Traumszene belastete Rosemarie. Sie weinte, eine Abtreibung tauchte wieder auf, die sie schon überwunden und vergessen glaubte. Sie identifizierte sich mit dem Opfer, mit der ausgesaugten, blutlosen Frau. «Ich verstehe nicht, warum ich das gerade jetzt träume», sagte sie. «Es geht mir viel besser, ich glaube, ich habe mich ein wenig mit den Männern versöhnt, ich kann sie nehmen, wie sie sind. Aber die Abtreibung war schrecklich. Er wollte das Kind nicht, er hätte sich nur belastet gefühlt, er hätte natürlich gezahlt, aber nicht alles mitgetragen wie ein richtiger Vater. Ich weiß ja, daß ich mir immer solche Männer aussuche, die keine Bindung wollen, und vor denen davonlaufe, die mir diesen ganzen bürgerlichen Scheiß antragen, ohne den ich's dann aber doch nur schlecht aushalte.»

«Die Abtreibung war für mich der Punkt, an dem Sie Ihre Bereitschaft am weitesten getrieben haben, für Ihre Sexualität zu büßen, Opfer zu bringen, nicht anderen Opfer zuzumuten. Dem Mann zuliebe haben Sie Ihren Wunsch nach dem Kind aufgegeben und in der Trauer um den Verlust am Ende auch noch ihn verloren.»

«Ich hatte vor allem Angst. Ich fürchtete mich vor der Schwangerschaft, vor der Geburt, vor allem, was auf mich zukommt, ich dachte, ich sei ganz allein und könnte das alles nie bewältigen. Es war gar nicht Roland zuliebe. Natürlich hätte ich mir mehr Trost und Hilfe von ihm gewünscht. Ich hätte ihn am liebsten umgebracht, als er sich so von mir abwandte, ich für ihn nur noch lästig war.»

«Ich glaube, was der Traum zeigt, ist ein solcher Zyklus von Schuld, Gier, Wut, erneuter Schuld und erneuter Gier. Sie sind doch nicht nur das arme, klapprige, zusammengestauchte Geschöpf, dem das Blut ausgesaugt wird, sondern auch der Bagger mit dem großen Rüssel und das Forschungsinstitut. Weil Sie soviel schlechtes Gewissen hinsichtlich Ihrer sexuellen Wünsche haben, sind Sie doch auch besonders gierig, besonders rasch enttäuscht und besonders zornig auf den, der Sie enttäuscht hat. Kennen Sie die Geschichte von den Vampiren? Es ist ein Mythos ausgehungerter Kinder, die ihre Gier auf die Mutter projizieren; der Kannibalismus, das Blutsaugertum drücken aus, daß die Erwartung, Milch im Guten zu haben, in Wut und Zerstückelungslust umgeschlagen ist: Blut im Schlechten.»

Sie nickte nachdenklich. «Das mit dem Forschungsinstitut verstehe ich jetzt gut. So eines bin ich wirklich, ich will immer alles überlegen und genau wissen. Sie glauben, diese Sucht nach wissenschaftlicher Kontrolle hängt mit der Wut zusammen? Damit, daß ich zu wenig von meiner Mutter hatte?»

«Vielleicht können Sie den Traum als Warnung nehmen», sagte ich. «Sie müssen darauf achten, daß Sie die Menschen, von denen Sie sich etwas wünschen, nicht durch Ihre Gier so zurichten, daß Sie nichts mehr von ihnen haben!»

«Gier! Ich bin doch so bescheiden, ich traue mir doch gar nicht, etwas zu verlangen, ich lasse mich unterbuttern!»

«Bescheidenheit ist die Kehrseite dieser Gier», entgegnete ich. «Niemand verlangt im Untergrund mehr von seinen Mitmenschen als der Bescheidene. Er stellt den höchsten Anspruch. Man soll ihn belohnen, indem man errät, was er will.»

«Jetzt verstehe ich auch besser, warum mir zu der verschrumpelten, ausgesaugten Alten ein Auto eingefallen ist, das verschrottet werden soll. Ein Paket für den Shredder. Da werden doch alle Karosserien zerstückelt, in Fetzen gerissen. Das ist auch eine Form von Kannibalismus. Ich kann etwas ganz lassen und mir nehmen, was es gibt, oder ich kann in seine Teile zerlegen, sie verwerten, aber dann ist die Ganzheit verloren. Nach diesem Prinzip arbeitet das Forschungsinstitut. Die Wissenschaft geht doch auch kannibalisch mit der Wirklichkeit um. Übrigens habe ich mir am Ende von meiner Mutter viel besser etwas nehmen können. Von ihrem Erbe habe ich mir ein bequemes Auto gekauft.»

Das Opfer

Ich habe Vatertöchter beschrieben, die nach dem Krieg geboren wurden, von Soldaten gezeugt, die der Mutter fremd geworden waren. In diese Entfremdung geriet das Schicksal der Kinder, wie die Hand eines Arbeiters, die von einem Räderwerk erfaßt und zerquetscht wird. Evelyns Lebensgeschichte schien ebenso belastet von Anfang an. Das Kind, in den letzten Kriegsjahren geboren, spürte schon früh, daß es eigentlich nicht zu der wohlhabenden Familie paßte, die in einer niederbayerischen Kleinstadt ein Geschäft für Eisenwaren betrieb. Wie viele Kinder, denen etwas zustößt, das sie nicht verstehen können, suchte es die Schuld bei sich selbst. War sie nicht brav genug gewesen? Wenn sie mit der Mutter spazierenging, fühlte sich Evelyn sofort ganz allein, sobald diese aufhörte, mit ihr zu sprechen. Dann waren die Waldwege und die von blühenden Obstbäumen bewachten Hügel ihrer schönen Heimat nur noch bedrohlich, vor ihr ein düsterer Hohlweg, der sich um sie schloß und ihr den Atem raubte.

Der Vater war aus dem Krieg gekommen und hatte sich in seine Schlosserwerkstatt zurückgezogen, während um ihn herum andere Männer vorwärts drängten, sich einen Weg bahnten, um aus dem zertrümmerten alten Leben ein neues zu schmieden. Die Mutter beobachtete erbittert, schließlich verächtlich, wie wenig dieser Mann aus sich und seinem Leben machen konnte. Für Evelyn war es ein reines Glück, wenn sie in einem Winkel des großen, lichten Raums sitzen konnte, in dem es nach Schmieröl und Holzkohle roch, mit

Bohrspänen und blitzenden Blechabfällen spielte und ihrem Vater zusah, der gemächlich an der Drehbank oder am Schraubstock arbeitete. Wenn dann aber die Mutter mit den größeren Geschwistern, die alle vor dem Krieg geboren waren, am Küchentisch saß und über den Vater spottete, dessen Kupferteller am Montag krumm und schief ausfielen, weil er sonntags immer soviel Bier trank – wenn dann die anderen lachten und jedem ein Stücklein einfiel über das Ungeschick des Vaters, dann suchte auch Evelyn nach einem Beispiel. Fand sie ein Exempel und gab es zum besten, schämte sie sich in das Gekicher der Runde hinein, als hätte sie etwas Heiliges verraten. Aber sie konnte nicht darauf verzichten, weil sie doch dabeisein und dazugehören wollte. Warum nur, und es mußte ihre Schuld sein, wenn es sichtlich nur ihr so erging, war sie so bedürftig, fühlte sich immer am Rand, wie ein verirrtes Küken, das vergeblich das ersehnte Glucken der Mutterhenne herbeipiepen will?

Immer wieder hatte Evelyn mit einem Bild zu kämpfen, das wie ein Spuk auftauchte, sobald sie mit Vater und Mutter zusammen war. Irgendwann hatten sich die beiden geliebt. Es hatte irgendwann gute Zeiten gegeben, Frieden, Versöhnungen, Lachen, nicht dieses Gemenge aus Schuld, Rückzug und Wut, aus verborgenem Vorwurf, der aber auch die Mutter verletzte wie ein Pfeil, der im Schnellen von der Sehne einen Hautfetzen mitreißt. Die Geschwister, dachte Evelyn, hatten diese gute Zeit noch miterlebt. Jetzt hielten sie sich aus dem Ganzen heraus. Sie gingen ihre eigenen Wege und schickten sie zurück zur Mutter, wenn sie mitkommen wollte. Sie war gebannt, festgelegt zwischen den beiden, verantwortlich für Unheil, sie störte den Frieden.

Weder ihre Schuld noch ihre Unschuld konnte sie gedanklich fassen. Weil sie spürte, daß um sie herum Unordnung war, daß etwas undeutlich Schreckliches, das weder ausgesprochen noch gutgemacht werden konnte, immer wieder durch alle Ritzen und Lücken drang, hielt sie ganz still, war sie ganz artig, als könnte sie durch den Überschwang, den man ihren Gespielinnen zubilligte, das allzu brüchige Gebäude der Familie einreißen. Sie war die Sündigste, ohne doch zu wissen, worin, und wurde die Bravste, ohne doch jemals zu glauben, daß sie es wirklich sein könnte. Im Beichtspiegel ihres Meßbuchs waren viele Verfehlungen aufgezeichnet. Sie las ihn, ohne in ihrem eigenen Leben genügend Stoff zu finden, um die Last zu erkennen, die sie doch spürte. Fassungslos beobachtete Evelyn, wie leichtfertig andere Kinder mit Sünden umgingen, die sie ganz unerträglich gefunden hätte.

In einer versteckten Waldlichtung hatte Ingrid, die unangefochtene Führerin der kleinen Mädchenbande, den anderen gezeigt, wie man kleine Steinchen oder Aststücke in die Scheide steckt. Kichernd waren sie herumspaziert, hatten Evelyn feige gescholten, eine Spielverderberin, weil sie da nicht mitmachen wollte. Sie hätte gerne ihrer Mutter davon erzählt, aber es war unmöglich, es gab keine Zeit, keinen Ort dafür. Es wäre viel besser gewesen, ein Junge zu sein. Die Mutter mochte ihre Brüder mehr als sie. Jungen waren unten verschlossen und versiegelt, sie waren nicht offen und für jede Bedrohung zugänglich. Der Vater, der Geliebteste von allen, verwandelte sich an Samstagabenden, wenn er betrunken nach Hause kam und von der Mutter mit schneidenden Worten überschüttet wurde. Sie wies seine täppische Umarmung zurück und schlug ihm die Schlafzimmertür vor der Nase zu. Er war nicht mehr geschickt und lustig. Ein begossener Pudel schlich an ihr Bett. Er stammelte etwas von einer süßen Evelyn, die wirklich nicht dafür konnte, daß ihre Mutter eine böse Frau sei. Ungeschickte Pfoten tasteten unter der Bettdecke. Einmal zog er die Hose aus. Sie sah etwas wie eine Schlange oder eine Keule. Sie hätte gerne genauer beobachtet und wußte doch, sie durfte nicht einmal wissen, daß ihr Vater solche Dinge mit ihr tat oder doch tun wollte. Die Mutter, die den Vater scheltend vom Bett der Tochter getrieben hatte, die sie für schlafend hielt, wunderte sich später, daß Evelyn keinem Menschen – auch ihr nicht – erlauben wollte, sie «unten» nackt zu sehen. Sie trug Tag und Nacht ein Höschen. Den Versuch der Mutter, sie davon zu überzeugen, daß es gesünder sei, unter dem Nachthemd nichts anzuhaben, auszulüften, Wäscheverschwendung, wehrte sie mit einem an ihr ganz ungewohnten Nachdruck ab, der die Eltern erschreckte und bewog, ihr den Willen zu lassen. Auch beim Arzt wollte Evelyn die Unterhose anbehalten. Der alte Praktikus schalt sie und setzte sich durch. «Zimperliche Gans», nannte er das weinende Kind, das sein Sprechzimmer verließ und nie mehr zu ihm kam.

Am meisten fürchtete das Kind die Freitagabende. Dann schickte sie der Vater los, um Rechnungen zu kassieren, für Arbeiten und Lieferungen der Woche. Er ging nicht gerne selbst, es war ihm peinlich, wie ein Bittsteller aufzutreten. Die Mutter schalt ihn dafür, er sei ein Schlappschwanz, könne keine Geschäfte machen, sie und die Kinder müßten für seine Weichlichkeit büßen. Evelyn zog mit klopfendem Herzen los, lächelte überall freundlich, fand keine Worte, um Ausreden zu entkräften, die sie doch durchschaute. Immer zu spät, immer mit zuwenig Geld trottete sie nach Hause und wußte: jetzt kam das Schlimmste. Denn am Gartentor paßte sie der Vater ab, wollte ihr die Beute entreißen, um endlich wieder einmal eine Runde an die Zechkumpane ausgeben zu können. Oben aus dem Schlafzimmerfenster, von dem aus die Mutter Straße und Zaun überwachte, schrillte dann die Stimme einer bitteren Vernunft, doch dem Taugenichts und Saufkopf das sauer verdiente Geld nicht zu geben, denn ihm sei's schließlich gleichgültig, was aus Frau und Kindern werden solle, wenn er nur seinen Spaß habe. In dieser Stimme von oben lag mehr Macht. Etwas wie «Du siehst ja, es geht nicht anders» stammelnd, glitt Evelyn an den flehenden Augen, den ausgestreckten Händen des Vaters vorbei in den Schutz des Hauses und der Mutter, die ihr keinen Dank wußte, sondern sie ausschalt, daß sie so lange gebraucht und so wenig gebracht habe. Wenn sie und das Geschäft nicht wären, das die Tante führte, müßten die Kinder von Wasser und Brot leben, der Vater sei ein Versager, ein Nichtsnutz, im Krieg habe er das Saufen gelernt und das Arbeiten vergessen, sie müsse es ausbaden.

Wie eine Botschaft, die unermüdlich neu geschrieben wird, aber lange Jahre hindurch unentziffert bleibt, entwarf sich Evelyn in diesen Zerreißproben zwischen Vater und Mutter einen Lebensplan, der beide trösten, beide wieder miteinander verbinden sollte. Der Mutter wollte sie den Erfolg und die äußere Anerkennung geben, die ihr am Vater so sehr fehlten; dem Vater aber eine liebevolle, einfühlsame Frau, die Spaß versteht und Sinn hat für Spiel und Schönheit (der Vater blies die Posaune in der Dorfkapelle und wollte immer gerne ein Laientheater gründen). Sie war eine gute Schülerin. Ihr leiser Wunsch, wenigstens bis zur mittleren Reife weiterlernen zu dürfen, ging im Familiengezänk unter. Mädchen heirateten ohnehin, wozu eine Ausbildung vergeuden, am besten etwas Praktisches, das einer Hausfrau nützt. Schneiderin! Da gab es eine alte Bekannte der Familie, die eine Lehrstelle freihatte. Das war unwiderstehlich praktisch. Evelyn weinte heimlich und beschloß, die Schneiderlehre abzudienen wie ein Lösegeld. Zwischen den armlosen Puppen, an denen die Zuschnitte hingen, fühlte sie sich selbst leer und ausgestopft. Ihr Groll ging nicht so weit (und sie hätte sich solche Unvernunft nicht zugebilligt), das Gelernte blitzschnell zu vergessen.

In den langsamen, trüben Nachmittagen, wenn die Augen schmerzten, arbeitete sie ihren eigenen Plan aus, in dem die biederen Absichten ihrer Mutter (ihres Vaters? zählte der?)

nur noch Baumaterial waren, Mosaiksteinchen für ein Bild, dessen Komposition ihr gehörte. Sie wollte fortgehen. Wenn es nützlich war, sich selbst ein Kleid nähen zu können, dann gab ihr diese verhaßte Kunst doch die Möglichkeit, weniger zu brauchen als andere. Hieß das nicht, freier zu sein? Unter der Hand, in einer Verborgenheit, die sie selbst nicht durchschaute, wurde ihr freundliches und nachgiebiges Wesen zur Waffe, zum Panzer. Sie wollte nicht mehr hergeben, als ihr bekömmlich war. Undurchschaubare Forderungen galt es abzuwehren. Küsse und mehr als Küsse im Dunkeln, worüber die Mädchen neben ihr an dem großen, von bunten Stoffen übersäten Tisch sprachen, gehörten nicht in diesen Plan. So fühlte sich Evelyn von ihrer körperlichen Entwicklung bedroht. Sie schämte sich ihres Busens und versteckte ihn, so gut sie konnte, unter weiten Blusen und Pullovern. Begehrliche Blicke trafen das schöne, dunkelhaarige Mädchen mit den grauen, freundlich blickenden Augen, in denen nur ein aufmerksamer Betrachter Mißtrauen und ein tiefes Bedürfnis nach Distanz gelesen hätte. Evelyn hatte einen Schwager, der mit ihrer ältesten Schwester verheiratet war und sie früher öfter zu einem Ausflug einlud und dann überredete, den Nachmittag lang im Wald Heidelbeeren oder Pilze zu sammeln (die er am nächsten Morgen auf dem Markt verkaufte). War sie nicht fleißig genug, wurde sie gescholten. Einmal, als sie den Korb umgeschüttet hatte, verurteilte der Schwager sie dazu, auf einem Holzscheit zu knien (eine Strafe, die er auch über seine Kinder zu verhängen pflegte), während die anderen am Tisch saßen und ihr Abendbrot verzehrten. Evelyn wußte, daß sie sich weigern, daß sie weglaufen konnte. Aber sie erduldete die Züchtigung, denn sie wollte ihre Knie nachher der Mutter zeigen.

Dieser Schwager verliebte sich in sie. Wieder lud er sie zu einem Ausflug ein. Er fuhr mit ihr in den Wald, sie wanderten einen Bach entlang, er erzählte von den Krebsen, die er früher darin gefangen hatte. Plötzlich blieb er stehen, ergriff ihre Hände und flüsterte, er habe etwas ganz Schönes, was er ihr zeigen wolle. Er hatte nichts mitgenommen. Evelyn war diesen Weg schon oft gegangen, sie konnte sich nicht vorstellen, was es da Besonderes geben könne. Er wolle ihr die Liebe zwischen Mann und Frau zeigen, sagte der Schwager, die sei das Schönste im Leben. Er küßte sie. Ob ihre Schwester das wissen dürfe, fragte Evelyn und wand sich aus seinem Griff. Da beschränkte er sich aufs Reden, das war bedrohlich genug, er schilderte in glühenden Farben, was er ihr geben könne, während sich Evelyn schwor, dies sei der letzte Ausflug mit ihm.

Später lauerte er beim Schwimmbad in der Umkleidekabine auf sie, riß ihr den Badeanzug vom Leib und brach dann unter ihrer erbitterten, stummen Abwehr in Tränen und Entschuldigungen zusammen. Sie sollte ihn nicht verraten! Als ob es sie interessiert hätte, andere an ihrer Schmach teilhaben zu lassen! Nur ihre Ruhe wollte Evelyn. Ihr Weg war schwer genug zu finden. Da störten solche Gefühle nur. Am Tag nach der Gesellenprüfung meldete sie sich, drei Stunden Bahnfahrt von ihrer Heimatstadt entfernt, in einer Schule für Krankenschwestern an.

Nicht was ein Kind wirklich bekam, bindet es an sein Zuhause. Mehr tut das die Sehnsucht nach dem nie Erhaltenen. Evelyn war von Heimweh wie betäubt. In einer selbstverordneten Kur suchte sie das Gegenmittel in den Betäubungen durch die Arbeit. Da mußte sie nicht weit Ausschau halten. In dem sich selbst verborgenen Sadismus, dem Helfer und Heiler leicht verfallen, wurden die jungen Schwesternschülerinnen überall dorthin geschickt, wo der Dienst schwer war, zu den krebskranken Kindern, den gelähmten, kaum ansprechbaren Alten, in ein Konzentrat von Schrekken, Schmerz und Tod. Falls sie Worte fanden für das, was sie bewegte, fanden sie doch kein Ohr; wenn sie in ihrer

Dienstpflicht versagten, nicht gründlich genug putzten, nicht flink genug den Anleitungen folgten, wurden sie kritisiert und auf ihre Erbärmlichkeit angesichts dieser mächtigen, erhabenen, nur Gutes produzierenden Maschine der Universitätsklinik hingewiesen. Um zehn Uhr abends wurde das Licht gelöscht, die Tür versperrt. Einige mutige (oder verworfene?) Mädchen schlichen morgens an dem verschlafenen Pförtner vorbei und traten ihren Dienst an. Evelyn gehörte nicht zu ihnen.

Hatte sich der Bann gelockert, der zu Hause auf ihr lag und ihr den eigenen Körper fremd machte wie ein versteinertes, längst ausgestorbenes Tier, oder war es jene Not der Verzweiflung, die Evelyn dazu brachte, eine selbst auferlegte Grenze zu überschreiten? Führte der Zufall Regie? Jedenfalls entdeckte Evelyn etwas an sich, das ihr bisher fremd gewesen war. Sie hielt es fest, wie der Schiffbrüchige einen Balken, und wünschte sich doch, sie hätte es nie, nie kennengelernt, denn sie fühlte sich auf lange Sicht immer unglücklicher damit und brauchte das Zaubermittel doch, um sich in diesem Unglück zu trösten. Zu Hause hatte ein altertümlicher Badeofen zu Füßen der weißen Wanne mit den krummen Füßen gestanden, in der sich Evelyn waschen sollte. Meist blieb er kalt, sie nahm einen Lappen, erledigte das Geschäft gründlich, verbissen, rasch. Einmal, am Samstag, wurde der säulenförmige Behälter geheizt. Die Mutter stieg in die Wanne. Nach ihr sollten der Vater und Evelyn baden. Aber Evelyn wollte um keinen Preis der Welt. So kannte sie das Erlebnis nicht, das ihr die gut ausgestatteten Duschkabinen im Schwesternwohnheim verschafften, in denen sie Schmutz und Geruch des Arbeitstages wegspülen wollte. Denn wo ihre Hand scheu zurückzuckte vor dem, was der Beichtspiegel in ihrem Gebetbuch die «unkeusche Berührung» nannte, sprudelte das Wasser unschuldig und prickelnd über die geheimsten, sonst stets wohlbeschützten

Orte ihres Körpers. Ehe sie genau erkannte, was für eine verruchte Botschaft sie da anhörte, war sie gebannt und lauschte bis zum Ende, zuckend unter dem peitschenden Strahl, erlöst, entspannt, glücklich und dann sofort vom Bewußtsein einer tiefen Schuld erfüllt, die sie mit dem Vorsatz beschwichtigte, sich nie, nie wieder diesen Empfindungen hinzugeben.

Die Versuchung war stark, und es wurde ein erbitterter Kampf, in dem sich Evelyn immer als Verliererin fühlte. Sie verlor entweder die heimlich ersehnte Lust oder ihre Selbstachtung. Manchmal tröstete sie sich mit der Beteuerung, es sei doch gleichgültig, ob sie einmal oder zehnmal gesündigt habe; dann wieder schalt sie sich blasphemisch, daß sie solche Ausreden überhaupt erdenke. Der Beichtvater war keine Hilfe. Seine Fragen brachten die Schamröte in Evelyns Gesicht, das Keuchen in seiner Stimme verriet ihr, daß da ein beleibter Mann saß, er schien ihr lüstern und ahnungslos zugleich. Sie verschloß sich immer mehr, verlor den Appetit, magerte ab, fiel schließlich während einer Nachtwache in Ohnmacht.

Die große, träge Maschinerie der Klinik stand einen Augenblick still. Dieser körperliche Zusammenbruch war etwas Gültiges. Während sich bisher niemand für Evelyns Apathie, ihren Kummer, ihre langsamen Bewegungen interessiert hatte, war sie nun plötzlich aus einem Rädchen zum Rohstoff geworden. Sie wurde gebettet, man nahm ihr Blut ab, der Internist zog einen Psychiater hinzu. Dieser diagnostizierte, ohne jemals in Evelyns schamvoll gehütetes Geheimnis einzudringen, eine Depression. Sie schien ihm weit über das Heimweh eines Mädchens hinauszugehen, das zum ersten Mal von seinem Zuhause getrennt worden ist. Aber er war ein vorsichtiger Mann, und obwohl er keinen Anlaß, keinen Auslöser finden konnte, griff er nicht gleich nach dem Endogenen. Er schlug vor, Evelyn zu beurlauben, sie die Ausbildung an einem Ort fortsetzen zu lassen, von dem aus sie am Wochenende ihre Familie besuchen konnte.

Sie hatte bisher zur vollen Zufriedenheit ihrer Vorgesetzten gearbeitet, denen gar nicht in den Kopf wollte, daß Evelyn jetzt so krank war. Die Schwester Oberin murrte über den eifrigen Assistenzarzt. Der Herr Pfarrer hätte dem Mädchen besser getan, sie wieder an ihren Dienst, ihr notwendiges Opfer erinnert und sie nicht mit solchen Wörtern erschreckt. Depression! Da wußte man wirklich nicht, was schlimmer war: die Nervenkrankheiten oder die Psychiater, die ihnen Namen gaben und die Menschen dazu brachten, ihre Willenskraft zu unterschätzen.

So kam Evelyn wieder nach Hause. Sie pendelte mit dem Zug in die nächste Großstadt. Die Versuchungen schwanden, der Geist siegte wieder über das unbotmäßige Fleisch, unterstützt durch die vertraute Welt um Mutter, Vater und Geschwister, in der sie sich fremd fühlte, aber längst nicht so verlassen wie im Schwesternheim. «Die Arbeit ist mein Vitamin», sagte Evelyn einmal, ohne nachzudenken, als eine Schulfreundin sie fragte, warum sie so blühend aussehe. Es traf ins Schwarze. Schon immer hatte sie empfunden, sie komme einfach nicht an die Mutter, die Geschwister, den Vater heran, es sei etwas abgerissen oder verstellt, was andere Menschen natürlich miteinander verbinde. Sie war, was das Gefühl anging, im Kontakt zu sein, ein Asthmatiker unter Gesunden. Während diese gar nicht wissen, daß sie atmen – sie tun's eben, das ist weit bekömmlicher als das Wissen –, muß der Kranke bedenken, wie er genug Luft bekommt, was er meiden muß, um nicht zu ersticken, welche Atemübungen ihm helfen.

Als Kind hatte Evelyn bemerkt, wie die Angst sofort wuchs, wenn die Mutter nicht mit ihr sprach, und abnahm, sobald Worte gewechselt wurden. So schmeichelte sie ihr Geschichten ab und wurde nicht müde, immer wieder von

Rumpelstilzchen oder von Hänsel und Gretel zu hören. «Sprich, damit ich dich sehe», hatte sie einmal auf einer frommen Postkarte gelesen. Später erfuhr sie, daß dieser Satz von einem griechischen Philosophen stammte. Vielleicht hatte der begriffen, was mit ihr los war? In der Schule entdeckte sie ein neues Hilfsmittel, das sie von den Launen der Mutter unabhängig machte, ihr jedoch manche Beule eintrug. Sie konnte ein Buch lesen. Dann sprach jemand mit ihr. Sie war nicht allein, sie hatte keine Angst. Und so gewöhnten sich die Leute in der Kleinstadt daran, daß ein hübsches Mädchen mit kastanienbraunen Zöpfen gravitätisch durch die Straßen spazierte, auf dem Rücken den Schulranzen, vor sich ein aufgeschlagenes Buch. Gelegentlich hoben sich die Augen von den Seiten. Wie das Periskop eines U-Bootes tasteten sie den Weg ab, speicherten ihn und versanken wieder.

Ihr eigenes Elend in der ersten Trennung von zu Hause und die überraschende Unterstützung, die sie durch den Psychiater erfahren hatte, trugen dazu bei, daß die kranken Kinder in Evelyn jemanden fanden, der nicht nur für Disziplin und hygienische Verhältnisse sorgte. Sie wollte mit ihnen sprechen. Sie saß nach Feierabend an zerwühlten Gitterbetten, in denen kleine, dunkle Gesichter schaukelten wie Korken im Gischt, unfähig, im Schlaf zu versinken. Sie erzählte Geschichten. Es waren Märchen, kleine, komische Szenen, Gedichte. Die Kinder lachten und wurden ruhig. Es gab Ärzte, die von Zeitverschwendung brummten, es gab Stationsschwestern, die Evelyn verdächtigten, sie wolle sich nur beliebt machen, und genau kontrollierten, ob sie ihren Dienst (die «eigentliche Arbeit», hieß es) richtig mache. Es war ihr nie eine Verfehlung nachzuweisen. Allmählich fand Evelyn Anerkennung. «Sie kann es mit den schwierigen Kindern besonders gut», sagte die eine oder andere Lehrschwester. «Kein Wunder», dachte Evelyn, wenn sie solche

Bemerkungen mitbekam. «Wenn ihr wüßtet, was ich für ein Kind gewesen bin!»

Nicht nur die Kolleginnen machten sich Evelyns besondere Fähigkeiten zunutze. Ein Spezialist für Kinderpsychiatrie, als Konsiliarius gerufen, entdeckte die besonderen Talente der jungen Schwester und lud sie ein, nach dem Examen auf seine Abteilung zu kommen. Dort sei das, was sie hier gewissermaßen nebenbei erledige, wofür sie ihre Freizeit opfere, ein wesentlicher Teil der Arbeit. Evelyn fühlte sich wie auf Wolken. Sie machte ein ausgezeichnetes Examen, obwohl sie fürchterlich Angst hatte, durchzufallen, und wechselte die Stelle. So kam sie in eine Station für verhaltensgestörte Kinder mit kleinen neurologischen Auffälligkeiten, die mit einem Forschungsinstitut zusammenarbeitete, an dem psychotherapeutische Programme für solche Entwicklungsprobleme erarbeitet wurden. Sie wurde jetzt normal bezahlt, konnte sich eine winzige Wohnung leisten und zog von zu Hause fort. Sie hatte ihre Angst gezähmt, sie kannte das Gegenmittel: Arbeit. Ihre Mutter, ihren Vater brauchte sie nun nicht mehr. Sie konnte durch die Straßen gehen, ohne ein Buch zu lesen. Wenn sie sich allein fühlte, dachte sie an eines ihrer Kinder, überlegte, was sie mit ihm üben sollte. Dann verschwand ihre Einsamkeit.

Was blieb und nicht weichen mochte, war ihre Angst vor den Erwachsenen. Sie war nicht so schlimm wie früher die Angst vor dem Alleinsein. Die hatte sie als Kind ja geradezu in die Fänge dieser Erwachsenen getrieben. Aber sie war auch nicht zu bezwingen. Sie wurde nicht weniger. Man konnte sie eindämmen, aber nicht austrocknen. Solange sie mit einem Erwachsenen zusammenarbeitete, war die Angst kaum zu merken, vor allem bei Frauen, aber auch bei Männern, die freundlich waren, die weder einen Flirt versuchten noch sich zur finsteren Autorität blähten. Aber ein fröhliches, unbefangenes Gespräch, etwa während einer Runde Geburtstagskaffee in der Station? Evelyn fühlte sich beklommen. Was konnte sie nur tun? Es gab keinen Grund, und doch hatte sie Angst, fühlte sich wie ein Kind, das gerade noch von einer Tischgesellschaft Erwachsener geduldet wird, solange es manierlich Gäbelchen und Messerchen handhabt, die Oberarme an den Brustkorb gedrückt, ohne sich zu bekleckern. Was sie sich als unerträgliche, unvorstellbare Steigerung dieser Qual vorstellte, mit einem Mann gänzlich ohne Programm zusammenzusein, das vermied Evelyn vollständig.

Sie arbeitete viel, bildete sich fort, besuchte gerne das Theater und Kunstausstellungen. Einige junge Ärzte probierten, was mit ihr ging. Nach dem ersten oder zweiten Abend gaben sie auf. Nur einer, der besser mit Evelyns ernsthafter und distanzierter Art umgehen konnte, weil ihm eine erotische Beziehung ebenso Angst machte wie ihr, blieb länger. Jetzt «hatte sie einen Freund», ein gutes Schutzschild gegen unerwünschte Aufmerksamkeit. Daß es zwischen ihnen keinen körperlichen Kontakt gab, mußte niemand wissen. Sie war normal, das ersparte dumme Fragen, sie war gebunden, das ersparte kränkende Zurückweisungen, weil es schon die Anträge im Keim erstickte.

Evelyn hatte in ihrer Wohnung kein Telefon. Sie wollte sparen, sie war ohnehin nur selten da. Wozu etwas, worum sie sich kümmern, was sie versorgen mußte, einfach, weil es dastand und man schließlich, wenn man es hatte, auch Gebrauch davon machen mußte? Eines Morgens, als sie in die Klinik kam, waren die Gesichter besorgt. Sie sollte sich setzen, sagte die Stationsschwester vorsorglich. Evelyn setzte sich brav. Warum sich die Erwachsenen immer nur so anstellten! Warum sie ihr helfen wollten und alles dadurch peinlich machten. «Ich habe eine schlechte Nachricht», sagte die Kollegin. «Ihr Vater ist gestorben. Ein rascher, gnädiger Tod, ein Schlaganfall, glaube ich. Natürlich geben wir Ihnen frei. Ihr Bruder hat in der Nacht angerufen.»

Auf der Bahnfahrt ordnete Evelyn ihre letzten Erinnerungen an den Vater. Die Arbeit hatte die Schmerzen ausgelöscht, die ihr früher der Streit ihrer Eltern bereitete. Sie war nicht mehr das Kind, das darum bettelte, still in der Werkstatt sitzen zu dürfen. Konnte es sein, daß der Vater, irgendwann, als er es längst verloren hatte, dieses stille Mädchen vermißte, dessen Augen unter den schweren Zöpfen ihn mit einem Leuchten verfolgten, das ihn fast schmerzte? Worte hatte er dafür nicht gefunden. Das letzte Gespräch, in dem so etwas wie die alte Beziehung wieder aufflammte, hatte Evelyn auch vermittelt, wie gebrochen und gespalten seine Gefühle waren. Sie wollte sich die Haare abschneiden lassen für eine moderne, kurze Frisur. Der Vater war zuerst verständnislos und voller Zorn. «Wenn du das machst», herrschte er sie an, «mußt du gar nicht mehr nach Hause kommen!» Als er dann sah, wie sich ihr Gesicht verdüsterte und sie sich die Tränen stumm verbiß, holte er einen Zwanzigmarkschein aus einer Metalldose und gab ihn ihr, mit halb abgewandtem Gesicht, als schäme er sich und könne sich doch nicht entschuldigen. «Nimm schon, und geh zu einem gescheiten Friseur in die Stadt. Die hier, die können alle nichts!»

Diese Szene fiel ihr wieder ein. Erst hatte er sie behandelt wie ein Kind und verlangt, sie solle ein Kind bleiben. Dann hatte er sie plötzlich beschenkt und sich um sie gesorgt wie ein Liebhaber, hatte ihr von seinem eigenen sorgfältig versteckten Geld abgegeben, obwohl sie doch gar nichts von ihm verlangt hatte; für solche Sachen kam die Mutter auf. Sie wurde nicht klug aus ihm, aber sie hatte in einem grenzenlosen und ganz unbegründeten Vertrauen darauf, daß es viel, unendlich viel Zeit für sie gebe, abgewartet, und jetzt war es zu spät. Es sollte ihr eine Lehre sein. Aber was half ihr das jetzt? Tränenlos, mit bohrenden Kopfschmerzen, kam sie in das Elternhaus, sah das Gebinde aus weißen Blumen und dunklen Bändern, das den Todesfall anzeigt, an die vertraute Eichentür geheftet.

Es schien Evelyn verfehlt und schlechterdings falsch, daß alle miteinander sprachen, zu Abend aßen, als sei nichts geschehen. Sie schienen ihr die Trauer zu stehlen. Indem sie die ihrige nicht zeigten, zwangen sie Evelyn, auch sachlich zu tun. Man war's gewöhnt, über den Vater zu scherzen. Aus einem Spottgebilde und Sündenbock läßt sich nur langsam und mit Mühe ein Gegenstand für Kummer und Tränen machen. Alle spürten beklommen, daß etwas Wesentliches verlorengegangen war. Die Mutter klagte über Kreislaufstörungen. Evelyn mußte ein Lächeln unterdrücken, als ihr zwischen ihrem Schmerz – dem körperlichen, der in ihrer linken Stirn wütete, und dem um ihren Vater – einfiel, wie sie früher diese Rede von der Kreislaufschwäche als einen der vielen Hinweise gedeutet hatte, daß die Erwachsenen verrückt sind. Jeder Zweijährige kann im Kreis laufen. Und keineswegs gehuntüchtige Mütter oder Tanten wollten sich auf Kreislaufschwäche hinausreden, wenn ihnen keine dümmere Entschuldigung einfiel!

Als die Erde auf den Sarg schlug, spürte Evelyn, wie es sie würgte. Da hatte sie sich vorgestellt, es gebe keine Steigerung der Endgültigkeit des Verlusts, des Schreckens, der Trauer, und es gab sie doch. Im Nu war ihr Taschentuch zum Auswinden. Die Trauergäste gingen nacheinander an das Grab, warfen eine Schaufel Erde hinein, die Kinder ließen ihre Sträußlein hinunterfallen. Evelyn blinzelte durch ihre Tränen. Wie jemand, der in klares Wasser blickt, sah sie ihren Vater, fünf Fuß unter der zertretenen Wiese, bedeckt von einem Gemisch aus Sand und Rosen. Sie stand neben einem Grabstein, die Augen taten ihr weh, aber die Kopfschmerzen waren plötzlich verschwunden. Ihre Gefühle liefen durcheinander. «Komm», sagte die Mutter ungeduldig, tränenlos neben ihr, erstarrt, stumm geblieben. Die Geschwister hatten sich zerstreut, es gab soviel zu ordnen und zu organisieren. «Reg dich nicht so auf», setzte die Mutter nach einer Pause hinzu. «Du mußt nicht so weinen. Eigentlich geht dich das gar nichts an. Er war schließlich gar nicht dein Vater!»

Das gab Evelyn eine Fassung, aber sie war nicht erleichtert. «Ich habe es immer gewußt», sagte sie sich. «Etwas hat nicht gestimmt mit meinem Vater und meiner Mutter und mir, und *das* ist es gewesen.» Aber warum, warum nur hatte die Mutter nicht früher gesprochen? Es wäre schwer gewesen, die Wahrheit zu ertragen, aber war es nicht noch schwerer, mit diesem ungreifbaren Makel zu leben, mit dieser Sünde, die nicht ihre Sünde war und die sie doch befleckte? Jetzt schwieg die Mutter nicht mehr. Hatte sie gedacht, sie würde die Tochter trösten, wie man ein Kind trösten mag, das einem entflogenen Luftballon hinterher weint, indem man diesen mit einem wohlgezielten Schuß vom Himmel holt? War es der Neid um Evelyns Schmerz, um ihre Tränen, während sie selbst nur verwirrt am Grab des Mannes stand, den sie eigentlich schon noch irgendwann einmal hatte lieben wollen? Verachtet und kritisiert hatte sie ihn schließlich aus gutem Grund, um ihn aus seiner Bequemlichkeit zu scheuchen, ihn zu zwingen, mehr aus sich zu machen und nicht die wenigen Fähigkeiten, die er hatte, auch noch durch seine Sauferei abzustumpfen. Evelyn wurde am Grab des Vaters für die Mutter zur Rivalin um ihn, den sie um keinen Preis gönnen mochte, was sie selbst, wie es doch sonst jedem schien, keineswegs besonders hochschätzte. Eine Szene wiederholte sich, die am Anfang von allem stand, eine geheime, von den Jahren und der Verschwiegenheit aller Beteiligten verwischte, getarnte, vergrabene Szene, die jetzt Evelyn stückweise aus der Mutter herausfragte.

Die Mutter hatte damals, während der blutigen, schon vom ersten Geschmack der großen Niederlage geprägten Kämpfe im Osten, lange keinen Brief mehr erhalten. Der Vater hatte wohl seine Briefe geschrieben. Sie waren verschollen, ein geringfügiger Verlust in einer Zeit vieler Verluste, aber für diese Familie ein folgenschwerer. Die Mutter fürchtete, ihren Mann verloren zu haben. Wie um aus der Vorratskammer zu ersetzen, was der Garten frisch nicht liefern mag, grub sie in seinen alten Papieren, suchte nach Briefen, nach etwas, das sie an ihre Verbindung erinnerte – und fand das Gegenteil: Einen Brief von einer anderen Frau. Der Inhalt war harmlos genug, Worte, wie man sie mit Bekannten wechselt. Aber die Umstände des Fundes, die von ihrem Mann gewahrte Geheimhaltung, die Marter des Schweigens, die sie ihm jetzt als bösen Willen und als Gleichgültigkeit auslegte, weckten die Wut von Evelyns Mutter. Wer wußte, vielleicht hatte er auch jetzt wieder einen Druckposten und eine, vielleicht sogar zwei leidenschaftliche Slawinnen, während sie sich die Augen ausweinte und seine Kinder erzog? Es mußte etwas geschehen. Wäre ihr Mann dagewesen, ein heftiger Streit hätte die knisternde Spannung gelöst. Aber er war ungreifbar, unerreichbar, vielleicht kam er überhaupt nicht wieder, vielleicht würde sie es nie erfahren, ob er nicht die ganze Zeit eine andere Frau mehr geliebt hatte als sie – ganz gewiß, er mußte sie mehr geliebt haben, denn ohne gemeinsame Kinder, ohne den Schmutz und zähen Haß, den der Alltag aufwirbelt, bleibt doch jede Liebe klar, rein, unwiderstehlich.

So ging Evelyns Mutter in das Geschäft, das ihrer Tante gehörte und in dem sie verkaufte. Sie zog ihre schönste Bluse an und ließ einen Knopf mehr offenstehen als sonst. Sie wusch sich die Haare und nahm ein wenig Lippenstift. Wohlgefällig schaute sie in den Spiegel. Sie war noch immer eine attraktive Frau, ein wenig rund in den Hüften, aber viele Männer mochten das. Dann stand sie an der Ladentheke und wartete. Es gab Männer, die ihr nicht gefielen und die ihr einen Antrag machten. Sie lehnte ab. Es gab welche, die ihr gefielen und die keinen Antrag machten. Sie blieb stumm. Aber bei dem ersten, der ihr gefiel und der sie nach Feierabend zu einem Glas Wein einlud, sagte sie «Ja!». Er war verheiratet, seine Familie lebte in einer nahen Kleinstadt, er kam als Vertreter viel herum und war einem Abenteuer nicht abgeneigt. In dieser Nacht wurde Evelyn gezeugt.

«Dann kam mein Mann wieder. Ich war schwanger. Er wußte, es konnte nicht von ihm sein. Ich habe ihm angeboten, mich scheiden zu lassen, aber es war ihm zuviel Aufwand, er wollte die Familie zusammenhalten und dich mit dazu nehmen, dich wie ein eigenes Kind behandeln.»

«Und was war mit der anderen Frau? Deren Brief dich so eifersüchtig gemacht hatte?» fragte Evelyn.

«Ach, die!» sagte die Mutter verächtlich. «Das war gar nichts, eine alte Schulfreundin vom Vater, längst verheiratet. Der Brief hatte nichts zu bedeuten.»

«Wenn ich meine Patienten nicht hätte», dachte Evelyn häufig in den folgenden Wochen, «würde ich es gar nicht mehr aushalten!» Sie erfuhr am eigenen Leib, daß Wahrheit Gift und Heilmittel in einem ist. Natürlich hätte sie nie und nimmer zurückfallen wollen in den früheren Stand der Unwissenheit. Aber leicht war es nicht, sich an die Szene beim Begräbnis des Mannes zu erinnern, den sie so viele Jahre für ihren Vater gehalten hatte. Sollte er es jetzt plötzlich nicht mehr sein? Sie war ein Zufallsprodukt, aus einer Laune ihrer Mutter entstanden, niemand hatte sie gewollt und gewünscht, kein Wunder, daß sie sich immer fremd fühlen mußte. Weil es sie gab, spürten Mutter und Vater ihr schlechtes Gewissen. Daß sie es nicht an ihr auslassen wollten, daß sie gut zu ihr sein wollten, das machte alles noch schlimmer. War sie undankbar? Sie verstand plötzlich gut, weshalb sie immer bei Besuchen in der Türe stehenblieb und ihr Geschenklein auspackte, ohne das sie nicht eingetreten wäre. So war eben ihre Rolle, sie ging durch die Welt und bettelte um einen Existenzberechtigungsschein, während die anderen, die erwünschten Kinder, die keine unerkannte Schuld zu tragen hatten, in die fremden Räume einfach hineintraten. Da waren sie! Sie mußten um nichts bitten und nichts beweisen.

An einem Wochenende, vielleicht ein Jahr nach dem Tod ihres Ziehvaters, machte sie sich auf die Suche nach dem Mann, dessen Namen ihre Mutter widerwillig preisgegeben hatte. Alles, was sie fand, war wieder ein Grab, schon überwachsen, eine verblaßte goldene Schrift. So hatte sie zwei Väter verloren. Es geschah ihr recht. Es war kindisch von ihr, immer noch an den Eltern festzuhalten. Sie war schließlich schon bald dreiundzwanzig Jahre alt, sie hatte ihre Arbeit. Wenn sie abends unglücklich war, dann lag es vielleicht nur daran, daß ihr der Stationsdienst nicht lag. Sie wollte etwas wirklich Qualifiziertes machen, nicht mehr Mädchen für alles sein, Hilfstherapeutin, abhängig von ärztlicher Gnade, die man aus- und anknipsen konnte, je nachdem, wie es den Herrn in den weißen Kitteln paßte.

So begann Evelyn ihre Odyssee der Qualifikation, die sie an die verschiedensten Küsten führte. Oft wünschte sie sich, sie wäre überhaupt nicht aufgebrochen, aber sie zog sich nie zurück. Ihr Ehrgeiz war schwer zu befriedigen. Die gängigen Belohnungen machten ihr genausoviel Kummer wie Freude. Wenn sie mehr verdiente als ihre früheren Kolleginnen, tat ihr das leid. Sie hätte es am liebsten versteckt. Sie haßte eigentlich alles, was für die Fortbildung notwendig war: daß sie ihre gemütliche kleine Wohnung gegen irgendwelche Tagungsstätten tauschen sollte, daß sie sich in einer fremden Umgebung zurechtfinden mußte, daß sie weder mit den vertrauten Kindern noch mit ihren Kolleginnen sprechen konnte. Dennoch meldete sie sich immer wieder an, reiste in eine andere Stadt, wo sie schließlich auch die Prüfungen ablegte, die ihr Titel wie Fachschwester für Kinderpsychiatrie, Familientherapeutin und schließlich Pflegedienstleiterin eintrugen.

Eine Weile überlegte Evelyn ernsthaft, das Abitur nachzuholen und doch noch Medizin oder Psychologie zu studieren, aber der Plan flößte ihr so viel Unbehagen ein, daß sie ihn fallenließ. Sie hatte inzwischen so viele Ärzte und Psychologen kennengelernt, daß sie nicht mehr zwangsläufig dachte, die wüßten bestimmt alles besser als eine Kinderkrankenschwester. Sie stellte immer öfter fest, daß sie *weniger* wußten, daß sie ihren Rat und ihre Anleitung suchten, mehr oder weniger offen, mehr oder weniger kollegial, wie es ihnen eben ihre persönliche Art eingab, mit ihrem akademischen Dünkel umzugehen. Die Ärzte gingen meist nach einem oder zwei Jahren, wie es ihre Weiterbildung fügte. Sie aber blieb. Was mit den Kindern wirklich vorging, wie sie sich entwickelten, in welchen Interaktionsprozessen mit ihren Eltern und mit dem therapeutischen Team sie ihre Störungen ausdrücken und vielleicht auch überwinden konnten, das lernte man erst kennen, wenn man einige Jahre Erfahrungen sammeln und auswerten konnte. Evelyn bemerkte manchmal (und erschrak dann über sich selbst), wie sie ärztlichen Anleitungen in aller Ruhe widersprach. Sie setzte sich auch durch, denn der Oberarzt wußte, wie gut sie sich ihre Einwände überlegte. In solchen Situationen war es hilfreich, dachte Evelyn, daß sie wie ein Chamäleon in die Rolle der Familientherapeutin schlüpfen konnte und so den Routineverkehr auf der Machtschiene Arzt – Krankenschwester zum Entgleisen brachte. Aber die eigene Durchsetzung machte ihr keine Freude, sie fühlte sich eher mit dem Rükken an der Wand, sie wollte doch nur ungestört arbeiten und versuchen, möglichst viel für die Kinder herauszuholen. Es war immer noch wenig genug, denn ihre Zeit und ihre Kräfte reichten nicht aus, alles selbst zu machen. Es fiel Evelyn sehr schwer, andere anzuleiten und zu überwachen, auch als das längst zu ihren Aufgaben gehörte. Sie suchte immer, durch ihr Vorbild zu wirken. Sie arbeitete selbst mehr als die Kolleginnen, stellte bereitwillig ihr Material, ihre Ideen zur Verfügung und hoffte, die ihr unterstellten Schwestern würden sehen, was notwendig war und nicht vernachlässigt werden durfte.

Immer wieder vermittelte ihr die Arbeit ein Ungenügen, eine schwer auflösbare Spannung. Evelyn fühlte sich, von Anerkennung umgeben, inzwischen selbst eine geschätzte Kursleiterin für Fortbildungen, als Versagerin. Sie schleppte sich mit den schlimmsten Migräneschmerzen in den Dienst. Sie fing an, schon morgens, gewissermaßen prophylaktisch, zwei Thomapyrin zu schlucken. Früher hatte es sich leichter gelebt. Sie war voller Hoffnung, ihre Ängste zu überwinden, wenn sie erst einmal mehr wußte, wenn sie nicht mehr von jedem herumkommandiert werden konnte, wenn sie diese oder jene Zusatzausbildung abgeschlossen hatte, von der in den Prospekten Wunderdinge standen. Die Hoffnungen hatten getrogen. Vielleicht hatte sie die ganze Zeit an der falschen Stelle gesucht? Sie nahm ihre Arbeit zu ernst, sie opferte ihre Freizeit. Sie hatte den Beruf wie einen Drachen mit sich selbst gefüttert, sie hatte erwartet, er würde sie entschädigen, ihr alles mit Zinsen zurückgeben. Was geschehen war, lief ihrer Sehnsucht zuwider. Der Drache wurde nicht satt und gütig, sondern immer gefräßiger. Wenn die Aussicht schwand, ihn durch Opfer versöhnlich zu stimmen, war er doch längst so mächtig, bestimmte so viel von ihrem Leben, daß es schier unmöglich war, ihm zu entkommen.

Robert, der Arzt, mit dem Evelyn vielleicht einmal im Monat ins Theater ging, ihr «Bekannter», wie sie ihn halb entschuldigend nannte, zog in eine andere Stadt. Nach einem halben Jahr kam eine Heiratsanzeige. Sie hatte all die Jahre gewartet, daß irgendwann etwas da sei, das man Liebe nennen durfte. Es war nicht geschehen. Sie dachte, es läge an Robert, an seiner zwanghaft korrekten Art. Aber es mußte an ihr liegen. Sie war abstoßend. Dort, wo Robert jetzt verheiratet war, gab es eine Frau, die ihn anscheinend aus dieser Reserve herausgelockt hatte. Jetzt war ihr alles verleidet. Immer wieder mußte sie an Robert denken. Warum hatte sie nichts getan, nichts gesagt, immer nur gewartet? Sie wollte fort von hier, wo alles an ihr klebte, wo die Erwartungen sie auffraßen, wo ihr Leben eingefahren war, wie ein Uhrwerk, das allmählich verharzt.

Natürlich hätte sie es wissen müssen! Sie vertrug doch Ortswechsel so schlecht. Sie war immer noch ein Kind, das überall fremdelt. Wie konnte sie nur so leichtfertig alles aufgeben, woran ihr Herz hing, die geliebte Abteilung, ihr kleines, gemütliches Apartment, die Kolleginnen, die Kinder! Jetzt saß sie wie Robinson schiffbrüchig auf seiner Insel in dem großen, unübersichtlichen Krankenhaus, sollte mit Jugendlichen zurechtkommen, deren Dialekt sie nicht verstand, den Schichtdienst organisieren, die Elternarbeit aufbauen, kurzum, sie hatte mehr Arbeit denn je. Wenn sie weniger an Robert dachte und damit wenigstens einen Teil dessen erreichte, was sie sich gewünscht hatte, dann lag es doch nur daran, daß sie so müde war.

Der einzige Lichtblick war die Bekanntschaft mit Barbara. Einmal, am Abend, hatte sie stumm und erschöpft in ihrem Zimmer gesessen, zu kaputt, um etwas zu essen. Da hatte es an der Tür geklopft, Barbara, die zwei Zimmer weiter wohnte, hatte sie eingeladen, doch mitzukommen, sie habe ein Minestrone-Rezept erprobt, ob sie nicht mitessen wolle? Barbara hatte noch keine eigene Wohnung, sie war erst seit kurzem hier angestellt, wie sie auch, nutzte eines der Zimmer im Schwesternwohnheim. Aber sie hatte es bequem eingerichtet, mit Kühlschrank und Kochplatte, vielen Zimmerpflanzen und einem großen Bett, auf dem ein dikker, lustiger Teddybär saß und seine Stummelbeine von sich streckte.

Von da an verbrachten sie viele Abende gemeinsam. Barbara kochte leidenschaftlich gerne. Evelyn, die Hausarbeit verabscheute, seit sie damals die Schneiderlehre machen mußte, ließ sich nach einem ersten Zögern einladen. Barbara war verheiratet gewesen. Aber die Ehe war etwas, woran sie sich nur ganz ungern erinnerte. Ihr Mann war distanziert geworden, nachdem sie zusammengezogen waren. Ihren Fragen wich er aus. Barbara kochte Mahlzeiten, die kalt wurden und verdarben. Sie putzte und wusch, er sah es nicht. Sie wünschte sich ein Kind und bekam keines. Sie erkrankte an einem juckenden Ausschlag, den der Arzt Urtikaria nannte und auf eine Allergie gegen Milch und Erdbeeren zurückführte. Aber er verschwand nicht, als Barbara die vorgeschlagene Diät streng einhielt. Endlich ertrug sie die Unsicherheit nicht mehr, die Antworten, er müsse viel arbeiten, Dienste machen (er war Arzt in einem Krankenhaus)! Barbara beauftragte einen Privatdetektiv. Nach drei Tagen hatte sie einen Bericht und ein Foto der anderen Frau. Sie schrieb ihrem Mann einen Brief in die Klinik, ließ seine Möbel von einer Spedition abholen, die Schlösser in der gemeinsamen Wohnung auswechseln und reichte die Scheidung ein. Eine Woche später war die Urtikaria verschwunden.

Evelyn schwankte zwischen Bewunderung und Mitleid, Zeuge des Scheiterns einer tollkühnen Tat, die sie sich niemals zugetraut hätte. An einem Freitagabend saßen sie zusammen und feierten Barbaras Geburtstag mit einer Flasche Sekt und Lachsbrötchen. Auf dem Tisch stand die große, üppig blühende Passionsblume, die Evelyn mitgebracht hatte. An diesem Abend küßte Barbara Evelyn nicht mehr, wie sonst, beim Abschied auf die Backe, sondern auf den Mund. Evelyn war verblüfft und gerührt. Sie hatte keine leidenschaftlichen Gefühle, aber auch keine Angst. Sie war aufgehoben, ein wenig beschwipst, geborgen im Atem und in den Armen Barbaras, und wenn Barbara Genuß an ihr fand, dann konnte das doch nur gut sein, jedenfalls mußte und wollte sie nicht genau wissen, wie es war und was es war, süß, betäubend und entspannend. Sie hielt Barbara in ihren Armen, wie eine Mutter, die ihr Kind gestillt hat, und fühlte sich gerade darin selbst wie ein satter Säugling. Es war geschehen, es würde vielleicht nie wieder passieren, wozu sich Gedanken machen, ob es richtig war oder nicht? Irgendwann in der Nacht, als Barbara fest eingeschlafen war, raffte sie ihre Kleider zusammen und schlich über den Gang in ihr Zimmer. Als am Morgen der Wecker klingelte, dachte sie für eine Weile, es sei alles ein Traum gewesen, schüttelte dann die Frage und die Erinnerung ab, duschte sich heiß und kalt, ging hinüber in die Station und setzte sich an ihren Schreibtisch. Irgendwann kam Barbara, sie sprachen über ein Mädchen, das an Pubertätsmagersucht litt und dessen Eltern regelmäßig abführende Joghurts mitbrachten, «die einzigen, die das Kind ißt»! Barbara behandelte das neunzehnjährige «Kind», Evelyn arbeitete in einer Gesprächsgruppe mit den Eltern, sie berieten zusammen, wie der Tochter erleichtert werden könne, sich von der Mutter zu lösen. Eine Schwester kam hinzu, zu deren Aufgaben es gehörte, am Bett der Magersüchtigen zu sitzen, bis ihr Teller leer war. Barbara stand an der Kaffeemaschine. Alles war vertraut, und doch gab es einen neuen Glanz, der

Evelyn bald bedrohlich, bald wunderschön erschien. – Sie zitterte vor Angst bei der Vorstellung, jemand könne ihr und Barbara ansehen, was zwischen ihnen gewesen war. Aber einmal ist keinmal, geschehen ist geschehen, es war vorbei und vergangen, fast so gut, als sei es nie gewesen.

Später erinnerte sich Evelyn nur sehr ungern an diese Zeit. Ihre Liebe zu Barbara schien ihr unwürdig. Sie verglich sie mit ihren ersten ähnlichen Erfahrungen, die sie doch ebenfalls nur als Mittel gegen Einsamkeit und Heimweh, wider ihre Absicht zugelassen hatte. Damals begann Evelyn, zögernd und mit Hilfe der Rechtfertigung einer weiteren Fortbildung, therapeutische Hilfe zu suchen. Wir lernten uns in einer Selbsterfahrungsgruppe für die Angehörigen sozialer Berufe kennen. Weil die ganze Person – die «Droge Arzt», wie Michael Balint sagte – das wichtigste Instrument in allen pädagogischen, therapeutischen, sozialen und medizinischen Berufen ist, soll sie in ihrer Entwicklung und ihrer gegenwärtigen Beschaffenheit erforscht, sollen ihre Einschränkungen und blinden Flecken erkannt werden. Die Gruppe trifft sich zu keinem anderen Zweck, als die Kontaktaufnahme ihrer Mitglieder zu untersuchen, ihre Art, sich darzustellen und auf andere zu reagieren, abzuwarten oder aktiv zu werden, Hilfe anzunehmen oder anderen zu helfen, Opfer zu sein, Retter oder Verfolger. Evelyn war eine angenehme, zurückhaltende Teilnehmerin. Sie verhielt sich so, daß keiner sie angriff, stellte gelegentlich eine teilnahmsvolle Frage, lobte die Gruppe, weil sie vieles lerne, was ihr nützlich sei. Von sich selbst erzählte sie so gut wie nichts. Als gegen Ende der auf ein Jahr befristeten Gruppe (die sich mit Ausnahme der Schulferien jede Woche traf) jemand feststellte, er wisse eigentlich gar nichts von ihr, nicht einmal, ob sie allein lebe oder einen Freund habe, sagte Evelyn, sie habe einen Freund, lebe jedoch nicht mit ihm zusammen. Ich hätte gerne mehr von dieser unangreifbar freundlichen, klugen Frau gewußt, die sich in ihr Lächeln hüllte wie in eine Tarnkappe. Aber ich kam ihr während des Jahres kaum näher. Ich wußte nicht, was sie von mir hielt. Sie schien mir wie ein höflicher Gast, der den Wein lobt, von dem er nicht trinkt. War sie wirklich so ausgeglichen und zufrieden, ruhte sie in sich, wie es schien im Vergleich mit dem dramatischen Leid, den Depressionen und Ehekonflikten anderer Gruppenmitglieder? Ich fand keine Antwort auf diese Frage. Als die Gruppe zu Ende war, hörte ich auch auf, sie mir zu stellen.

Dennoch erinnerte ich mich an Evelyn, als sie einige Jahre später anrief und sagte, sie wolle einige Stunden Beratung, Supervision, vielleicht Therapie. Die alte Neugier, was hinter ihrem distanzierten Frieden stecke, erwachte wieder. Auch schmeichelte mir, daß eine Frau, die als Pflegedienstleiterin einer kinderpsychiatrischen Klinik gewiß viele Psychotherapeuten kannte, sich an mich wendete. Zu Beginn unserer Gespräche hatte ich die Phantasie, das Zwischendeck einer Galeere zu betreten. Während von außen gesehen viele Ruder scheinbar mühelos das stolze Schiff vorantreiben, schwitzen dort, an ihre Bänke gekettet, die Sklaven unter der Peitsche unbarmherziger Aufseher.

Alles strenge sie viel zu sehr an, berichtete Evelyn. Die Arbeit verlange von ihr, sich durchzusetzen, aber sie könne Konflikte kaum ertragen und wolle es allen recht machen. Oft leide sie unter so heftiger Migräne, daß sie nur unter Aufbietung aller Kraft, von Schmerzmitteln halb betäubt, ihren Dienst tun könne. Aber das sei nicht einmal das schlimmste. Der Beruf fresse sie auf, sie könne am Abend niemanden sehen, weil sie so erschöpft sei, sie frage sich immer wieder, ob denn diese Karriere den Verzicht auf eine Familie und Kinder aufwiege.

«Was ist denn aus der Beziehung geworden, von der Sie in der Gruppe erzählt haben?» fragte ich. Evelyn errötete, blickte auf den Boden und schwieg. Ich wartete verwirrt. Meine Frage schien sie getroffen und verletzt zu haben. War es denn nicht eine naheliegende, unschuldige Frage? Schließlich ertrug ich Evelyns bedrücktes Verstummen nicht länger und sagte, ich sei nun ganz unsicher geworden, ob ich ein Thema berührt habe, das sie belaste, und wisse nicht weiter. Sie blickte mich kurz an, rang um Fassung und flüsterte dann: «Es hat ja doch keinen Sinn: ich kann es einfach nicht. Ich stehle Ihnen die Zeit. Sie langweilen sich bestimmt zu Tode.»

«Nein, das tue ich nicht. Anscheinend habe ich etwas gefragt, worüber Sie noch nicht sprechen können», suchte ich sie zu trösten. «Das bedeutet doch nicht, daß wir schon aufgeben müssen. Ist etwas Schlimmes mit Ihrem Freund geschehen? Ist er gestorben, erkrankt?»

Sie schüttelte den Kopf und schwieg weiter.

«Hat er Sie verlassen, oder haben Sie sich von ihm getrennt?»

Sie blickte mich endlich an, wie eine Schlafwandlerin, die plötzlich erwacht.

«Nein, das ist es auch nicht. Aber eigentlich kann ich gerade so gut darüber reden. Dazu bin ich schließlich gekommen. Ich habe gar keinen Freund, was man so darunter versteht. Ich hatte nie einen. Ich habe in der Gruppe nur von einem alten Bekannten, den ich gelegentlich treffe, so erzählt, als wären wir beisammen. Aber das stimmt nicht. Ich habe mich nur geschämt, zu sagen, daß ich noch nie mit einem Mann...»

Während sie sprach, war ihr Blick wieder fortgeglitten, schweifte aus dem Fenster auf den Schulhof gegenüber, sank flugmüde zu Boden. Ihre Worte kamen immer zögernder und leiser. Schließlich verebbten sie, als habe sie schon zuviel gesagt und ihren Vorrat ganz aufgezehrt. Ich fühlte, wie meine Anspannung nachließ, aber in mein Aufatmen mischte sich Sorge. Ich hatte unterschätzt, welche Last Evelyn trug. Wenn ich mich jetzt nicht zurückzog, mußte ich sie wahrscheinlich einige Jahre mit ihr teilen. Wie alt mochte die Frau sein, die mir gegenübersaß und in ihr Schweigen zurückgetaucht war wie eine Nixe auf den Grund ihres Teichs? In den dichten, dunkelbraunen Haaren war keine Spur von Grau, die Stimme hatte einen kindlichen, zärtlichen Schmelz, das Gesicht war, sah ich von dem schmerzlichen Zug um den Mund ab, faltenlos. Aber als sie sich in der Gruppe vorstellen sollte, hatte sie die Stationen ihrer beruflichen Laufbahn erwähnt. Sie konnte nicht viel jünger sein als vierzig Jahre. Und sie hatte noch nie mit einem Mann geschlafen. Das war es doch, was sie eben nicht mehr sagen konnte. Wenn es ihr so lange geschehen war, daß dieses Bedürfnis unerfüllt blieb, daß es die Kruste der Abwehr nicht durchdringen und Antwort von außen finden konnte, dann mußte Evelyn machtvolle Gründe für diese Zurücknahme haben. Wenn sie jetzt anfing, ihre ersten Schritte aus diesem von ihr selbst bewachten Eremitendasein zu suchen, konnten sie noch zu einem befriedigenden Ziel führen? Für Kinder war es vielleicht schon zu spät. Drohte nicht die Gefahr, daß ein Erwachen der schlummernden Sexualität, das Ja und das Nein in der Liebe, die Auseinandersetzung mit den intimen und egoistischen Wünschen eines Mannes das gefährdete Gleichgewicht vollends überfordern würden?

Es gab keine Möglichkeit, es vorauszuwissen. Evelyn war gescheit, fähig, über sich nachzudenken und Abstand von ihrer Situation zu gewinnen. Sie hatte schon viele Aufgaben in ihrem Leben bewältigt: warum nicht auch diese? Sie würde nicht allein sein. Ich wollte sie unterstützen. Vor die Wahl zwischen zwei Unwägbarkeiten gestellt, entschied ich mich für die, welche im Augenblick weniger Leid und Enttäuschung für Evelyn (und darin auch für mich) bedeuten mochte. Ich nahm in Kauf, daß wir dafür möglicherweise mit einer größeren Enttäuschung, irgendwann in der Zukunft, bezahlen müßten.

Wegen ihrer vielfältigen beruflichen Pflichten wollte Evelyn nur einmal in der Woche kommen. Mehr Zeit könne sie einfach nicht erübrigen. Es war mir recht, denn dann konnten wir gleich beginnen, ich mußte nicht warten, bis ich zwei oder drei freie Stunden hatte. Sie lehnte meinen Vorschlag ab, die Krankenkasse zu beanspruchen. Die Therapie sei allein ihre Sache. Sie wolle selbst dafür bezahlen. Das wirkte sehr entschieden. Es schien mir wie eine Strafe, die sich Evelyn für ihren Anspruch auf eine Behandlung auferlegte, aber ich erhob keine Einwände. Das Gutachtenverfahren konnte ich immer noch einleiten. Vielleicht wollte sich Evelyn nicht festlegen, vielleicht fürchtete sie, an ihrem Arbeitsplatz könnte jemand von ihrer Therapie erfahren. Jedenfalls blieb es mir erspart, das Kontrollbedürfnis der Bürokratie zu befriedigen, ohnehin eine der weniger angenehmen Seiten meiner Arbeit.

Ich forderte Evelyn auf, mir alles zu sagen, was ihr durch den Kopf gehe, Gegenwärtiges und Vergangenes, reale Ereignisse, Träume und Phantasien, Gefühle und Gedanken, auch Peinliches, auch Einfälle, die sich auf mich bezögen und die man in anderen Gesprächssituationen verschweige. Damit, so nahm ich an, sei auch sichergestellt, daß Evelyn das Thema nicht mehr verlieren würde, welches sie schließlich in die Therapie gebracht hatte: die unerklärliche Hemmung ihrer erotischen Bedürfnisse. Aber ich sah bald ein, daß ich mich geirrt hatte. Es schien, als habe Evelyn in dieser Anfangsszene die Sorge um ihre Sexualität an mich abgetreten. Wenn jemand darauf zurückkam, dann war ich es. Sie vermittelte mir dann mit ihrer plötzlich gemarterten Miene, daß ich anscheinend nicht umhinkönne, sie immer wieder zu behelligen. Es war, wie es das Klischee will, als dächte ich immer nur an das eine, während sie eine Vielzahl von

Interessen und Erinnerungen hatte, jedoch keine, die sich auf dieses eine bezogen.

Allmählich verstand ich, wie bedrohlich für Evelyn mein Anspruch war, sie solle mir erzählen, was sie erlebt hatte. Ich trat ihr entgegen und stellte vernünftige Fragen, wie sie naheliegen, wenn jemand etwas verloren hat: Wann haben Sie es das letzte Mal gesehen? Wo sind Sie überall damit gewesen? Wann haben Sie es nicht mehr gefunden? Aber Evelyn fühlte sich durch solche Fragen in ihrer ganzen Existenz erschüttert. Die Antworten, die sie durchaus kannte, würden alles vernichten, was sie aufgebaut hatte. Sie würden ein Bild zerstören, das sie doch brauchte, um sich überhaupt so liebens- und anerkennenswert zu finden, daß sie es wagen durfte, mich zu behelligen. Wenn sie mir antwortete, dann würde ich gewiß denken: und diese Frau mit dieser schmutzigen Vergangenheit spielt sich als leitende Schwester auf! Vermutlich würde ich sie nicht bei der Krankenhausverwaltung anzeigen, nicht, weil jemand wie sie es nicht verdiente, sondern weil es zu meinen beruflichen Pflichten gehörte, sie nicht zu verraten.

Es fiel mir schwer zu begreifen, weshalb sie mich so im Stich ließ und mir gar nicht entgegenkam. Es war, als hätten zwei Länder vereinbart, einen Tunnel durch ein Gebirge zu graben – aber den Arbeitern auf der einen Seite zerbrechen die Werkzeuge, während denen auf der anderen Seite die Aussicht auf doppelte Mühe den Mut nimmt. In dieser Situation wird in ihnen der Zweifel aufsteigen, ob die drüben nun wirklich an dem gemeinsamen Unternehmen interessiert sind. War die Vereinbarung nicht eindeutig? Hatte ich etwas übersehen oder überhört, als mir Evelyn den Auftrag gab, ihr zu helfen, ihre unter der Arbeit wie unter einer Mure verschüttete Sexualität wiederzuentdecken und zu befreien? Ein Verhungernder wird doch nicht den Flecken im Tischtuch zum Vorwand nehmen, den Teller zurückzustoßen! Aber Evelyn mäkelte an allen Möglichkeiten herum, wenn es darum ging, ihren abstrakten Wunsch, endlich «wie eine normale Frau» zu leben, in die Tat umzusetzen. War da nicht ein leiser, kaum wahrnehmbarer Klang von Flirt, von einer Koketterie, die andere zurückwies und in dieser Zurückweisung mir ein Angebot machte? Evelyn ging mit mir um wie mit einem rohen Ei. Nie fiel ein Wort der Kritik, an Weihnachten brachte sie einen hübschen Weidenkorb voller Kerzen, Tee und Plätzchen als Geschenk, oft kam sie mit einem Blumenstrauß. Wenn sie vor der Sitzung austreten wollte, fragte sie jedesmal sorgfältig, ob sie meine Toilette benützen dürfe. Aus dem Urlaub schrieb sie schwärmerisch dankbare Briefe, es gehe ihr schon soviel besser, sie sei glücklich, an einen so wunderbaren Menschen und Therapeuten wie mich geraten zu sein, es sei großartig, daß ich Zeit für sie gehabt hätte. Ich mißtraute diesen Tönen, ich fühlte mich bei den Geschenken nicht wohl und nahm sie doch mit freundlichen Worten an, weil ich den Zeitpunkt noch nicht für günstig hielt, über meine Zweifel und über die Hintergründe dieser Überschwemmung mit höflichen Gesten zu sprechen. In meinen Augen veränderte sich nur wenig. Evelyn ging sexuellen Erfahrungen nach wie vor konsequent aus dem Weg. Sie sagte oft Stunden ab, weil sie wegen eines heftigen Migräneanfalls nach der Arbeit sofort zu Bett mußte.

Alles, was sie mir, stockend und mit langen Schweigepausen, über ihre Erotik erzählte, hatte im Verzicht geendet. Dieser Verzicht schien gewissermaßen der Schlüssel. Wo er nicht war, berichtete Evelyn auch nichts. Sie hatte auf die Selbstbefriedigung verzichtet. Daß sie es tat, erleichterte sie, befreite sie. Sie hatte die Liebesbeziehung mit Barbara beendet, obwohl sie immer noch mit ihr befreundet war. Diese Geschichte rührte mich besonders an. Die zwei Frauen waren, weil Evelyn eine attraktive Stelle angeboten worden war, zusammen nach Bayern zurückgekommen. Aber hier, nahe ihrer Heimatstadt, galten auf einmal die Verbote wieder, die fern von ihr außer Kraft geraten waren, ohne daß Evelyn wußte, wie und warum. Sie fuhren zusammen mit dem Auto ins Grüne, zwischen die blumenübersäten Hügel und Rokokokirchen des Alpenvorlandes. Sie wollten wandern, baden, sich in den schattigen Kastaniengarten eines bierberühmten Klosters setzen. Als Barbara neben ihr saß, sagte Evelyn, sie wolle die körperliche Beziehung von jetzt an beenden, sie sei ihr moralisch unerträglich geworden, ob sie dennoch gute Freunde bleiben könnten? Barbara weinte und weinte, stumm, eine ganze Autostunde, dann trocknete sie ihre Tränen, fing wieder an, über Häuser und Gärten zu reden, als sei nichts gewesen. Nie wieder sollte sie sich Evelyn nähern, nie würde sie versuchen, sie zu überreden, zu verführen. Ein Kapitel ihres Lebens war abgeschlossen und ausgelöscht. Evelyn wollte, daß es nie gewesen sein sollte. Barbara war ihr auch darin gehorsam und treu. Ihre Fürsorge ging so weit, daß bald nicht mehr zu entscheiden war: hatte Evelyn beschlossen, die erotische Seite ihrer Freundschaft zurückzunehmen, oder war es nicht vielmehr Barbara gewesen, die Evelyns Wunsch erraten und selbstverständlich erfüllt hatte, wie sie sich bemühte, alle Wünsche Evelyns zu erraten und zu erfüllen?

Langsam erkannte ich, daß Evelyn mir viel von dem verschwieg, was Barbara für sie bedeutete. Die Therapie sollte auch Abstand zu Barbara herstellen, ohne daß Evelyn so recht glaubte, dies sei überhaupt möglich. Sie verhielt sich wie alle, die in eine unauflöslich scheinende Abhängigkeit verstrickt sind. Um eine Gegenkraft zu der Empfindung zu gewinnen, rettungslos festzukleben, werden die Außenstehenden vor allem von dem informiert, was trennen sollte, ohne es jedoch wirklich zu tun. So entstehen immer neue

Fabeln von der Schönen und dem Ungeheuer. Evelyn beklagte sich bitter über Barbaras überbeschützende, verein-
nahmende Art, ihre Verständnislosigkeit, ihr Desinteresse
an dem persönlichen Austausch von Gefühlen und Gedanken, dem eine lästige Fürsorge für ihr leibliches Wohl ge-
genüberstehe, ein aufdringliches Bekochen und Wäsche-
waschen, wo doch Barbara genau wisse, daß sie niemand
anderem anvertrauen wolle, was sie auf dem Leib trage.

In solchen Szenen hatte ich auch Mitgefühl für Barbara
und dachte, daß es nicht einfach sei, Evelyn etwas recht zu
machen. Ich litt mit beiden in ihrer engen Freundschaft
vereinsamten Frauen und spürte die Last tragischer Mißverständnisse auch auf meinen Schultern. Warum gönnte Evelyn sich selbst und Barbara nicht eine der wenigen Entschä-
digungen, die unser Gefühlsleben zum Ausgleich für die,
verglichen mit der Kindheit, blaß und rasch verfließende
Zeit der Erwachsenen bietet: den kurzen Weg der wachsenden Erregung, den wohltätigen Rausch des Orgasmus? Evelyn hatte sich beklagt, daß ihr die sexuelle Erfüllung in ihrem Leben fehlte. In den Wegen aus diesem Dilemma, die
wir uns vorstellten, unterschieden wir uns und konnten uns
nicht einigen. Ich glaubte, daß Evelyn die Schritte, die sie
bereits getan und wieder zurückgenommen hatte, die Erfahrungen mit der Selbstbefriedigung und mit Barbara, auf-
greifen und weiterentwickeln mußte, wenn sie wirklich in
eine erotische Beziehung hineinfinden wollte. Sie war hingegen überzeugt, sie müsse diese unvollkommenen, moralisch
fragwürdigen, von Scham und Schuld belasteten Bausteine
verwerfen und ein neues Gebäude errichten, eine enge Beziehung zu einem Mann, den sie liebte, der sie verstand, der
ihr keine Angst machte.

Klingt das so, als sei es einfach gewesen, diese unterschiedlichen Standpunkte zu bestimmen? Wenn das der Fall
ist, verklärt das Ende den Anfang. Evelyn plagte sich mit

ihrem Pflichtbewußtsein, das ihr verbot zu tun, was nahelag: zu schweigen, zu leugnen, daß es überhaupt eine Vergangenheit gab, auszuweichen, Ausflüchte zu suchen. Meine Meinung widersprach allem, was sie fühlte. Gleichzeitig war sie der für mich schmeichelhaften Überzeugung, ich wisse, was ich täte, ich verstünde mein Handwerk. Anfangs bereitete sie sich immer auf die Sitzungen vor, hatte einen Traum oder ein Thema, zu dem sie viel und anschaulich erzählte. Als ich ihr nach einiger Zeit zu zeigen versuchte, wie sie sich als Musterschülerin benahm, schien sie nicht gekränkt, sondern experimentierte damit, unvorbereitet zu kommen, zu berichten, was ihr gerade durch den Kopf ging.

Ein Arzt, einer der platonischen Freunde von einst, rief an. Er sprach davon, daß er sich von seiner Frau getrennt habe, erwähnte einen Kongreß, der ihn in die Stadt führe, in der Evelyn arbeitete, schlug einen Besuch vor, fragte, ob er vielleicht bei ihr übernachten könne? Wie ein Schiffbrüchiger, der sich vor einem nahenden Rettungsboot versteckt, dachte Evelyn nur darüber nach, wie sie dieses Treffen vermeiden könnte. Ich machte sie (und hoffte, es behutsam zu tun) auf den Widerspruch zwischen ihrer Absicht und ihrem Verhalten aufmerksam. Vermutlich ließ ich sie meine Ungeduld fühlen, daß sie nicht die Gelegenheit nützte, ihre Gefühle einem Mann gegenüber zu erproben; sie schied freundlich wie immer. Nach einigen Tagen erhielt ich einen Brief, in dem Evelyn schrieb, sie wolle die Therapie beenden, denn sie ertrage es nicht mehr, mich zu enttäuschen. Ihr sei klargeworden, daß sie meine Vorstellungen über eine sexuelle Beziehung aus moralischen Gründen nicht teilen könne. Schließlich sei der Bekannte, über dessen Besuch wir gesprochen hätten, immer noch verheiratet. Ich fühlte mich mißverstanden und war doch schuldbewußt. War es denn mein Vorschlag, Evelyn sollte die nächstbeste Gelegenheit nützen, mit einem Mann ins Bett zu steigen? Ich hatte gehofft, sie würde sich auf ein wenig mehr Nähe einlassen, ein wenig genauer ihre Ängste erforschen. Evelyn tat mir unrecht, wenn sie glaubte, ich würde einen Zwang zur Sexualität gegen ihren Zwang setzen, die Sexualität zu vermeiden. Aber konnte sie mich anders verstehen? Mit lustfeindlichen Normen hatte ich eigene Erfahrungen. Ich erinnerte mich an die öligen Stimmen der Beichtväter im Passauer Dom. Irgendwann begann ich, mühsam und gewiß nicht ohne ein Gefühl des Versagens und der moralischen Minderwertigkeit, über die Sünden der kirchlichen Gebote nachzudenken, nicht mehr nur über meine eigenen Sünden: die Leibfeindlichkeit, die Anmaßung, die unauflöslichen Widersprüche dieser Kirche. Im Ringen zwischen körperlicher Lust und dem Anspruch der Moralpredigten siegte bei mir der Körper, vielleicht nicht ohne eine lahme Hüfte, wie sie schließlich auch Jakob im Kampf mit dem Engel davontrug. War es bei Evelyn umgekehrt gewesen? Hatte bei ihr der Beichtspiegel gewonnen?

Evelyns Brief zeigte mir, wie schwer sie es hatte, in unseren Analysestunden nicht einen neuen Moralprediger zu finden, der sie in eine Richtung trieb, die der bisherigen entgegengesetzt war. Ich bat sie, doch wenigstens zu einem abschließenden Gespräch zu kommen, um Mißverständnisse möglichst zu klären. Sie willigte ein. Ich sagte, ihr Brief sei Schlußpunkt und Anfang zugleich. Erst wenn es zwischen uns möglich sei, verschiedene Meinungen gleichberechtigt nebeneinander bestehen zu lassen und gewissermaßen um sie herumzuwandern, wie man um eine alte Kirche oder einen Brunnen geht, alle Seiten betrachtend, könne ein Entwicklungsprozeß beginnen, der über den Ersatz einer Anpassung durch die andere hinausgehe. Ihre Kritik sei berechtigt, wenn sie Druck von mir gefühlt habe; das könne sicherlich mein Fehler sein. Aber eine Frage solle sie sich noch einmal stellen: Glaube sie denn wahrhaftig, ich würde sie fallenlassen und verachten, wenn sie nicht, koste es, was es wolle, möglichst schnell eine sexuelle Beziehung anfange? Habe sie nicht wahrgenommen, daß es mir vorwiegend um eine Klärung ihrer Beweggründe gehe, sich so und nicht anders zu verhalten? Ich selbst sei überzeugt, daß ich sie genauso akzeptieren könne, wenn sie sich in einem solchen Klärungsprozeß *gegen* eine Partnerschaft mit einem Mann entscheide.

Vielleicht war ich überzeugend, vielleicht hatte Evelyn ohnehin eher ein Zeichen setzen als wirklich aufhören wollen. Jedenfalls bat sie um Bedenkzeit (sie hatte ohnehin mit Barbara in die Bretagne fahren wollen) und rief nach ihrem Urlaub an: Ob ich weiterhin Zeit für sie hätte? Die Krise hatte uns beiden gut getan. Ich hatte gelernt, vorsichtiger zu sein und die Kräfte mehr zu respektieren, die sich dem scheinbar gemeinsamen Ziel von Evelyn und mir entgegenstellten. Evelyn vertraute mir mehr, sie konnte sich zur Wehr setzen, wenn ihr eine Vermutung oder ein Vorschlag von mir zu weit gingen. Immer noch stöhnte sie leise «schon wieder», wenn ich etwa aus Einzelheiten wie der, daß sich ihre Depressionen im Sommer verschlimmerten, auf ihr Körpergefühl und ihre Sexualität zu sprechen kam. Aber wir konnten dann auch zusammen über diese kleinen Kämpfe lächeln. Das freute und tröstete mich über manche Niederlage, denn im Leben Evelyns änderte sich wenig, sie mied, was sie suchen sollte, und ich, vorsichtig geworden, drängte sie nicht. Schließlich, so tröstete ich mich und kam mir wie ein Tölpel vor, war auch ich ein Mann, und wenn sie lernte, weniger gespannt mit mir über ihre Sexualität oder Nichtsexualität zu sprechen, mochte das irgendwann Früchte tragen und ihre Angst mindern.

So arbeitete ich mit dem Material, das sie mitbrachte, suchte ihr den Rücken gegen alle möglichen Forderungen von außen zu stärken, zu denen sie nicht nein sagen konnte, klärte ihre Probleme mit der Rolle einer Vorgesetzten in einer kinderpsychiatrischen Subkultur, in der sich immer wieder Rollen und Ansprüche vermischen: Soll der widerspenstige Angestellte geführt oder behandelt werden? Trägt man Konflikte offen aus, oder verschleiert man sie durch Deutungen aus der Therapiekiste? Macht man Arbeiten, die eigentlich delegiert werden müßten, lieber selbst und hofft auf schuldbewußten Dank? Warum kommen Migräneanfälle mit Vorliebe nach Tagen, an denen sich Evelyn fürchterlich geärgert hat, ohne einen Weg zu finden, diesen Zorn loszuwerden?

Ich habe im ersten Drittel dieses Berichts Evelyns Kindheitsgeschichte erzählt. Um die Einzelheiten für diese Geschichte zu gewinnen, brauchte ich etwa fünf Jahre. Es war wie bei einem Puzzle, dessen Teile weit verstreut sind. Es gab kein Bild des Ganzen, an dem ich mich orientieren konnte, wie es der Deckel einer Puzzleschachtel trägt, die der geduldige Spieler aus dem Laden holt. So erfuhr ich schon relativ früh von Evelyns merkwürdiger Abneigung, sich als Kind auszuziehen, aber der Zusammenhang mit einem frühen, verletztenden Erlebnis wurde erst vier Jahre später durch einen Traum deutlich. Die Einzelheiten ihrer beruflichen Laufbahn waren mir früh klar, aber die Szene, in der sie Barbara kennengelernt hatte, schilderte sie erst sehr spät, als sie ihre zählebigen Befürchtungen ablegte, ich würde solche Handlungen verdammen.

In diesen vier Jahren war «es» geschehen. Evelyn hatte zum ersten Mal mit einem Mann geschlafen, später, als ich zunächst erwartet hatte, aber viel früher, als ich zu einem Zeitpunkt noch glauben mochte, in dem ich das Ausmaß ihrer Ängste besser abschätzen konnte. Sie kam sehr aufgewühlt, kämpfte mit sich, konnte zuerst weder schweigen noch sprechen.

Dann fing sie an: «Ich sage nicht ich, das ist mir unmöglich, aber ich erzähle Ihnen eine Geschichte von einer Frau, die sehr lange gewartet hat, bis sie zum ersten Mal mit einem Mann beisammen ist. Irgendwann hat sie gedacht, sie kann nicht länger warten. Da hat sie einen alten Freund angerufen, ob er Zeit habe und sie besuchen könne. Als sie ihn kennenlernte, war er noch verheiratet. Sie hat sich damals in ihn verliebt, weil er sie beruflich unterstützte; er mochte sie auch, aber außer einigen kleinen Zärtlichkeiten durfte damals nichts geschehen. Inzwischen ist er geschieden, wohnt alleine, arbeitet viel und hat vielleicht Alkoholprobleme. Er ist gekommen, sie haben miteinander gesprochen, von damals, von heute, dann hat er sie in die Arme genommen, sie hat sich ausziehen lassen, obwohl ihr vor Angst ganz schlecht war. Als er in sie eindringen wollte, tat es fürchterlich weh, und sie fing an, laut zu schluchzen, sie konnte sich überhaupt nicht mehr beherrschen. Er war ganz liebevoll und geduldig, hat sie nur festgehalten, hat versucht, sie zu trösten, hat dann gefragt, ob er gehen soll. Sie sagte, nein, bitte nicht, es geht schon wieder. Nach einigen Stunden hat er es dann ein zweites Mal versucht, und obwohl es wieder sehr weh tat, hat sie es geschehen lassen. Er war nachher ganz zufrieden, er ist eingeschlafen, während sie kein Auge zutun konnte. Sie war sehr froh, daß sie am nächsten Morgen frei hatte. Er ist in die Arbeit gegangen, sie konnte sich noch ein bißchen ausruhen und hat dann angefangen, das Bett abzuziehen und zu waschen, es war alles voll Blut.»

Sie hatte von mir abgewandt, den Blick zur Seite gesenkt, diese Geschichte erzählt. Nach einer Pause blickte sie auf und fügte, jetzt wieder auf sich bezogen, hinzu: «War das nicht sehr mutig von mir? Sind Sie nicht stolz auf mich? Ich habe es geschafft, aber ob ich das alles noch einmal mitmachen werde, weiß ich nicht.»

«Ich hoffe, Sie haben es nicht meinetwegen getan», suchte ich mich zu verteidigen, wie ein pazifistischer Politiker, von dem ein Soldat eine Tapferkeitsmedaille fordert. «Immerhin sehen wir jetzt klarer. Früher schien es doch so, daß Sie sich aus moralischen Gründen einer sexuellen Beziehung enthalten haben, die nicht Ihren Wertvorstellungen entsprach. Jetzt sieht es so aus, als ob Sie sich vor dem Akt selbst so fürchten, daß Sie ihn kaum ertragen können und sich verkrampfen. Dahinter muß etwas sein, das stärker ist als ein Verbot, das Ihnen irgendwann sprachlich vermittelt wurde. Diese panische Angst, dieses untröstliche Weinen sprechen für eine viel tiefer liegende Ursache... Sie haben versucht, auf dem Weg über Anstrengung und Leistung die verlorene Lust zu finden, und stellen es ein wenig so dar, als sei ich der Auftraggeber gewesen, als müßten Sie jetzt von mir gelobt werden. Aber wer will gelobt werden, weil er ein delikates Menü gegessen hat? Gelobt will nur werden, wer eine bittere Medizin brav hinunterschluckt. Ich denke, wenn Sie die Lust suchen, dann geht das nicht auf dem Weg, tapfer Angst und Schmerz zu ertragen, sondern es ist sinnvoll, von Anfang an den lustvollen Botschaften des Körpers zu folgen.»

«Ich weiß schon, worauf Sie hinauswollen», entgegnete Evelyn. «Auf die Selbstbefriedigung und auf Barbara. Aber wenn ich die drei Erlebnisse vergleiche, dann überwiegt bei keinem die Lust, und die Selbstbefriedigung steht nicht an erster Stelle. Da hatte ich jedesmal danach tagelange Depressionen, ich war froh, als diese Phase zu Ende war. Bei Barbara hatte ich viel weniger Schuldgefühle. Ich war ja nicht allein, war nicht die einzige, die etwas davon hatte. Ich schämte mich nur und dachte, ich sei lesbisch. Und jetzt, bei Wieland — es war einfach sehr schmerzhaft, ich geriet in Panik, aber nachher habe ich es eigentlich ganz gut verkraftet, nur habe ich keine Lust, ein solches Erlebnis zu wiederholen.»

«Und wenn ich vermute, daß Sie es sich so eingerichtet haben, daß es so kommen mußte, weil Sie aus dem Ganzen eine Pflicht- und keine Lustübung gemacht haben?»

«Sie mögen recht haben. Aber ich kann mir überhaupt nicht vorstellen, wie es anders sein könnte. Wenn ich nur daran denke, Wieland wieder zu treffen, mit ihm zu sprechen, zieht sich in mir alles zusammen, ich spüre überhaupt keine Zuneigung, ich bin nicht mehr verliebt in ihn, wie früher einmal. Das ist vorbei.»

Ich hatte das wenig angenehme Gefühl, nichts zu verstehen und doch verstrickt zu sein in das, was Evelyn teils getan, teils erlitten hatte. Ihr Projekt, Wieland einzuladen und mit ihm zu schlafen, hatte sie vorher weder angekündigt noch mit mir diskutiert. Jetzt konnte ich mich nicht gegen das Gefühl wehren, sie habe es für mich getan, habe für mich geduldet. Ich suchte den Sinn dieser Situation zu ergründen. Evelyn schützte sich vor der Sexualität mit einem urtümlichen Abwehrmechanismus, durch den innere Bedürfnisse, die allzu bedrohlich erscheinen, nach außen verlegt werden, denn gegen äußere Feinde lassen sich Waffen schmieden und Festungsmauern errichten, die gegen innere wirkungslos bleiben. Als der erste und einzige Mann, mit dem sie über ihre Sexualität sprach, wurde ich zum Vertreter dieses Abgewehrten, Bösen, das bekämpft werden mußte, während andrerseits Einsicht und bewußter Vorsatz auf ein Ende dieses Kampfes hinwirken wollten. Evelyn hatte etwas getan, worüber sie nicht sprechen konnte. Sie hatte mir etwas zeigen wollen, was sie mir nicht sagen durfte. Aber was? «Ich habe zwar nichts erreicht», faßte sie einige Sitzungen später das Erlebnis mit Wieland zusammen, «aber ich bin doch weitergekommen. Ich hätte mir vor drei Jahren nicht vorstellen können, hätte es für völlig ausgeschlossen gehalten, daß ich einmal relativ ruhig zu einem Mann fahren und mit ihm über solche Dinge sprechen kann. Sie glauben mir wahrscheinlich nicht, wie wichtig mir das ist. Ich habe auch viel weniger Angst, wenn ich auf der Station oder privat mit Männern zusammen bin.»

Kleine Schritte hochzuschätzen gehört zu den Künsten, die dem Analytiker das Überleben in seinem Beruf erleichtern. Aber wenn ich mir das vorhalte, bin ich immer ein wenig skeptisch, ob sich nicht hinter diesem wohlfeilen Trost die Rechtfertigung eines Fehlers verbirgt. Daß Evelyn trotz dieser teilweisen Niederlage die Therapie lobte und mich offensichtlich vor meiner eigenen Selbstkritik schützen wollte, bedeutete mir viel, brachte aber meine Zweifel nicht zum Verstummen. Verstärkt wurden sie noch dadurch, daß Evelyn von jetzt an Wieland konsequent aus dem Weg ging. Ich hätte mir gewünscht, daß sie wenigstens versuchen würde, mit ihm das Erlebnis dieser Nacht zu besprechen. Sie fand diesen Gedanken richtig, aber sie hatte einfach nie die Zeit oder den Mut, Wieland anzurufen und ein Treffen zu vereinbaren. Später erfuhr ich, daß sie die ersten Wochen danach überhaupt nie das Telefon abgehoben hatte, weil sie vermeiden wollte, daß Wieland sie erreichte.

Immer wieder grübelte ich über die Ursachen dieser Angst Evelyns nach, die kompakt und undurchdringlich schien. Ich konnte nur ausweichen, um sie herumgehen, an ihren Rändern arbeiten, ohne zu sehen, wie groß das Ganze war und wieviel Aussicht bestand, jemals ein Zentrum zu erkennen. Hatte sie, in einem kindlichen Versuch, die Mutter zu entsühnen, sich selbst gefesselt, wie ein Eremit, der sich an die Wand seiner Einsiedelei schmiedet, um sein Gelübde niemals zu brechen? Gab es sexuelle Phantasien, die sich auf den Vater richteten? In der Pubertät mochten sie mit massiven Verboten belegt worden sein. Die Annäherung eines Mannes führte dann dazu, daß diese bedrohlichen Bilder seine Gestalt annahmen und schließlich beide bekämpft werden mußten. Alle meine Erklärungsversuche schienen mir schwächlich. Selbst wenn ich sämtliche Deutungen für gültig erklärte, blieb ich unzufrieden. Ich wurde meinen Einwand nicht los, daß ich etwas übersehen hatte. Dieser Gedanke bedrückte mich, schien aber doch hoffnungsvoller als die Vorstellung, die sich gelegentlich in meine Überlegungen schlich: Evelyn sei zu alt, zu festgefahren, zu wenig zugänglich für Veränderungen. Wie ein Kind, das sich bei den Menschen ungeborgen fühlt, klammere sie sich an eine möglichst beständige Umwelt. Ein Mann würde die Ruhe in der kleinen, mit selbstgetöpferter Keramik und selbstgemalten Aquarellen angefüllten Wohnung stören. Ihre Angst sei sinnvoller Ausdruck von Einschränkungen ihrer Lebensperspektive, die nur noch wenig verändert werden könne.

Schließlich tröstete ich mich damit, daß Evelyn von ihrem mutigen Versuch, ihre Ängste zu bezwingen, erschöpft sei und erst neue Kraft sammeln müsse. Ich ließ ihr Zeit und konzentrierte mich wieder auf ihre spontanen Einfälle. Sie hatte Ärger in der Klinik, wo die Ausgaben für den Pflegedienst konstant gehalten werden sollten, während die Gehälter der Ärzte und der Aufwand für die Apparate wuchsen. Sie wollte endlich etwas gegen ihre Migräne tun und ging zu einem Spezialisten, der ihr zunächst einmal alle Schmerzmittel verbot, mit denen sie bisher versucht hatte, mit ihren Anfällen fertig zu werden. Ganz nebenbei erfuhr ich jetzt, daß Evelyn auf dem besten Weg gewesen war, tablettensüchtig zu werden – ich hatte über den Erfolgsmeldungen, seit Beginn der Therapie seien die Attacken seltener und leichter geworden, nicht gezielt gefragt. Das zeigte mir wieder, wieviel sie immer noch für sich behielt, wie sehr die Idealisierung meiner Person und der Therapie wirkliches Vertrauen ersetzen mußten.

Ein Traum veranlaßte uns, wieder Evelyns Mutter Aufmerksamkeit zu schenken. «Ich habe einen dicken Haarzopf im Mund, der mich ekelt und an dem ich ziehe, um ihn loszuwerden. Aber er ist so lang, daß ich ihn nicht herausbringe. Dieser Traum wiederholte sich, ein Alptraum, aus dem ich immer voller Angst wach wurde. Schließlich habe ich aber im Traum beschlossen, so lange an dem Zopf zu ziehen, bis ich wußte, was an seinem Ende ist, gleichgültig, wie lange es dauert und wie sehr es schmerzt. Ich zog und zog, es würgte mich schrecklich, am Schluß hing er an meinen Eingeweiden fest, ich zog weiter und brachte schließlich den Zopf heraus. Daran hing meine Mutter als Baby.»

Spätere Erfahrungen Evelyns mit ihrer Mutter sprachen dafür, daß diese wirklich zerbrechlich und pflegebedürftig war. Wie mochte sich ihre Unfähigkeit, Spannungen zu ertragen, ihr Streben nach Entlastung um jeden Preis, auf Evelyn ausgewirkt haben? Sie hatten bei der Tochter zu einem gesteigerten Bedürfnis nach Sicherheit, nach Kontrolle über den eigenen Körper geführt. Weil die Mutter, wie ein Baby, unkontrolliert und übermäßig spontan war, fand Evelyn als Kind keinen Schutz, keinen vernünftig und fürsorglich überwachten Raum, in dem sie spielen, toben, sich gehenlassen konnte. Nach dem Tod des Vaters erkrankte Evelyns Mutter an einer Depression. Sie machte einen Selbstmordversuch und wurde in eine Nervenklinik eingeliefert. Evelyn kümmerte sich sehr um die kranke Mutter, während die Geschwister sich zurückzogen. Sie war schließlich die einzige, die eine geistig abgebaute, klagsame Frau in dem Pflegeheim besuchte, die sich geduldig den Jammer über verständnisloses Personal und schlechtes Essen anhörte, nach tröstenden Worten suchte, den mit Vorwürfen an die übrigen Geschwister vermischten Dank abwehrte. Was die Mutter ihr schuldig geblieben war, versuchte ihr nun Evelyn zu geben. Der Alptraum bewahrheitete sich: Die Tochter ist fürsorglich und mütterlich, die Mutter zum Baby regrediert. Ich fand Evelyns Großherzigkeit bewundernswert und hätte ihr doch gewünscht, daß nicht an ihr, einem Fliegenfänger für Pflichten, diese Aufgabe hängengeblieben wäre.

Langsam entdeckte ich Zeichen dafür, daß Evelyn in ihrer Beziehung zu mir mehr wirkliches Vertrauen sammelte. Sie brachte nur noch selten (und dann sichtlich spontan) Geschenke mit, Blumen aus ihrem Klinikgarten, ein Glas selbstgekochte Johannisbeermarmelade. Sie bat mich, die Behandlung über die Kasse zu finanzieren. Immer noch war sie niemals ärgerlich, ungeduldig oder aggressiv zu mir, aber sie konnte nach ein oder zwei Sitzungen mit mir besprechen, was sie vor einer Woche an meinen Fragen oder Deutungen gekränkt hatte. Sie erzählte mir Phantasien, die sie sich über unser Verhältnis machte. In ihnen waren (zu meiner leisen Enttäuschung) keine erotischen Inhalte. Evelyn pflegte und heilte eines meiner Kinder, das während eines gemeinsamen Urlaubs erkrankt war, sie nahm im Tagtraum an einer Selbsterfahrungsgruppe teil, wie ich sie manchmal in der Toscana durchführe, und rettete dabei ein verunglücktes Gruppenmitglied aus einer Schlucht, in die es gestürzt war. Dafür wurde sie dann von allen, auch von mir, gelobt.

Lust und Lob, Erregung und Geborgenheit schließen sich gegenseitig aus. Sich auf sexuelle Wünsche einzulassen hatte für Evelyn anscheinend dieselbe Bedeutung, wie das Huhn zu schlachten, das goldene Eier legt. Das führte uns wieder zurück in ihre Kindheit, zu der launischen Mutter, die den Vater auf bloßen Verdacht hin verraten hatte. Manchmal, wenn sie etwas ärgerte, ging die Mutter ins Schlafzimmer und packte einen kleinen Koffer. Sie sorgte dafür, daß es alle Kinder merkten. Sie wollte fort von dieser undankbaren Familie und ließ sich nur durch langes Bitten der verängstigten Schar überreden zu bleiben. Die befreiende Szene, in der die Erpreßten sich wehren*, der Peinigerin sagen, sie solle doch endlich tun, womit sie immer drohe, blieb aus. Vielleicht haben Kinder ein feines Gefühl dafür, wie weit sie gehen dürfen. Evelyns Mutter hätte auf solche Mittel nicht verzichten können. Die Kinder achteten das, um Schlimmeres zu vermeiden.

«Ich hasse Kitsch», sagte Evelyn. «Und doch komme ich mir oft kitschig vor. Es ist, als müßte ich alle positiven Gefühle übertreiben, damit sie mir nicht zwischen den Fingern zerlaufen und ich gar nichts mehr festhalten kann.» Da hatte sie ein heißes Eisen angepackt! Konnte ich inzwischen ohne Kränkung mit Evelyn den Kitsch in ihrer Beziehung zu mir betrachten? Was ist Kitsch anderes als Idealisierung, als Verleugnung der Ambivalenz unserer Wirklichkeit, als ein Ertränken aller Geschmacksnuancen in durchdringender Süße? Hat der Kitsch nicht längst in seiner Breiten- und Tiefenwirkung Kunst und Natur besiegt oder in Reservate getrieben? Welcher Liebende spricht mit soviel Wärme und Begeisterung, wie es die Schauspieler tun, die Polstermöbel oder Tütensuppen verkaufen wollen? Was ist schon Wahrheit, verglichen mit einem Werbespot? Läuft nicht auch die Psychotherapie Gefahr, Zuwendungs- und Verständniskitsch zu bieten, Illusionen, die besser sind als alles, was man im wirklichen Leben an Einfühlung finden kann, beschränkt auf jeweils gemietete fünfzig Minuten?

Kitsch ist nie unvollständig, unfertig, er hat keine rauhe

---

* Ich erinnere mich an die Geschichte eines Mannes, der von seiner Großmutter mit Hilfe von Selbstmorddrohungen erzogen wurde. Als sie ihm einen Kinobesuch verbot und seinen Trotz zu brechen suchte, indem sie eine Packung Schlaftabletten aus dem Nachtkästchen holte, zuckte er die Achseln und ging. Spätabends fand er die Großmutter, tief schlafend, das leere Röhrchen auf dem Nachttisch – und die Tabletten versteckt in der Schublade.

Oberfläche, die es dem Auge des Beobachters überläßt, seine eigenen Schattierungen zu finden. In ihm steckt eine vorgefertigte Absicht. Kitsch ist Werbung, entweder für Waren oder für Gefühle (zum Beispiel Patriotismus: der nationalsozialistische Kitsch, der vorgeschriebene Kunststil von Diktaturen jedweder Ideologie). Aber die bescheidene, ängstliche Evelyn, die es unbedingt recht machen wollte, die mit ihren Geschenken, Entschuldigungen, Anfragen um jeden Preis einen guten Eindruck machen wollte – was war kitschig an ihr? Der Begriff traf und traf doch nicht ganz, denn wo im Kitsch berechnete Wirkung und gezielte Suche nach dem eigenen Vorteil steckt, spürte ich bei Evelyn Not und ein Versagen der Hoffnung, anders als durch eine geschönte, für ein hartes Urteil verlogene Darstellung ihrer Person überhaupt Zuwendung zu gewinnen. Die Dankesbriefe, die sie mir zu Neujahr und zu Beginn der großen Ferien schrieb, hatte ich immer mit einem Gefühl der Scham gelesen. Sie waren, faßte ich meinen Eindruck zusammen, kitschig, aber nicht unecht. Darin steckte eine Paradoxie. Ich schilderte Evelyn die widersprüchlichen Gefühle, die ich beim Lesen ihrer Briefe hatte: mein Empfinden, peinlich berührt zu sein, geschönt, überhöht zu werden, besser sein zu müssen, als ich war, schließlich den Gegensatz zwischen dem Inhalt, in dem ich ihre emotionalen Bedürfnisse spürte, und der Form, in der sie mitgeteilt wurden. Durch sie fühle ich mich unfrei, in einer süßlichen Stimmung festgehalten, die mich unbeweglich macht wie ein betäubender Duft.

«Da hätte ich die Briefe lieber nicht schreiben sollen», sagte Evelyn. «Aber ich verstehe, was Sie meinen. Wenn ich Sie nicht ganz gut mache und ganz festhalte, habe ich nichts mehr, auf das ich mich beziehen kann. Und die Art, in der ich es tue, drückt sicher auch aus, wie wenig ich an den Kontakt mit Ihnen glauben kann.»

«Mit dem, was Sie am Schluß sagen, bin ich sehr einverstanden. Aber ich fände es schade, wenn Sie die Briefe zurücknehmen. Sie haben darin etwas ausgedrückt, was wir erst jetzt genauer erkennen. Hätten Sie nichts geschrieben, wäre das nicht möglich. So ist eben Ihre Art gewesen, eine Beziehung aufzunehmen, und so war es doch sicher besser, als gar nichts zu tun! Nein, wenn Sie die Briefe jetzt lieber nicht geschrieben hätten, sehe ich das alte Problem in einer neuen Spielart: Sie können nichts an sich leiden, was nicht perfekt ist. Perfektionismus im Gefühlsausdruck und Kitsch hängen aber eng zusammen.»

«Heißt das denn: meinen Kitsch zu pflegen und zu akzeptieren wäre besser, als ihn abzustellen?»

War ich zu weit gegangen? Hatte ich ihr, plump und wohlmeinend, eine Anweisung verpaßt und saß jetzt in meiner eigenen Schlinge?

«Wenn man sich von etwas befreien will», meinte ich, «kann man es in Liebe oder in Haß tun. Mir schien, daß Sie den Kitsch ablegen wollen, indem Sie ihn ablehnen, nicht indem Sie ihn als Teil Ihrer Geschichte und damit Ihrer Person annehmen!»

«Ich soll ihn also akzeptieren, bleibt mir ja nichts anderes übrig, und mich dennoch von ihm trennen?»

Ich dachte damals darüber nach, daß es leichter ist, sich in Liebe zu trennen als in Haß. Wer sich von etwas Geliebtem trennt, spürt, was er verliert, und kann die Trauer darüber schrittweise bewältigen. Es ist eine offene, nicht vergiftete Wunde, die jeden Tag ein wenig heilt, auch wenn der ganze Prozeß lange dauern mag und Narben hinterläßt. Wer sich im Haß trennen will, muß verdrängen oder verleugnen, was wertvoll an dem ist, was verlorengeht. Er sucht sich von der Wertlosigkeit des Gehaßten zu überzeugen. Weil keines seiner Argumente so tief hinabreicht, daß es die unbewußten Bindungen durchtrennen kann, muß er sie zwanghaft wiederholen, muß Himmel und Erde zu Zeugen und Partei beschwören. Mir gefiel die Vorstellung, daß es mit der Trennung von persönlichen Eigenheiten ähnlich bestellt ist wie mit der von anderen Menschen, an denen man hängt. Wer sie hassenswert findet und unbedingt verwerfen will, bleibt mit verdeckten Fesseln an sie gebunden; wer sie achten und in den magischen Kreis des eigenen Narzißmus aufnehmen kann, wird sich von ihnen befreien, ohne genau wahrzunehmen, wie und warum.

Alles, was in diesem Kreis ist (so behaupten die abergläubischen Überlieferungen), bleibt von den mörderischen Angriffen der Gespensterwelt verschont, die gegen den Sterblichen schon allein deshalb wütet, weil er sich in ihr Reich wagt. Warum konnte Evelyn ihre sexuellen Wünsche, ihre Aggression nicht in diesen Kreis aufnehmen und sich zu ihnen mit gleicher Selbstverständlichkeit bekennen wie zu ihrer Hilfsbereitschaft und ihrem Arbeitseifer? Daß sie damit einer alten Überlieferung folgte, die sich falsch und platt als christliche Tradition feiert, erklärte nicht viel. Denn gerade hinter den so legitimierten Fassaden lassen sich doch, als eheliches Recht oder moralische Entrüstung getarnt, Libido und Wut bestens befriedigen. Evelyn schien sich selbst dazu verurteilt zu haben, Normen wirklich zu erfüllen, die andere im Munde führen oder auf die Fahne malen. Und während diese sich selbstgerecht in dem feiern, was sie nur auf den Lippen tragen, zweifelte Evelyn immer, ob sie dem gerecht wurde, was sie ohnehin schon über-erfüllte. Es mußte die frühe Einsamkeit gewesen sein. Eine Mutter, die aus Pflicht- und Schuldgefühl, nicht aus Lust und freier Entscheidung für ein Kind da ist, gibt der Lust und der Freiheit des Kindes zuwenig Entwicklungsraum. In der Verlassenheit bieten dann äußere Normen Halt. Sie werden über-erfüllt, übermäßig ernst genommen. Was sonst durch den lebendigen Menschen, der es vermittelt, selbst lebendig und entwicklungsfähig bleibt, war bei Evelyn geronnen, teilweise erstarrt. Sie konnte ihre Gefühle und ihren Körper nicht ernster nehmen als die erhabenen, leib- und lebensfernen Botschaften, die Halt gaben und ein fernes Glück verhießen, das nie Wirklichkeit wurde. In der Therapie suchte sie nun eine neue Botschaft, eine neue Norm. Sie war von meinen Versuchen befremdet, die verlorenen Botschaften ihres Körpers zu finden und zu entziffern.

Die keusche, von Arbeit und Fürsorge ausgefüllte Welt Evelyns war an die Stelle der Mutter getreten, die gerade deshalb so unentbehrlich blieb, weil sie schon so früh gefehlt hatte, ihre wirkliche Zuwendung unzuverlässig und lückenhaft war. Warum aber hatte Evelyn nicht die Hoffnung aufbauen können, daß eine sexuelle Beziehung im Erwachsenenleben diese frühen Enttäuschungen und die aus ihnen wachsende, ungestillte Sehnsucht endlich ausgleichen kann? Ich vermute, daß an dieser Stelle ihr Vater eine Rolle übernahm, die Evelyn diesen Weg verschloß. Obwohl diese Erklärung angesichts Evelyns hartnäckiger und tief verwurzelter Ängste vor dem Phallus nahelag, dachte ich nicht an sie, bis Evelyn im vierten Jahr der Therapie von ihrem Vater träumte, der mit erigiertem Penis auf sie zuging, während sie beschwörend zu mir sagte (der im *Off* der Szene anwesend war): «Mein Vater hat nichts damit zu tun!» Ich glaube, daß sich die erste Begegnung mit dem Phallus so abgespielt hat, wie ich sie in der Erzählung von Evelyns Kindheit beschrieb, obwohl ihre Erinnerungen unvollständig blieben und nur die Folgen – die hartnäckige Weigerung, ihre Unterhose auszuziehen, das plötzlich distanzierte Verhältnis zum Vater, die Panik angesichts der Doktorspiele ihrer Kameradinnen – diesen Schluß nahelegten. Dann fiel es mir wie Schuppen von den Augen: die Szene mit Wieland, der erschütternde Angstanfall, als er sie auszog und versuchte, in sie einzudringen, das völlige Verschwinden jeder Lust, ja selbst ihrer Neugier, war eine Kopie, eine getreue Wiederholung der Situation mit dem Vater. Die Folgen dieses Aktes, Evelyns Rückzug von Wieland, ihre Vermeidungen (wie das Telefon abzuheben), die so widersinnig wirkten angesichts ihrer bewußten Absicht entsprachen ihrem Verhalten damals. Das ging bis in die Formulierungen, mit denen sie sich rechtfertigte: «Ich hatte immer das Gefühl, ich hätte meinen Vater enttäuscht... Ich bin sicher, Wieland will mich gar nicht wiedersehen, er wird sicher enttäuscht sein...»

Ein Rest (nur ein Rest?) Unsicherheit bleibt. Vielleicht wählte ich die Deutung, Evelyn habe wirklich ein so schwerwiegendes Trauma erlebt, um mich zu entschuldigen, daß ich sie nicht weitergebracht, ihre Ängste nicht wirkungsvoller bekämpft hatte? War ich zu wenig aufmerksam gewesen für ihre Bindung an mich, die sie womöglich zu verlieren fürchtete, wenn sie sich auf Wieland einließ, wie sie damals fürchten mußte, die Mutter zu verlieren, wenn sie dem Werben des Vaters folgte?

So schien nichts übrigzubleiben, als die Begegnung Evelyns mit Wieland nicht als ersten Abschnitt eines neuen Kapitels anzusehen, sondern als letzten eines alten. Und meine Unsicherheit wuchs, ob es jemals dieses neue Kapitel geben würde. Wieder zehrten die Arbeit und die Sorge um ihren körperlichen Zustand für ein Jahr die ganze Kraft auf, welche Evelyn für die Therapie erübrigen konnte.

Ich glaube nicht an das Paradies der Adamiten, an die Möglichkeit, durch Sexualvermeidung zur Unschuld von Adam und Eva zurückzufinden. Aber ich kann jetzt gelassen abwarten, weil Evelyn mit mir offen ihre Zweifel bespricht, ob es für sie einen Weg zur Sexualität mit einem Mann gibt. In einer der Stunden vor unserer Sommerpause, in der ich diese Geschichte niederschrieb, berichtete sie von einem Frühlingsurlaub in Kreta. «Ich habe ein Buch über

Führungsverhalten gelesen. Es ist eigentlich für Manager in der Industrie, aber ich habe viel daraus gelernt. Das verdanke ich der Therapie. Vorher hätte ich gedacht, daß meine Schwierigkeiten einfach sein müssen und ich nichts dagegen tun kann... Aber etwas anderes wird Ihnen wichtiger sein. Mein Körpergefühl ist anders. Das heißt eigentlich, ich entdecke zum ersten Mal, daß ich überhaupt meinen Körper spüren kann. Da gab es einen Kurs in Fußmassage. Ich habe mitgemacht und ihn genossen. So etwas hätte ich mir früher nie zugetraut. Am Wochenende hatte ich so etwas wie sexuelle Empfindungen. Mein Gott, daß ich solche Dinge Fremden erzähle, wenn das meine Mutter wüßte! Ich hab ausphantasiert, was ich gern hätte. Bevor es konkret werden konnte, ist mir mein Schwager eingefallen. Dann war alles aus. Ich habe versucht, mich an den Traum mit meinem Vater zu erinnern, ob mir dazu noch etwas kommt. Da ging aber gar nichts mehr... Doch, ich habe etwas erinnert. Als ich einmal mit dem Vater in München war, kamen wir an einem Haus vorbei, wo hinter den Fenstern bunte Lichter brannten. ‹Da müssen Kinder wohnen, weil es so farbig ist›, sagte ich. Mein Vater war ganz abweisend, ich verstand nicht, warum. Er sagte nur: ‹Da wohnen bestimmt keine Kinder!›»

Teil II

Reflexion

Der Preis der Freiheit

Vergleicht der Therapeut einsame Männer und Frauen, so fallen ihm charakteristische Unterschiede auf. Die Männer berichten meist von beruflichen Problemen oder psychosomatischen Leiden. Man kann nicht eigentlich sagen, daß sie sich mit ihrem Single-Dasein abgefunden haben; es scheint ihnen eher nicht sonderlich bewußt zu sein und sie über lange Lebensphasen hin auch nur wenig zu interessieren. Frauen beschäftigen sich demgegenüber intensiv mit der Tatsache ihres Alleinlebens. Während Männern gar nicht aufzufallen scheint, daß es viele einsame Frauen gibt, berichten Frauen immer wieder über ihren Eindruck, daß anziehende Männer in passendem Alter fast immer gebunden oder wahre Distanzkünstler sind, während eine Reihe von Bekannten ebenfalls in ihrer Situation steckt. Einige fügen seufzend hinzu, wenn sie nicht selbst einen anziehenden Partner suchen würden, könnten sie einem solchen mindestens drei Freundinnen verkuppeln.

Beim Versuch, die Ursachen dieser Asymmetrie zu erkennen, wird die betreffende Frau zunächst allgemeine Faktoren anführen: die größere Leichtigkeit, mit der Männer Karriere und Beziehung verbinden können, die schwer auszurottenden Vorurteile, welche zwar dem älteren Mann eine Auswahl aus einem breiten Spektrum jüngerer Frauen erlauben, jedoch der älteren Frau eine stabile Beziehung zu einem jüngeren Mann erschweren, endlich die natürliche Grenze der weiblichen Fruchtbarkeit, die den Entscheidungsdruck erhöhe. Der psychische Vorteil solcher Betrachtungsweisen liegt in ihrer scheinbar objektiven Qualität. Sie sind historischen Traditionen entsprungen, deren Veränderung die Möglichkeiten des Individuums überschreitet. Wer demgegenüber subjektive Qualitäten und individuelle Unterschiede in der Bewältigung dieser Situation aufdecken möchte, zieht leicht die Kritik auf sich, die «wahren» Ursachen zu verleugnen, ja zu beschönigen. Anderseits ist nicht zu übersehen, daß die scheinbar gerechtere Perspektive, die sich auf patriarchalische Benachteiligungen beschränkt, auch weniger Lernmöglichkeiten bietet als eine andere, in der versucht wird, die unbewußten Abläufe in Frauen und Männern zu durchleuchten, durch die im einzelnen Fall das patriarchalische Klischee erfüllt oder durchkreuzt wird.

Ein erster Hinweis ist der höhere Anspruch dieser Frauen an eine Beziehung. Während sie scharfsichtig den Männern Bequemlichkeit und gelegentlich schauerliche Niveaulosigkeit in ihren Partnerwahlen zuschreiben, sind sie nicht bereit, ihre Wünsche zurückzuschrauben, wenn auf dem gegenwärtigen Niveau die Erfüllung stagniert. Ein Motto wie «In der Not frißt der Teufel Fliegen», mit dem die sinkende Reizschwelle bei triebhaften Bedürfnissen charakterisierbar ist, stößt bei ihnen angesichts erotischer Beziehungen auf Verachtung. Der Analytiker, welcher daran erinnert, wird typisch männlicher Primitivität geziehen. Dahinter erkennbar sind Gefühle, nicht richtig verstanden zu sein. Läßt sich der Clinch nicht lockern, dann entsteht im teilnehmenden Beobachter die Empfindung, er müsse entweder resigniert an der einsamen Qual der Betroffenen teilnehmen oder Zuflucht bei Argumenten suchen, die ihm selbst weit hergeholt oder übertrieben erscheinen. Ein konkretes Beispiel wäre dann die moralische Ausweitung der Metapher vom Teufel, der Fliegen frißt: Die unter ihrer Einsamkeit leidende Frau erscheint dann als störrische Suppenkasperine, die um keinen Preis der Welt das rettende Angebot real existierender sexueller Möglichkeiten annehmen möchte, sondern lieber einsam und sehnsüchtig bleibt. In diesem Clinch scheint sich etwas mit vertauschten Rollen zu wiederholen, was der einsamen Frau früher, als sie noch ein Kind war, zustieß. Damals war die Lust böse, der Verzicht gut. Jetzt ist es der Analytiker, der ihr zuredet, sich doch lieber die reale Befriedigung zu gönnen, als der unerreichbaren frustriert nachzuhängen.

Der Analytiker möchte für Lust und Glück sprechen, wird aber als strenge Autorität erlebt, die unlustvolle Leistungsforderungen stellt. Eine der Betroffenen träumte einmal während der Arbeit an diesem Thema von einem widerlichen, schwabbelig-dicken, kahlköpfigen Mann, mit dem sie aufgrund einer undurchschaubaren Selbstverständlichkeit schlafen mußte, was sie dann, von Ekel geschüttelt, auch begann und woraus sie voller Angst und Scham erwachte. In ihren Einfällen zu diesem Traum kam zutage, daß sie in letzter Zeit deutlicher bemerkt hatte, wie gut ihr der Analytiker gefiel, jedoch diese Wünsche mit der Vorstellung abgewehrt hatte, sie sei mit dem Alter dicker und schwabbeliger geworden, könne daher jede Hoffnung begraben, für einen derart anspruchsvollen Mann attraktiv zu sein. In dieser bereits fortgeschrittenen Therapie war der Widerstand gegen die in den Analytiker projizierte Triebhaftigkeit relativ leicht zu erkennen und zu vermitteln. Aufschlußreich ist aber, welche Gestalt dieser Widerstand annimmt und an welchen Merkmalen er ansetzt: Die Lust ist in Angst verwandelt, die erotische Anziehung in Zwang, die körperlichen Merkmale, welche die Analysandin im wachen Nachdenken als Befürchtung über ihren eigenen Leib erlebt, sind im Traum nach außen verlagert. Das heißt auch, daß die Frau in ihrer unbewußten Phantasie keinen weiblichen Körper hat. Sie ist darin Kind geblieben, und diese

Situation drückt sich auch in der Damaturgie des Traumes aus: Von einer fremden Selbstverständlichkeit unterworfen zu sein, in eine Welt zu geraten, die uns prägt und bestimmt, ohne daß wir Einflußmöglichkeiten auf sie wahrnehmen können, das sind typische Kindheitserfahrungen.

Der Fettkloß-Mann im Traum ist eine Schimäre, ein verdichtetes, zusammengesetztes Bild, in dem sich Abwehr und Trieb amalgamieren und die Realitätsorientierung unmöglich machen. Solche Schimären bilden sich da, wo Über-Ich und Es, Verbot und Wunsch zusammenprallen, ohne daß ein Vermittler, im Modell Freuds das Ich, seine Wirkung entfalten kann. Es ist nun auch verständlicher, weshalb es für den Therapeuten fast unmöglich ist, mit seinem Zuspruch für eine lust- und triebfreundlichere Realitätsorientierung anzukommen. Da es in der Schimäre keinen Bereich gibt, in dem sozusagen neutral verhandelt werden kann, wird jede Äußerung parteiisch erlebt; Neutralität ist Desinteresse, Appell an die Selbstverantwortung autoritäres Kommando, emotional getönte Zuwendung Verführung.

Zu den Voraussetzungen der Bildung solcher Schimären gehört sicherlich eine in die individuellen Biographien einfließende Struktur, die mit Begriffen wie «Patriarchat» gekennzeichnet werden kann, womit freilich nicht mehr gewonnen ist als eine Vorstufe von Differenzierungen. Hilfreich für das Verständnis individuellen Erlebens ist der Versuch, soziale Klischees zu finden, die ausdrücken, wie sich die gesellschaftliche Struktur in frühen Lebensphasen der Kinder bemächtigt. Das geschieht nicht unmittelbar, sondern durch andere Individuen vermittelt, die in das eigene Erleben aufgenommen, introjiziert werden. Die Aufnahme dieser Introjekte orientiert sich nicht an ihrer realen Person, sondern an den Idealbildern, die sie transportieren und von denen eine eigene Orientierung erwartet werden darf: Da wir die Mutter nicht immer neben uns haben, suchen wir in

Situationen der Unsicherheit Halt an der Frage, was sie wohl jetzt tun würde.

Nehmen wir ein Mythologem der Vergangenheit. Eine viktorianische Mutter antwortet ihrer Tochter auf die bange Frage nach dem während der Hochzeitsnacht erwarteten Verhalten: «Schließe die Augen und denke an England.» Das heißt: Versuche nicht, die Situation wahrzunehmen, geschweige denn, sie zu verstehen, aber gehe davon aus, daß sie zu einem mütterlichen Guten gehört, zur Nation, die dich schützt und von deren großem Wohlergehen dein kleines Geschick abhängt.

Solche Mythologeme sind heute obsolet geworden, obwohl es naiv wäre, anzunehmen, daß durchweg in den familiären Sozialisationsbedingungen etwas Besseres an ihre Stelle getreten ist. Die zitierte Mutter (wir konstruieren jetzt, daß es sie wahrhaftig gegeben hat) bezieht Stellung und teilt eine eigene Erfahrung mit: Der jungen Frau genügt eine rein passive Kompetenz, um ihre Rolle in dieser biographischen Schlüsselsituation auszufüllen. Das ist ernüchternd, aber auch ermutigend. Möglicherweise kann sich auf einem solchen Hintergrund mehr Lust entfalten als auf Anleitungen zu sexuellem Glück: Während die hohe Erwartung von der Realität enttäuscht werden kann und zusammenbricht, mag die geringe unerwartet angenehme Überraschungen bieten. Die souverän-stoische Mutter wird sich bei der Tochter nicht über ihre eigenen Enttäuschungen ausweinen, wie es in der Kindheit von Frauen mit gestörter weiblicher Identität so häufig der Fall war.

Aber ebenso stecken auch entwürdigende Züge in dem zitierten Klischee. Der Mann darf mit offenen Sinnen an die Frau herantreten, sie muß ihre Sinne verschließen und gewissermaßen hinter ihm, durch ihn hindurch, auf etwas anderes blicken. Ihr geistiges Auge richtet sich auf das Ideal der Nation, während ihr leibliches freiwillig geblendet ist.

Hier scheint etwas vorweggenommen, das bei den einsamen Frauen der Gegenwart eine andere, aber doch verwandte Gestalt angenommen hat. In beiden Fällen sind die Eindrücke der Sinne nicht verläßlich, es wird hinter ihnen, in einer Welt der Ideale, etwas anderes gesucht. Aber während die viktorianische Tochter selbst mit geschlossenen Augen noch England sah, erkennen die emanzipierten Töchter der Gegenwart nur ihre Einsamkeit; während früher gerade das Schließen der Augen den Ehemann erträglich machte, scheint heute der kritische Blick auf den Mann diesen entweder zu entwerten (das gilt für die greifbaren Partner) oder aber zu entrücken (das gilt für die ungreifbaren Männer). So war der Rat, die Augen zu schließen, anscheinend keineswegs nur töricht, und die gegenwärtig kritisch geschärften Blicke sind nicht nur segensreich, denn sie erkennen in vielen Fällen mehr, als nützlich ist. Gewiß muß eine solche Aussage selbst kritisch geprüft werden, um nicht ein männlich-chauvinistisches Vorurteil einzuschmuggeln, daß der Platz an der Seite eines Mannes der einzig lebenswerte sei. Wer die Praxis ein wenig kennt, wird jedoch zustimmen, daß es viele einsame Frauen gibt, die sich von den Aufforderungen, in ihrer Männerlosigkeit einen Gewinn – wenn schon keine Wohltat, so doch wenigstens das kleinere Übel – zu erleben, eher bedrückt als erleichtert fühlen. Ich will wohlmeinend-wohlfeilen Gemeinplätzen vom Segen des Lebens ohne die Last einer heterosexuellen Beziehung nicht jeden Sinn absprechen. Sollen sie erleichtern, wer sich von ihnen erleichtert fühlen mag, sich jedoch von Besserwisserei zurückhalten.

Noch eine zweite Folgerung läßt sich aus dem Mythologem der geschlossenen Augen ziehen: Die Frau erkennt ihre eigenen Wünsche besser, wenn sie nicht auf die des Mannes blickt. Viele der einsamen Frauen berichten über Szenen, in denen ihre anfängliche Leidenschaft verschwand, sobald sie die Leidenschaft des Mannes wahrnahmen. Wie ein lauter Ton einen leisen auslöscht oder ein neuer Duft den gewohnten überwältigt, so fanden sie sich aus der eigenen in die Beobachtung der fremden Lust gerissen, ertrugen den Akt nur noch oder brachen ihn mit schlechtem Gewissen ab.

So entsteht der Eindruck, es gebe eine Macht (oder mehrere davon) in der weiblichen Entwicklung, welche verhindert, daß die körperlichen Fakten vom Erleben in ihrem ganzen Umfang anerkannt werden. Viele der einsamen Frauen wirken, als seien – oft in scharfem Gegensatz zu ihrem vernünftigen, leistungsorientierten Verhalten in anderen Lebensbereichen – in ihrem erotischen Leben die Ängste eines Kindes in dauerndem Kampf mit den Signalen eines reifen weiblichen Körpers verstrickt. Gerade weil die weibliche Sexualität, verglichen mit der männlichen, weit ausgeprägter *innen* ist, scheint es ein naturwüchsiges, von den kulturellen Prägungen nur aufgegriffenes und verstärktes Bedürfnis zu geben, diese Sexualität nach *außen* zu verlagern, um sie besser wahrnehmbar und kontrollierbar zu machen. Der Penis als Werkzeug entspricht der menschlichen Bewußtseinsentwicklung und Rationalität eher als das Geheimnis der weiblichen Zyklen oder das, verglichen mit dem genitalen Repertoire des Mannes, unendlich inhaltsreichere Geschehen von Schwangerschaft und Geburt. Man kann vermuten, daß der weibliche Körper insgesamt weit höhere Forderungen an den seelischen Apparat und an die Verarbeitungsmöglichkeiten des zwischen Trieb- und sozialer Struktur vermittelnden Ich stellt.

So ergänzt die Hypothese, daß die weibliche Sexualität dem psychischen System höhere Leistungen abverlangt, unsere Beobachtung der höheren Ansprüche, die Frauen an eine Beziehung richten. Ein Beispiel für diese Niveaudifferenz: Männer in der Eheberatung behaupten nicht selten im Brustton der Überzeugung, ihre Ehe sei gut, während die gequält lächelnde Frau neben ihnen feststellt, die Beziehung sei schon seit Jahren fast inexistent, beschränke sich auf die häusliche Versorgung und einen gelegentlichen Beischlaf. Der Gesichtsausdruck der Männer angesichts solcher Widersprüche scheint zu sagen: «Na und, das ist es doch, was eine funktionierende Ehe ausmacht!» Alarmiert reagieren sie erst, wenn ihnen auch das noch verweigert wird, was ihre Frauen als kläglichen Rest einstiger Hoffnungen erleben. Von psychoanalytischer Seite ist dieser höhere Anspruch der Frauen an eine intensive und erfüllende Beziehung damit erklärt worden, daß das kleine Mädchen in der Mutter ein Abbild des eigenen Körpers vorfindet und sich daraus eine (von der realen Mutter häufig nicht erfüllte) tiefe Sehnsucht nach Symbiose herleiten läßt. Unbeantwortet bleibt die Frage, weshalb gerade ein Sexualpartner diese Sehnsucht erfüllen soll, der sie in der Realität doch so häufig enttäuscht, während gute Freundinnen weit eher in der Lage scheinen, die entsprechende Intensität des verbalen und emotionalen Austauschs zu gewähren. Diese Situation genügt jedoch den Sehnsüchten vieler Frauen nicht, sie ist oft von einem Gefühl des Ungenügens begleitet, das wiederum schuldhaft besetzt wird («eigentlich müßte ich doch zufrieden sein, daß ich mit meiner Freundin über alles reden kann, aber nein, ich möchte damit immer zuerst zu ihm, als ob er der einzige sein müßte»).

Wenn wir uns an der Hypothese orientieren, daß solche Bedürfnisse nach Austausch den Wunsch enthalten, eine verläßliche Orientierung über die projizierten sexuellen Bedürfnisse zu finden, wird die Unersetzlichkeit des Partners und die Sehnsucht nach der engen Bindung an einen Mann, «der mich versteht», faßbar. Aber sie läßt sich auch nicht von historischen Einflüssen abgrenzen: Durch den Verlust des «ganzen Hauses» mit seinen komplementären Rollen haben Frauen und Männer in den letzten Jahrhunderten sehr viele äußere Stabilisierungen eingebüßt. Eine psychologisch faßbare Folge sind häufig quälende Gefühle, nichts allein entscheiden zu können, keine unabhängige·Bedeutung zu haben, zum Beispiel nicht energisch über Geldangelegenheiten, Versicherungen, Kredite verhandeln zu können. «Karrierefrauen» (auch diese Wortbildung drückt den Verlust an Identität und Selbstbewußtsein aus) sind sich der Anstrengung eines Kompensieren-Müssens oft sehr bewußt, verfügen aber gerade dadurch über ganz besondere Möglichkeiten. Demgegenüber bestehen nach wie vor identische Anforderungen des weiblichen Körpers an einen von außen zunehmend weniger unterstützten seelischen Apparat. Die Vorstellung einer Schwangerschaft ist für eine Frau nur dann erträglich, wenn sie fähig ist, eine enge, unentrinnbare und unauflösliche Beziehung von eben jener symbiotischen Qualität, welche Männern «übertrieben» scheint, als positives Erlebnis zu phantasieren. Die mobile, individualisierte Gesellschaft macht ihr das sehr schwer.

Die Auseinandersetzung mit den einsamen Frauen scheint nicht zuletzt deshalb sinnvoll, weil sie verbreitete Probleme von Frauen mit ihrer Identität und ihrem Selbstgefühl besonders klar verdeutlichen. Sie sind ein Extremtypus, die Fahne auf der Spitze des Eisbergs. Wie sind solche Erscheinungen entwicklungspsychologisch zu verstehen? Aus dem analytischen Material, das mir gegenwärtig vorliegt, läßt sich der Schluß ziehen, daß die mangelnde oder mangelnd liebevolle Anwesenheit des Vaters die wesentlichste Ursache solcher Identitätsstörungen ist. Fast alle der hier beschriebenen einsamen Frauen waren weitgehend auf ihre Mütter angewiesen, sie konnten ihre Väter entweder gar nicht oder nur in einer durch die Mutterbeziehung verzerrten Form wahrnehmen, die Väter nahmen keine oder nur eine von den mütterlichen Einflüssen deformierte, manchmal sadistisch gefärbte Beziehung zu den Töchtern auf. In extremen, aber keineswegs sehr seltenen Fällen wurden die Töchter von den Vätern mißbraucht, das heißt körperlich in einer Weise behandelt, in der die Bedürfnisse des Kindes nicht mehr einfühlend respektiert, sondern im Rahmen der Triebwünsche des Erwachsenen ausgebeutet werden. Der Mißbrauch konnte auch in anderer Form in das Familienleben eingetreten sein, zum Beispiel durch einen Freund der Mutter, der eine Stiefvaterrolle spielte und manchmal unter mütterlicher Mitwisserschaft das Mädchen für seine eigenen Zwecke benützte.

Freud hat die Bedeutung beschrieben, welche die «Urszene», das heißt die Phantasie über den oder die unmittelbare Beobachtung des elterlichen Geschlechtsverkehrs für die kindliche Entwicklung hat. Er glaubte, daß Kinder den Koitus für einen sadistischen Akt, eine Vergewaltigung, halten. Diese Feststellung läßt sich nach wie vor im psychoanalytischen Erfahrungsmaterial bestätigen, aber das klärt uns nicht darüber auf, ob sie für alle Kinder gilt. Könnte es sein, daß Mädchen oder Jungen die Urszene mit jeweils anderen Empfindungen besetzen? In Analysen trifft man heute nicht selten auf Beschreibungen ehelicher Sexualität, die eher harmonisch sind – ein tröstliches Signal, daß sich die Eltern (ausnahmsweise) gut verstehen und das Familienleben friedlich ist. Wo ich solche Erinnerungen fand, stammten sie fast immer von Männern. Frauen hingegen, die über Phantasien zur Urszene berichteten, schienen mir in dem Bild einer gewalttätigen, kämpferischen Interaktion manchmal eigene, traumatische Erfahrung zu verbergen, so daß ich mich fragte, ob die Urszene nicht als Deckerinnerung über Mißbrauchserfahrungen gedeutet werden muß.

Die Vergewaltigungsphantasie spiegelt immer zwei Verhältnisse: das der Frau zum Mann und das des Kindes zum Erwachsenen. Das Kind in der Frau wünscht sich einen immerwährenden Schutz vor dieser Verletzung durch eine absolut zuverlässige Beziehung, während das Kind im Mann die beschämende Erfahrung durch Identifizierung mit dem Angreifer abwehren und selbst eine Disposition entwickeln kann, Gewalt anzuwenden. Die Tragik solcher Entwicklungen liegt darin, daß angesichts der großen Verunsicherungen der sexuellen Identität die fehlende Sicherheit über die eigene Weiblichkeit/Männlichkeit beim Partner gesucht wird. Geringe Bedürfnisse in dieser Hinsicht führen zu geringen Enttäuschungen, die möglicherweise abgetrauert werden können, ohne den Glauben an das gute Objekt und an die Möglichkeit einer Wiederherstellung der Beziehung nach der Enttäuschung zu verlieren. Die einsamen Frauen hingegen sind so heftig enttäuscht, daß sie ihre Wut nicht anders bewältigen können als in einer grundsätzlichen Entwertung zuerst dieses Partners, nach einigen gescheiterten Versuchen jedoch aller Männer. Die Sehnsucht, daß es irgendwann anders ausgehen könnte, bleibt dann erhalten, es fehlt aber oft über Jahre hin der Mut zu neuem Risiko.

Eine Schlüsselsituation ist häufig das Erlebnis der beginnenden Schwangerschaft. Die Frau erlebt sie als Überforderung, die von heftiger Angst begleitet ist. In dieser narzißtischen Krise sucht sie intensive Anlehnung an ihren Partner, den potentiellen Vater, der einerseits die eigene, verunsichernde Vater-Erfahrung kompensieren, andererseits die vom Zusammenbruch bedrohte Idealisierung der eigenen genitalen Produktivität stabilisieren soll. Der Mann ist jedoch meist nicht weniger verunsichert und daher nicht in der Lage, angesichts einer ambivalenten Partnerin eine ambivalenzfreie Zuversicht zu entwickeln. Er kann ihre wakkelige Idealisierung des eigenen, reifen Körpers nicht so festigen, wie sie es sich unbewußt wünscht. Die Bewältigung dieses Dilemmas wird dadurch erschwert, daß der im Grunde unsicheren Frau das Eingeständnis ihrer Anlehnungsbedürfnisse besonders schwerfällt, weil sie es über lange Zeit gewohnt war, männlichen Schutz und Fürsorge angesichts ihrer Schwangerschaft nicht mehr, wie ihre traditionsgeleitete Schwester, für eine selbstverständliche Forderung zu halten, die ernsthaft eingeklagt werden kann.

Das Beispiel der Partnerschaft, die unter dem Gewicht einer Schwangerschaft zerbricht, ist ein brauchbares Modell für eine unbewußte Struktur, deren Aufhellung viel zum Verständnis von Konflikten zwischen Frauen und Männern beitragen kann. In dieser Situation geht es um die latenten kindlichen Bedürfnisse, die angesichts des erwarteten Kindes bedroht sind. Rationalisiert wird diese Bedürftigkeit häufig mit dem Argument, es sei doch einem Kind nicht zuzumuten, in eine andere als in eine wirklich heile und gute Beziehung hineingeboren zu werden, die nun einmal gegenwärtig leider nicht in ersehnter Ambivalenzfreiheit existiere. Hier wird der Anspruch auf eine Symbiose, der in eigener Regie nicht zu verwirklichen ist, auf ein Kind projiziert, das wenigstens dieses Recht in Anspruch nehmen darf – obgleich gerade dieser Umstand ihm den Schritt in reale Existenz unmöglich macht. Es scheint eine geheime Ironie des Schicksals darin zu liegen, daß die hochentwikkelten, individualisierten Gesellschaften den Erwachsenen nicht mehr so viel Halt gewähren, daß diese mit der Selbstverständlichkeit ihrer traditionell orientierten Vorläufer ihr genitales Potential ausspielen. Eltern, die ihren Töchtern oder Söhnen einen Standard an Versorgung bieten können, den nur ein Prozent der Erdbevölkerung aufbringt, fragen sich gegenwärtig beklommen, ob sie das Risiko eingehen dürfen, ein Kind zur Welt zu bringen. Das beweist, daß die seelische Belastung ein Maß erreicht hat, das durch die materielle Überversorgung nicht kompensiert werden kann.

Die Schwangerschaftskrise kann überwunden werden und die realen Bindungen eines Paares festigen. Sie kann zu einer Abtreibung führen, deren Verarbeitung zeigt, wie viele Möglichkeiten in der Beziehung existieren, sich auf einer realen Ebene über das Erlittene zu trösten und die labilisierte genitale Identität wieder zu festigen. Im ungünstigsten Fall trennt sich die Frau zum Zeitpunkt ihres tiefsten Schmerzes von dem Mann, den sie mit diesem verbindet und dem sie sich in ihrem Zustand, den sie als selbstverschuldet erlebt, nicht mehr zumuten möchte. Solche Wunden heilen langsam, vielleicht nie. Aber die Schwangerschaft ist nur ein besonders krisenhafter Zustand, ein Einbruch radikal neuer Forderungen in die erotische Welt eines Paares. In anderen Fällen kann die einsame Frau gar nicht bis zu den inneren Möglichkeiten des Wunsches nach einer Schwangerschaft vordringen, nicht als Entscheidung eines Vernunftgründe erwägenden Ich, sondern weil sie sich von den genitalen Forderungen einer sexuellen Beziehung bedroht fühlt. Sie sucht ihre Unsicherheit dadurch zu verringern, daß sie ihre Sexualität einerseits betont und andererseits kontrolliert, sie klammert sich an die Bestätigung, liebens- und begehrenswert zu sein, fühlt sich aber im sexuellen Begehren der Männer nicht wahrgenommen; in der Formel «er liebt nur meinen Körper, er liebt nicht mich» spricht geradezu das Kind im Körper der reifen Frau.

Wie die sexuellen Verunsicherungen durch hohe Leistung behoben werden können, zeigt Don Juan, der Buch führt über die eroberten Frauen. Sollte er einmal an sich zweifeln, zückt er sein Register und profitiert von dessen Beweiskraft. Was aber bewiesen werden muß, steht auch in Frage; die Bestätigung immerwährender phallisch-erobernder Potenz verbirgt die genitale Unsicherheit.

Die feminine Variante dieses Mythologems können wir in Carmen sehen, die ebenfalls nur erobern, aber nicht das Eroberte genießen kann. Mich beeindruckt eine historische Gestalt noch mehr: Sinaida Hippius, die Ehefrau des russischen Schriftstellers Dmitri Mereschkowski. Sie trug eine goldene Halskette aus den Eheringen von Verehrern, die sie diesen mit dem lockenden, dann jedoch nicht eingehaltenen Versprechen einer Liebesnacht abgenommen hatte. Darin steckt die ironische Revanche am Patriarchat: Die sexuelle Befriedigung der Männer findet nur in deren Phantasie statt, abgenommen wird ihnen das Symbol der von ihnen geschaffenen Institution. So wird die kindlich-phallische Qualität ihrer Wünsche entlarvt und die Maske ihrer Moral gelüftet. Aber Sinaida ist Gefangene ihres Spiels: Der Mann, dessen Opfer für seine Begehrlichkeit ihre erotische Kraft bestätigt, kann sie nur als Glied in einer Kette befriedigen. Sie findet nie aus dem Stadium der phallischen Eroberung in den genitalen Austausch. Auch ihr bleibt am Ende nur das Beweisstück.

Die Strategien von Don Juan oder Sinaida erscheinen im Alltag der einsamen Frauen in schlichterer Gestalt. Vor allem bewahrt ihre Gestaltungskraft Sinaida vor einer Gefahr, der die einsamen Frauen oft erliegen und die letztlich wohl der Grund für sie ist, Hilfe zu suchen (wobei zu vermuten ist, daß viele von ihnen, noch tiefer resigniert, nicht einmal die Kraft zu diesem Schritt finden): dem wunschlosen Unglück, der verzweifelten Lösung, daß – wenn die Wünsche schon nicht erfüllt werden – es besser ist, sie ganz aufzugeben, als den Dialog mit der Realität fortzuführen. In Wahrheit sind die Wünsche nach einer symbiotischen Beziehung gar nicht das Problem, sondern die Schwierigkeiten, mit ihrer Enttäuschung angemessen umzugehen. Die Frage muß also eher lauten: Was macht es so schwer, verhandlungsfähig zu bleiben, nicht bei der ersten Krise das Beziehungsunternehmen enttäuscht abzubrechen, sondern an ihm festzuhalten und zu versuchen, doch noch die Ebene des Austauschs, der Genitalität zu erreichen?

Die Verhandlung konfrontiert mit den eigenen und den Wünschen des Partners. Sie durchbricht den magischen Zirkel der Projektion: Die eigene Sexualität muß im eigenen Körper aufgefunden und bewahrt werden, der Partner muß sie erkennen, und er muß die Chance erhalten, auf diese Erkenntnis zu antworten. Antwortet er nicht, versucht er, rücksichtslos seine Interessen durchzusetzen, dann ist es unter Erwachsenen sinnvoll, die Verhandlung zu beenden und sich einen geeigneteren Verhandlungspartner zu suchen. Weil die einsamen Frauen während ihrer Kindheit einer solchen Rücksichtslosigkeit ausgesetzt waren, fehlt ihnen der urwüchsige Glaube, daß Verhandlungen möglich sind. Damals entstand in ihnen die Sehnsucht nach einer Befriedigung dessen, was gegenwärtig versagt war: der Einfühlung von Eltern, die respektieren, daß Kinder keine Verhandlungsmöglichkeiten und Machtmittel haben, die denen der Erwachsenen gleichen. Die kindliche Wut über den Machtmißbrauch der Erwachsenen war lebensgefährlich – ein Kind kann die Verhandlungen nicht völlig abbrechen, wenn es überleben will; es muß lernen, seine Aggressionen zu beherrschen. Im Fall der einsamen Frauen führte die Entwicklung zu einer Aufnahme der aggressiven Impulse durch das Über-Ich: Eine scharfe Kritik richtet sich gegen die eigene Person, aber auch gegen andere Menschen, die von den damals erworbenen Normen abweichen. Freud, der in den «Studien über Hysterie» einige dieser Frauen zuerst beschrieben hat, wies darauf hin, daß die moralischen Normen von selbstzerstörerischer Rigorosität sind. Während andere Erwachsene Kompromisse damit finden, daß sie nicht durch und durch so gut sind, wie sie sein müßten, erkrankt die Betroffene an der Unvereinbarkeit ihrer Wünsche mit einem primitiv gebliebenen Gewissen. Die Verständnislosigkeit der männlich bestimmten Diskursformen der Umwelt drückt sich dann in dem Wort «hysterisch» aus, mit dem die verzweifelten Appelle abqualifiziert werden.

Ich will die Situation, die durch solche Verhandlungsunfähigkeit entsteht, an Marion E. aufzeigen, einer 39jährigen Programmiererin, die eine kleine Abteilung leitet. Im Betrieb gilt sie als unnahbar und sehr tüchtig. Ihre freien Abende verbringt sie zu Hause. Sie liest, bereitet sich auf eine der Fernreisen vor, die sie allein unternimmt. Wenn sie ausgeht, wählt sie eine der Diskotheken in der Großstadt, in der vor allem Farbige verkehren, tanzt die Nacht durch, wird umworben, läßt sich gelegentlich von einem der Männer einladen, die Nacht mit ihm zu verbringen. Sie findet diese Eskapaden nachher beschämend, hurenhaft, kein anständiger Mann könne an jemandem wie ihr Interesse haben. Gleichzeitig hat sie jedoch kein Interesse an Männern, mit denen entstehen könnte, was sie als unerfüllbare Sehnsucht erlebt: eine stabile Beziehung, Zärtlichkeit, vielleicht sogar Kinder. Im Betrieb begegnet sie Kollegen, die sie anmachen, mit schneidender Ironie. Wenn sie auf ihren Reisen einen Mann kennenlernt, möchte sie möglichst rasch herausfinden, ob er sie begehrt oder nicht.

Keinem ihrer Partner hat sie bisher erzählt, daß sie als Heranwachsende jahrelang von ihrem Stiefvater mißbraucht wurde. Sie schämt sich zu sehr, vor allem, weil ihr eine gnadenlose Selbstkritik vorhält, sie sei schließlich immer freiwillig zu ihm ins Schlafzimmer gegangen und habe den Triumph über ihre Mutter (von der sie sich ebenso im Stich gelassen fühlte wie von ihrem leiblichen Vater) ausgekostet.

Marion formulierte in der Therapiegruppe ihre Wünsche, endlich einmal von einem Mann zärtlich behandelt zu werden, ohne dafür mit sexueller Aktivität bezahlen zu müssen. Gleichzeitig wurde deutlich, daß sie nur Männer interessant fand, bei denen sie ihre sexuellen Wünsche projektiv unterbringen konnte, und die Männer in der Gruppe, die ihr asexuelle Freundschaften anboten, als Feiglinge und

Schlappschwänze entwertete, die mit ihren wahren Absichten nur so lange hinter dem Berg hielten, bis sie sie eingewickelt hätten. Sie könne ihr Leben lang gut auf Sex verzichten, sie wolle nur ein bißchen Zärtlichkeit. Um die Szene zu verstehen, ist der Hinweis notwendig, daß Marion eine sehr attraktive, jugendliche Frau ist, die sich so kleidet und bewegt, daß ihr sicher viele Männer auf der Straße einen zweiten Blick nachwerfen. Aber sie wirbt nicht, um einen Mann zu gewinnen, sondern um sich ihre weibliche Identität zu bestätigen (sie fände sich noch minderwertiger und unerträglicher, wenn sie unattraktiv aussähe). Zugleich kann sie die gefährlichen sexuellen Wünsche ihres Körpers dadurch unter Kontrolle halten, daß sie sich mit erotischen Absichten der Männer beschäftigt, mit denen sie nichts zu tun haben will. Es ist, als ob sie einen Satz inszeniert: «Ihr haltet mich zwar für begehrenswert; ich bin aber unzugänglich», der jenen Satz endlos wiederholt, der dem mißbrauchenden (Stief-)Vater galt: Du hältst mich zwar für eine Frau, ich bin aber ein Kind! Der wichtigste Dienst, den Männer Marion leisten können, besteht darin, daß sie einen Teil der ätzenden, vernichtenden Kritik auf sich ziehen, der sich sonst ganz und gar auf Marion richten würde. Die Wut gegen die enttäuschenden frühen Bezugspersonen – zuerst die Mutter, dann den Vater – wird dadurch ein wenig erleichtert, daß es direkt neben ihr, in ihre Anziehungskraft verstrickt, einen Mann gibt, der die unglaubliche Einfühlungslosigkeit und Dummheit verkörpert, zu glauben, sie würde auch nur das geringste mit seinem lächerlich erigierten Penis anfangen können. Um keinen Preis der Welt will Marion wieder so schwach und abhängig sein wie das mißbrauchte Mädchen von einst; ebensowenig aber will sie zulassen, was ihr Körper von ihr fordert. Parallel dazu und zu Kollektivschuldnern gemacht können die Männer, die sie begehren, nur als schwächliche Kastraten oder als bösartige Lustmolche auftreten, eine Unterscheidung, die jene zwischen «Softi» und «Chauvi» auf die Spitze treibt. Marion löste das Dilemma, daß sie zu einem männlichen Analytiker gekommen war, durch den Satz: Therapeuten sind ein drittes Geschlecht, weder Männer noch Frauen.

Die Frau, der Mann (und auch der Therapeut), die ihr Selbstgefühl ohne Zufuhr von außen aufrechterhalten können, sind in unserer Realität schwer zu finden. Ich bin versucht, ihre Existenz ernsthaft zu bezweifeln und in das Reich der Idealbilder zu verweisen. Die Frage ist nicht, ob wir abhängig von narzißtischer Bestätigung sind, sondern eher, ob wir hier eine genitale Ebene erreicht haben, das heißt stabile Austauschbeziehungen herstellen können. Aus Marions Verhalten wird deutlich, daß sie diese Stabilität als berufstätige Frau und als Reisende gewonnen hat, jedoch in ihren erotischen Beziehungen immer wieder das Scheitern ihrer Weiblichkeit erleben muß, weil sie unmögliche Bestätigungen fordert, deren geheimer Sinn es ist, die Folgen der traumatischen Situation während ihres Heranwachsens auszugleichen. In gewisser Weise wird dadurch das Trauma immer wieder reinszeniert; der Wiederholungszwang führt dazu, daß es keine korrigierende, sondern nur eine die ursprüngliche Beschämung und unterdrückte Wut rekapitulierende Erotik gibt. Wenn Marion nach einer Disco-Nacht verkatert neben einem Mann aufwacht, der weder ihre Sprache spricht noch ihre Hautfarbe hat, fühlt sie sich genauso entwertet und beschmutzt wie neben ihrem Stiefvater und hat doch alles getan, daß der Mann ganz anders ist als der Spießer von damals.

Wesentlich für die stabilisierenden Formen der Erotik scheint, daß sie von der körperlichen Realität ausgehen und auf dieser Ebene Verhandlungen aufnehmen. Damit können sie einen hochwertigen Speicher jahrmillionenlang bewährter Lust-Unlust-Regelungen anzapfen, der auf jedem

Weg ins Ungewisse von unersetzlichem Wert ist. Die charakteristische Frage einsamer Menschen, welches Verhalten denn in ihrer Situation richtig sei, drückt oft auch aus, wie wenig Spielraum für ihre körperlichen Empfindungen ihnen ihre von Schimären bevölkerte Welt noch läßt. So wächst auch die Bedeutung von psychotherapeutischen Behandlungen, die am Körper ansetzen.

Einige Thesen zu den kindlichen Wünschen im Körper der Erwachsenen:

1. Die Sicherheit des Kindes liegt in der zuverlässigen Erreichbarkeit eines als genügend gut erlebten ERWACHSENEN (diese Schreibweise drückt aus, daß es sich um den idealisierten Erwachsenen, das unrealistische Bild des Kindes vom ausschließlich und ambivalenzfrei guten Eltern handelt). Diese Niveaudifferenz bleibt in den Beziehungsbildern erhalten. Die Liebespartner müssen «erwachsener» sein; zeigen sie selbst kindliche Merkmale, führt das zu raschem Verlust des Interesses an der Beziehung.

2. Die leidenschaftliche, orgastische Sexualität gefährdet die Sicherheit des Kindes. Im Körper angelegt, muß sie von einsamen Menschen ständig überwacht werden. Sie wird nur dann zugelassen, wenn die Partnerbeziehung als unauflöslich und harmonisch idealisiert werden kann, das heißt im Zustand der Verliebtheit.

3. Eigene Kinder werden zwar ersehnt, doch dürfen sie ausschließlich aus einer solchen idealisierten Partnerbeziehung hervorgehen. Kommt es zu einer Schwangerschaft, dann wird häufig die Beziehungsphantasie kippen, das heißt, das Kind übernimmt die bisher ersehnte Rolle, Mutter/Vater werden selbst zum ERWACHSENEN; der Ehepartner wird ausgeschlossen, wenn er nicht bereit ist, diese Veränderung mitzutragen. Kann die Erfahrung der Elternschaft verarbeitet werden, ist ein wesentlicher Schritt geleistet: Das eigene Kind ist nicht selten der erste Mensch, bei

dem Beziehungskrisen und der Ausdruck von Ambivalenz nicht zum Abbruch der Verhandlungen führen.

4. Eine häufige Ursache solcher Störungen ist der Mißbrauch während der Kindheit. Ein Erwachsener reagiert mit sexueller Leidenschaft auf das Kind, überrennt die Grenzen des kindlichen Körpers, pfropft die Übermacht seiner Erregungen auf das kindliche Zärtlichkeitsbedürfnis. Dabei besteht ein kontinuierlicher Übergang zwischen milderen Störungen in einem von Doppelmoral und Gesprächstabus bestimmten Familienklima, in dem Sexualität in der kindlichen Phantasie mit Brutalität und Vergewaltigung identifiziert wird, und massiven Beeinträchtigungen, die sexuellen Übergriffen der Erwachsenen folgen.

5. Die Konsequenz ist in jedem Fall, daß das Kind den eigenen, erwachsen werdenden Körper als Bedrohung erlebt und versucht, Gegenmittel zu entwickeln. Eines davon ist die Eßstörung (Magersucht, Bulimie), die entweder die Entwicklung der weiblichen Formen und eigener sexueller Interessen blockiert oder in einer Regressionsbewegung erlaubt, das gefährliche Gebiet der eigenen sexuellen Potenz zu verlassen und in endlose Beschäftigungen mit Essen, Abnehmen, Zunehmen usw. einzutreten, in denen auch die Abhängigkeit von den Eltern perpetuiert wird. In Familien mit solchen Kindern läßt sich oft beobachten, daß die sexuelle Beziehung zwischen den Eltern vom Kind als nicht tragfähig, nicht existierend oder unbefriedigend phantasiert wird. Eine «männliche» Lösung dieser Problematik liegt in Drogensucht, Alkoholismus oder Gewalttätigkeit.

6. Die genitale Sexualität ist das zentrale Unterscheidungsmerkmal zwischen dem Kind und dem Erwachsenen. Sie organisiert während der Pubertät und Adoleszenz die psychische Struktur neu und bringt Elemente der zyklischen, an- und abschwellenden Erregung in die Kontakte zu anderen Personen. Wer diese Zyklen im eigenen Erleben

nicht zulassen kann, den ängstigen und befremden sie in seiner Wahrnehmung des Verhaltens anderer Menschen. Der ERWACHSENE, den sich ein Kind vorstellt, ist – im Gegensatz zu realen Erwachsenen – gegen solche zyklischen Abläufe immun. Einfühlung in und Achtung vor Stimmungsschwankungen und persönlichen Entwicklungen sind ein Zeichen für eine genitale Organisation der Beziehung. Der kindliche Anspruch richtet sich auf einen Partner, der immer gleich bleiben sollte.

7. Da die Aufnahme von Beziehungen über die Brücke der sexuellen Bedürfnisse, deren zyklische Qualität als bedrohlich erlebt wird, nicht möglich ist, müssen andere Brücken geschlagen werden. Sie sind scheinbar zuverlässiger, können in Wahrheit jedoch nur durch ständige Anstrengung und Abwehr der zyklischen Bedürfnisse des eigenen Organismus aufrechterhalten werden. Die Rolle des Helfers oder der Helferin bietet solche Möglichkeiten. Die von der Gesellschaft zur Verfügung gestellten Ordnungen und Normen, menschliche Beziehungen zu regeln, werden überbesetzt und erhalten in jedem Fall Vorrang vor den zyklischen Bedürfnissen. Eine vergebliche Suche nach dem ERWACHSENEN führt dazu, daß ständige Unsicherheit besteht, ob der mögliche Partner «genug geliebt» wird.

8. Die Situation der «Urszene», in der ein Kind die erwachsene Sexualität als bedrohlichen Einbruch in sein inneres Gleichgewicht und seine Integrität erlebt, wird in verschiedenen Gestalten festgehalten. Entweder gilt Sexualität grundsätzlich als etwas, das bedrohlich von außen kommt und nicht im eigenen Körperinneren entstehen darf. Oder sie muß in genau festgelegten Formen ablaufen, die kaum Spielraum für Entwicklungen lassen und in Ehen häufig zu einem raschen Abflauen der erotischen Intensität führen. Die in den Alltag eingeordnete Erotik wird als Gefängnis phantasiert, während jede Form erotischer Phantasie, die

den Partner nicht einbezieht, als tatsächlich vollzogene Untreue moralisch verfolgt und mit Liebesverlust bestraft wird.

9. Es gibt nur ganz ungenügende Möglichkeiten, zwischen Trennung und Spaltung zu unterscheiden. In der Trennung rückt ein ganzer Mensch mit angenehmen und unangenehmen Seiten für kürzere oder längere Zeit in einen Abstand, der grundsätzlich durch eine Wiederannäherung verkleinert oder aufgehoben werden kann. Die Trennung hat Vorteile – jetzt können Seiten der eigenen Person aktualisiert werden, die sonst dieser Mensch bindet. Sie hat Nachteile, denn der Partner geht als Quelle von Befriedigung verloren. In der Spaltung kann eine Beziehung nur dadurch aufrechterhalten werden, daß alle unangenehmen, belastenden Seiten des Partners abgespalten werden. Die Bewegungsfreiheit der Partner ist dadurch extrem eingeengt. Bereits minimale Veränderung des Erwarteten, Störungen der Harmonie, Kränkungen, die in keinem einsehbaren Verhältnis zum Anlaß erlebt werden, können zu einer unkontrollierbaren Verlustphantasie führen. Der Partner ist mit einem Schlag nicht mehr da. Der Bruch der Beziehung läßt sich mit dem Platzen eines Luftballons durch einen Nadelstich vergleichen. Die real möglichen Befriedigungen durch den Partner können nicht mehr wahrgenommen werden. Die Unterscheidung zwischen Disharmonie (Konflikt durch unterschiedliche Bedürfnisse) und Verlust ist nicht entwickelt.

Abschließend noch eine Fallskizze zur Illustration der Spaltung. Almut, eine heute vierzigjährige Lehrerin, ist bis zu ihrem vierten Lebensjahr bei ihrer Großmutter aufgewachsen. Erst als ihr Bruder geboren wurde, hörte die Mutter auf zu arbeiten und widmete sich der Erziehung beider Kinder. Das kleine Mädchen empfand den Verlust der Großmutter sehr schmerzlich, fühlte sich gegenüber dem

Bruder benachteiligt und entwickelte eine gespannte Beziehung zur Mutter. Noch heute fällt es ihr schwer, bei ihren seltenen Besuchen im Elternhaus einen Bissen hinunterzubringen. Obwohl der Aufenthalt bei der Großmutter (väterlicherseits) von beiden Eltern, die zur Zeit von Almuts Geburt knapp zwanzig waren, verantwortet wurde, war Almut immer überzeugt, ihre Mutter habe sie abgeschoben: der Vater schien ihr so gut, wie die Mutter böse war – nur zu schwach, um sich gegen diese durchzusetzen.

Hier wird die Funktion der Spaltung deutlich, wenigstens *ein* ambivalenzfrei gutes Objekt zu erhalten. Dieses idealisierte Vaterbild löste sich erst während der Analyse auf, als sich herausstellte, daß der Vater ein Trinker war, der während der Pubertät distanzlos und kränkend mit seiner Ältesten umging; nicht zuletzt, um sich diesen Verletzungen zu entziehen, verließ Almut das Elternhaus, sobald sie einen Ausbildungsplatz fand. Sie ging ganz in ihrer Arbeit auf und war in der Schule sehr beliebt. Um ihrer Einsamkeit abzuhelfen, schrieb sie auf Bekanntschaftsanzeigen und lernte ihren Mann kennen – er war der einzige unter allen, mit denen sie sich traf, der nicht am ersten Abend mit ihr schlafen wollte. Während der ersten Ehejahre wurde Almut immer depressiver und begann eine Analyse. Bald ging es ihr besser, sie erwartete ein Kind, trug trotz großer Ängste die Schwangerschaft aus, fand eine halbe Stelle. Ihr Mann bewarb sich in einer anderen Stadt, erhielt eine Zusage und wollte die Stelle annehmen. Sie sträubte sich zunächst, als sie aber erkannte, wie wichtig ihm dieser Schritt in seiner Karriere war, entschloß sie sich, den Umzug zu nutzen, um noch ein Kind zu bekommen und eine Weile nicht zu arbeiten. Die Analyse war fast beendet, sie einigte sich mit der Therapeutin, in größeren Abständen zu kommen. Eine Weile lebten sie eine Wochenendehe; dann war eine neue Wohnung gefunden, Almut – inzwischen tatsächlich schwanger – zog um und fühlte sich am nächsten Tag, als sei die Welt eingestürzt.

Sie überlegte jeden Tag in panischer Angst, ob sie sich nicht sofort trennen, alles rückgängig machen, mit ihrem Kind zurückreisen sollte. Gleichzeitig entwickelte sie eine immer heftigere Wut auf die Therapeutin, die diese Gefahr nicht vorausgesehen, die sie gehen ließ, ja fortgeschickt hatte. Sie rief einmal bei ihr an, nahm sich sehr zusammen, die Stimme am Telefon war freundlich und distanziert, ja, eine Verschlechterung, das könne geschehen bei der Beendigung von Analysen, wann könne man sich denn einmal treffen, um persönlich über diese Dinge zu sprechen? Almut beendete das Telefonat unter einem Vorwand und zitterte vor Angst über ihre Mordimpulse gegen diese böse Hexe, die sie so im Stich gelassen und kalt lächelnd in die Wüste geschickt hatte. Sie geriet in einen Strudel von Wut, Trennungswunsch, Trennungsangst und erneuter Wut über ihren Mann und ihre Therapeutin, die sie so quälten, ihr soviel Angst machten, sie derart allein ließen.

In dieser Situation ging sie zu mehreren Nervenärzten, bekam Rezepte für Psychopharmaka und das Angebot einer vorsorglichen Klinikeinweisung, wenn sich ihre Selbstmordimpulse verstärken sollten. Sie wollte um keinen Preis der Welt wieder eine Psychoanalyse machen, wieder derart abhängig werden, aber schließlich kam sie doch in solche Bedrängnis, daß sie mich anrief. Später erzählte sie, daß sie ein Buch von mir gelesen und sich deshalb nicht gänzlich fremd gefühlt habe. Von Anfang an war ich gewissermaßen auf die andere Seite des Spiegels geraten: Hatte sie mit ihrer vorherigen Analytikerin nie über Trennung gesprochen und alles abgespalten, was einer harmonischen Entwicklung ihrer Beziehung im Weg stand, so redete sie mit mir fast nur über Trennung, über das Ende der Therapie, das irgendwann sein müsse und vor dem sie sich ungeheuer fürchte.

Dieser Gedanke genügte schon, um sie in Tränen ausbre-
chen zu lassen; es war ein schimärenhaftes Weinen, rätsel-
haft plötzlich und wie aus magischem Anlaß, wenn Worte
gesprochen oder Gedanken gedacht wurden, war plötzlich
alles unterbrochen und gelähmt. Angesichts dieser Über-
maße von Gefühl erlebte ich mich oft kalt und distanziert,
obwohl mir Almut sympathisch war und ich einen gemeinsamen Humor entdeckte, wenn es uns gelang, die Sumpflö-
cher zu vermeiden, in denen mir die Therapie, noch ehe sie
recht angefangen hatte, zu ersticken schien. Abwechselnd
fragte ich mich, ob ich kaltherzig sei oder nachgiebig, ob ich
mich zuviel auf dieses unpassende, ausweichende Trauern
einließe oder zuwenig. Ich will hier die Wechselfälle dieser
Therapie nicht ausbreiten, sondern nur die Zusammenhänge zwischen Spaltung, idealisierender Beziehung, Har-
moniebedürfnis und Einsamkeit an einem Beispiel veranschaulichen. Stellen wir uns zwei Wanderer vor, die beide
auf einer äußerlich gleichen, unebenen Fläche gehen. Der
erste stolpert, fällt, liegt auf dem Boden, rappelt sich wieder
auf, klopft den Staub aus seinen Kleidern und geht weiter.
Dann stolpert der zweite – und in dem Augenblick, in dem
er fällt, wird erkennbar, daß der Boden nicht trägt, sondern
wie dünnes Eis zerbricht, der harmlose Fall wird zum Sturz
in einen Abgrund, selbst wenn er heil die Tiefe erreicht, ist er
dort Ungeheuern preisgegeben, deren Schrecken er kennt,
ohne ihre Namen zu wissen.

Der erste «Unfall» entspricht der Krise in einer Beziehung zwischen zwei Menschen, die akzeptieren, daß sie unterschiedliche Bedürfnisse haben; wenn eine wechselseitige
Befriedigung augenblicklich nicht möglich ist, geht darüber
die Vorstellung nicht verloren, daß der Schaden durch Verhandlungen wiedergutgemacht werden kann. Der zweite
«Unfall» hingegen charakterisiert die Krise in einer Beziehung wie der Almuts, in der unbewußte Idealisierungsbe-

dürfnisse vorherrschen und für das Erleben einer Verhandlungsbasis ausschlaggebend sind. Das hat zur Folge, daß alle Ambivalenzen aufgespalten werden müssen. Der Partner, der im ersten Fall gewissermaßen eine Skulptur ist, aus angenehmen und weniger angenehmen Zügen gemischt, verflacht zum Relief, zu einer Münze mit zwei Seiten. Engel oder Teufel, Helfer oder Zerstörer, Mutter oder Mörderin wären Metaphern für diesen Gegensatz. Die Trennung ist für Almut deshalb so bedrohlich, weil sie als Kind die Erfahrung gemacht hat, daß sich dadurch die Münze umdreht, daß die gute Mutter zur bösen wird. Wer aber beim kleinsten Stolpern ins Bodenlose fällt und sieht, wie andere sich rasch wieder erheben, als sei nichts gewesen, der muß auch den Eindruck gewinnen, es sei seine Schuld, wenn ihm das geschieht, er habe sich nicht genügend angestrengt, nicht die eigene Engelseite genügend aufrechterhalten und betont, verdiene daher auch nichts Besseres als die Kehrseite, die Vernichtung.

Almut gehört nicht in die Gruppe der einsamen Frauen. Sie lebt nach wie vor mit ihrem Mann und ihren beiden Töchtern in der Stadt, die sie einmal für die Hölle der Einsamkeit hielt; sie hat dort Freunde gefunden und neue Wurzeln in ihrem Beruf geschlagen. Aber die einsame Frau steckt in ihr, sie ist ihr begegnet, wie dem Doppelgänger in einer Gespenstergeschichte, sie hat erlebt, wieviel Mühe es kostet, die Neigungen zur Spaltung zu bekämpfen, Ambivalenzen zuzulassen und Beziehungsentscheidungen nicht alleine, sondern zu zweit und als Ergebnis von Verhandlungen zu treffen. Geholfen hat ihr dabei sicher auch ein Ehemann, der sich für Frau und Kinder auch dann noch verantwortlich fühlte, als sein Familienleben die meisten lustvollen Qualitäten eingebüßt hatte, der am Rand des Abgrunds stehenblieb, obwohl aus der Tiefe der Wutschrei kam: Du hast mich hineingestoßen!

Am liebsten wollte ich die in diesem Buch versammelten Geschichten nur erzählen, ohne etwas zu rechtfertigen oder zu begründen. Aber das hieße einer Versuchung zur Spaltung nachzugeben und so zu tun, als könnte der Schriftsteller einfach vergessen, daß er auch Therapeut ist. Wer sich in Analyse begibt, rechnet mit Geheimhaltung, selbst wenn sie oder er weiß, daß der Analytiker Schriftsteller ist. Andererseits kann der Autor keine Geschichten erzählen, ohne von den Menschen beeinflußt zu werden, mit denen er konkret umging. Mein Versuch, dieses Dilemma zu bewältigen, ist die Chiffrierung möglichst aller identifizierbaren Daten. Die Verschlüsselung erfolgte so, daß biographische Einzelheiten wie Namen, Berufe und Orte ausgetauscht, häufig auch Bruchstücke aus verschiedenen Lebensgeschichten kollagiert wurden, möglichst ohne die Realitätsnähe preiszugeben: So ist jede Ähnlichkeit mit realen Gestalten verwischt, ohne daß Verfälschungen entstehen. Im Schatten zu bleiben, ist nur eine existentielle Möglichkeit, mit Leid umzugehen. Eine andere ist es, herauszutreten und sich erkennbar zu machen. Mein Plädoyer gilt der zweiten Möglichkeit: Sie kann ein Schritt sein, in einem klareren Bekenntnis zu den eigenen Schwierigkeiten endlich Kontakte zu finden, welche die kindlichen Wünsche im Körper der Erwachsenen nicht ausgrenzen, sondern einbeziehen. Mein Ziel ist es, durch die Beschreibung der Krisen, Verwicklungen, Erfolge und Mißerfolge auf diesem Weg Verständnis zu wecken, Mut zu machen. So versuche ich, die therapeutische Aufgabe mit literarischen Mitteln fortzusetzen: nicht Welt zu sein für die Einsamen, sondern Brücke zur Welt.

Wolfgang Schmidbauer

Die Buchveröffentlichungen in zeitlicher Reihenfolge: